"十四五"职业教育国家规划教材

创新与创业基础

（第2版）

主　编　黄明睿　郭　磊　钟健雄
副主编　李云丹　李利娜　张凤娜　唐　涛

中国教育出版传媒集团
高等教育出版社·北京

内容提要

本书以效果逻辑理论作为框架设计基础，并将该理论与创新创业进阶式教育体系融合。教材依循理论导向、能力培养及实践演练的渐进式编写体例，理论联系创新创业教育实践。全书分为 8 章：创新创业与人生发展、创新思维与探索未来、创造技法与能力突破、个人能力与团队建设、问题探索与原型制作、用户测试与产品开发、商业模式与价值提升、价值呈现与汇报技巧。

本书与两门国家级一流本科线上课程“创业之路——带你玩转商业模式”“创业之路——带你玩转设计思维”相配套，学习者可扫描书中的二维码或登录“中国大学MOOC”网搜索课程名称进行自主学习，教师也可用相关资源开展线上线下混合式教学。本书采用独特的编排形式，蕴含丰富充实的内容，既有大学生创新创业类竞赛案例，又有思创融合的时政模块，更有大量创新创业前沿资讯和行业事迹分享，充分满足学习者的求知需要。本书可作为本科及高职高专院校“创新与创业基础”课程的核心教材，也可作为各类创业培训及相关人员自主学习的参考书。

图书在版编目（CIP）数据

创新与创业基础 / 黄明睿，郭磊，钟健雄主编 . 2 版 . -- 北京：高等教育出版社，2024. 12（2026.2 重印）.

ISBN 978-7-04-062428-1

Ⅰ . F241.4

中国国家版本馆 CIP 数据核字第 2024AZ7571 号

创新与创业基础（第 2 版）

CHUANGXIN YU CHUANGYE JICHU

策划编辑 韩奕帆　　责任编辑 韩奕帆

书籍设计 李树龙　　责任绘图 马天驰

责任校对 张　然　　责任印制 刁　毅

出版发行 高等教育出版社

社　　址 北京市西城区德外大街 4 号

邮政编码 100120

印　　刷 天津嘉恒印务有限公司

开　　本 787mm × 1092mm　1/16

印　　张 18.5

字　　数 340 千字

购书热线 010-58581118

咨询电话 400-810-0598

网　　址 http://www.hep.edu.cn

http://www.hep.com.cn

网上订购 http://www.hepmall.com.cn

http://www.hepmall.com

http://www.hepmall.cn

版　　次 2018 年 3 月第 1 版

2024 年 12 月第 2 版

印　　次 2026 年 2 月第 2 次印刷

定　　价 44.80 元

物 料 号 62428-A0

前言

随着创新创业的风潮席卷全球，中国高校创新创业教育的发展已进入新的阶段。第1版教材历经6年多的应用与推广，引发了教材主创团队关于创新创业教育改革的一系列思考：高校开展创新创业教育的根本目的是什么？创新创业教育对新型人才培养起到什么作用？创新创业教材如何强化同“创新与创业基础”课程的关联性以实现教学品质的提升？

第1版教材创造性地采用了效果逻辑理论作为框架设计的基础，尝试将该理论与创新创业进阶式教育体系融合。迄今为止，教材主创团队已基于教材开展了超过12个学期的教学实践。在课程中，学生从问题入手发现需求，随着教学进度同步完成一次相对完整的创新创业实践，而不是以实现发明创造或落地创业为最终目标，这一循序渐进的过程能够让学生在不确定性中持续探索和发现，进而在项目成型时获得极大的成就感，也能让他们体验实践过程中的各种工具和各个步骤，有效通过章节知识点形成知识脉络而内化知识，同时还有机会产出大量的创新成果，充分感受创新的魅力。基于教学实践应用，教材主创团队还总结出一套成熟的“创新与创业基础”课程教学与师资培训体系，现已被应用于全国近50所本科及高职院校的“双创”师资培训，同时也作为多所高职院校专业骨干教师的国家级、省级培训班的主要讲授内容。对参训者而言，依据本教材改革的教学过程能够以多个连贯的教学活动为导向，便于达成与学生之间双向的、教与学的状态，在轻松愉快的氛围中实现教学目标。实践证明，以效果逻辑为导向的教学框架设计更符合当今充满不确定性的时代背景，亦回归了创新创业教育的本质，即“让每位学生积极地探寻与发现身边的问题，并用创造性思维解决问题，为社会创造价值”，这也是高校开展创新创业教育的根本目的。因此，第2版教材延续以效果逻辑为导向的底层逻辑，具体划分为创新创业与人生发展、创新思维与探索未来、创造技法与能力突破、个人能力与团队建设、问题探索与原型制作、用户测试与产品开发、商业模式与价值提升、价值呈现与汇报技巧等8个章节，重点在于帮助学生掌握创业相关的工具与技能，培养创新思维与能力。

2021年，国务院办公厅印发《关于进一步支持大学生创新创业的指导意见》，强调应深化高校创新创业教育改革，将创新创业教育贯穿人才培养全过程，建立以创新创业为导向的新型人才培养模式。新型人才是怎样的人才？对此，技术高速发展的时代背景为人才培养提供了方向和依据。美国人工智能研究公司OpenAI成立于2015年，其使命是通过推动人工智能技术的开放和协作，确保人工智能的发展造福全人类。近年来，OpenAI在语言处理、游戏AI、自动驾驶等领域都取得了卓越的成就，尤其是2023年推出的GPT-4，比之前的版本更加“聪明”，甚至能够支持图像交互，极大地增强了创造性。人工智能的发展将为全社会带来更大的不确定性，许多人猜测未来大部分工种有可能被人工智能替代，这也引发了不同行业的担忧。大学生需要努力成长为能够适应时代发展变化的人才，既要在自身的专业知识领域扎根，也要不断拓宽视野，提升个人的综合能力与素质。以OpenAI的员工为例，他们需要掌握计算机科学、数学、统计学等专业知识，以深入理解和应用人工智能技术；同时也要涉猎美术、音乐、教育等领域，以实现人工智能在不同行业的有效应用；当然还要具备创新精神，不断探索新的想法和方法，尝试新的算法、模型和应用，以提升人工智能的水平；创业能力也是必不可少的，在竞争激烈的市场中，要能够发现商机、把握机遇，将创新技术转化为商业产品或服务，以探索人工智能的商业化路径，实现更大的价值。

回到创新创业教育领域，为实现新型人才培养目标，本次修订创造性地探索了“专创融合”的可能性，引导学生在创新创业实践中充分运用所学专业的相关知识，真正做到将创新创业教育贯穿人才培养全过程。此外，本书还吸收了精益创业、设计思维等较新的国际“双创”理论和思想，致力于**激发大学生创新创业意识，培养团队合作精神，提倡勇于承担、敢于冒险，从而使学生形成面对不确定环境的创业决策能力、创新思维能力和创造性解决问题的能力**。

党的二十大明确提出，要“坚持创新在我国现代化建设全局中的核心地位”。创新无疑是推动社会进步的关键因素之一，“创新思维”也成了近年来各大会议中的高频热词。在这一时代背景下，教材主创团队认为，“创新与创业基础”课程应更加注重创新思维的培养，以创业过程为路径，帮助大学生有效提升职业技能与创新能力。在内容上，第2版教材对案例进行了全方位的更新，替换了一些商业案例，所选案例紧跟时代前沿，并力求实现跨学科的交叉融合，尤其引入了大学生创新创业类竞赛案例，更符合当代大学生的价值需求与榜样需求。在形式上，第2版教材设置了丰富的栏目，“创新时事”“i人e事”①“行动建议”“延伸阅读”等特色模块，蕴含了丰富的思政元素，为大学生带来有料、有趣、有情的学习体验。第2版教材专门设置了“关键词检索”“主体工具包”“附加工具包”模块，这种模块化编排方式旨在帮助大学生学习应用创新创业工具、及时巩固知识点。其中，“主体工具包”模块串联了整个创业过程所需的创造技法相关图表，完成该部分练习，即可获得一份基本完整的商业计划书。

表1　栏目设计

栏目名称	栏目功能
创新时事	与章节内容相关的政策方向或时事热点，为创新创业指引方向
学习目标	本章应掌握的内容及能力要求，供学生学习前后对照是否达标
本章概览	本章内容简介与知识导图，供学生预习使用
i人e事	创新创业竞赛优质项目案例，作为章节导入案例

① i指innovator（创新者），e指entrepreneurship（创业精神）。

续表

栏目名称	栏目功能
学习活动	适合在课堂中同步开展的思考练习与分组活动
知识拓展	聚焦拓展知识点或相关案例
课后作业	包含“反思”与“任务”，其中部分任务要求在“工具包”中完成
行动建议	基于重要文件精神、官方媒体评论等，为大学生的创新创业行动提供建议
延伸阅读	包含“双创案例”和“双创视野”，前者主要介绍创业者的精彩案例并附思考题；后者则是分享企业管理或创新创业相关的竞赛、理论、图书或期刊等前沿资讯
参考资料	本书在编写过程中的参考文献
工具包	包含“主体工具包”和“附加工具包”，前者覆盖创业一般流程，可串联形成一份基础商业计划书，建议在课程中设置项目式任务；后者是创新创业过程中可以采用的其他工具表格，学生可自行练习或在创新创业实践中有选择性地应用
关键词检索	全书重要概念的释义和首次出现页码，便于学生回顾学习重点

值得一提的是，本教材是一本立体化教材，与教材主创团队开发的“创业之路”系列慕课相关联。书中不仅关联了相应知识点的二维码供大学生扫码学习，大家也可以自行登录“中国大学MOOC”网搜索“创业之路——带你玩转商业模式”“创业之路——带你玩转设计思维”两门国家级一流本科线上课程进行自主学习。当然，对教师而言，本教材便于开展线上线下混合式教学。学生能够最大程度地利用慕课完成预习、复习阶段的学习任务，在课堂上则通过一系列活动和任务，充分体验创新创业过程，产出创新创业成果。表1列出了本教材的特色。

总体来看，相较于第1版教材，第2版教材在内容、形式上均有所突破。作为一本新时代创新创业教材，与“创新与创业基础”课程紧密关联，可帮助创新创业教育工作者进一步提升课程教学质量，为创新创业教育体系完善及课程变革有效赋能。

表2 教材特色

创新维度	特色
思创融合	拒绝灌输式教学，将“思创”元素巧妙地融入课前导入、知识拓展、行动建议等教学阶段
体例丰富	在教学各阶段设置特色栏目，既有知识点相关的练习和活动，也有拓展性内容分享
榜样示范	紧贴学校需求，引入大学生创新创业类竞赛案例，让学生从身边的事迹中获得榜样力量
行动导向	提供主体和附加两种不同的“工具包”，轻松掌握“双创”工具，体验创新实践全过程
效果逻辑	以效果逻辑理论编排教学内容，帮助创业者在充满不确定性的创业环境中实现创新
配套慕课	通过二维码关联两门国家级一流本科线上课程，拓展教材内容，服务于线上线下混合式教学

教材主创团队来自广东技术师范大学、东北农业大学、广东科贸职业学院、广州卫生职业技术学院和北京中创新程教育科技有限公司，由黄明睿、郭磊、钟健雄担任主编，李云丹、李利娜、张凤娜、唐涛担任副主编，北京中创新程教育科技有限公司徐俊祥、徐凤云全程参与配套资源建设和课程开发。其中，整体内容框架设计由黄明睿和郭磊负责，第1章由郭磊编写，第2章由李云丹、李利娜编写，第3章由钟健雄编写，第4章由李利娜编写，第5章由黄明睿编写，第6章由黄明睿、李利娜编写，第7章由张凤娜、李利娜编写，第8章由唐涛编写；由黄明睿完成统稿、定稿等事宜。此外，胡子维、吴际、梁天乐、詹英豪也参与了编写工作。

在修订过程中，高等教育出版社魏延娜、韩奕帆两位编辑积极推动项目启动，并为教材编写提出一系列有价值的建议，助力教材在质量上精益求精，在此向她们表示诚挚的敬意与谢忱。

当然，教材内容仍有值得精进之处，敬请各位专家和同行批评指正。期待大家的宝贵意见，您可通过电子邮箱与我们联系：SmartStudio@aliyun.com。此外，本教材可提供配套课件、教学大纲、教案等参考文档，您也可以通过电子邮箱向我们咨询获取。

黄明睿

2024年3月

全书导视图

基于效果逻辑理论的创新创业教育模型——

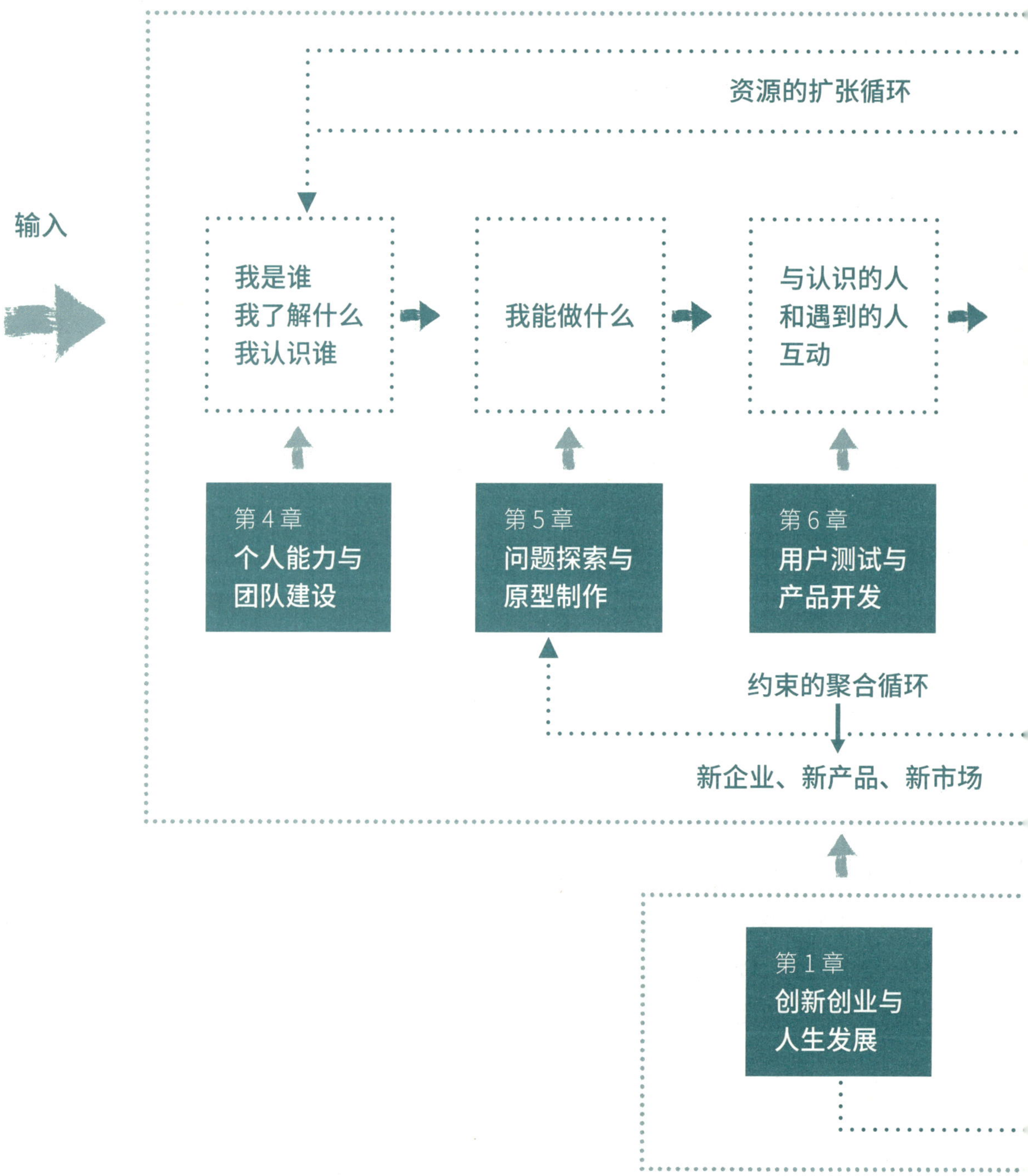

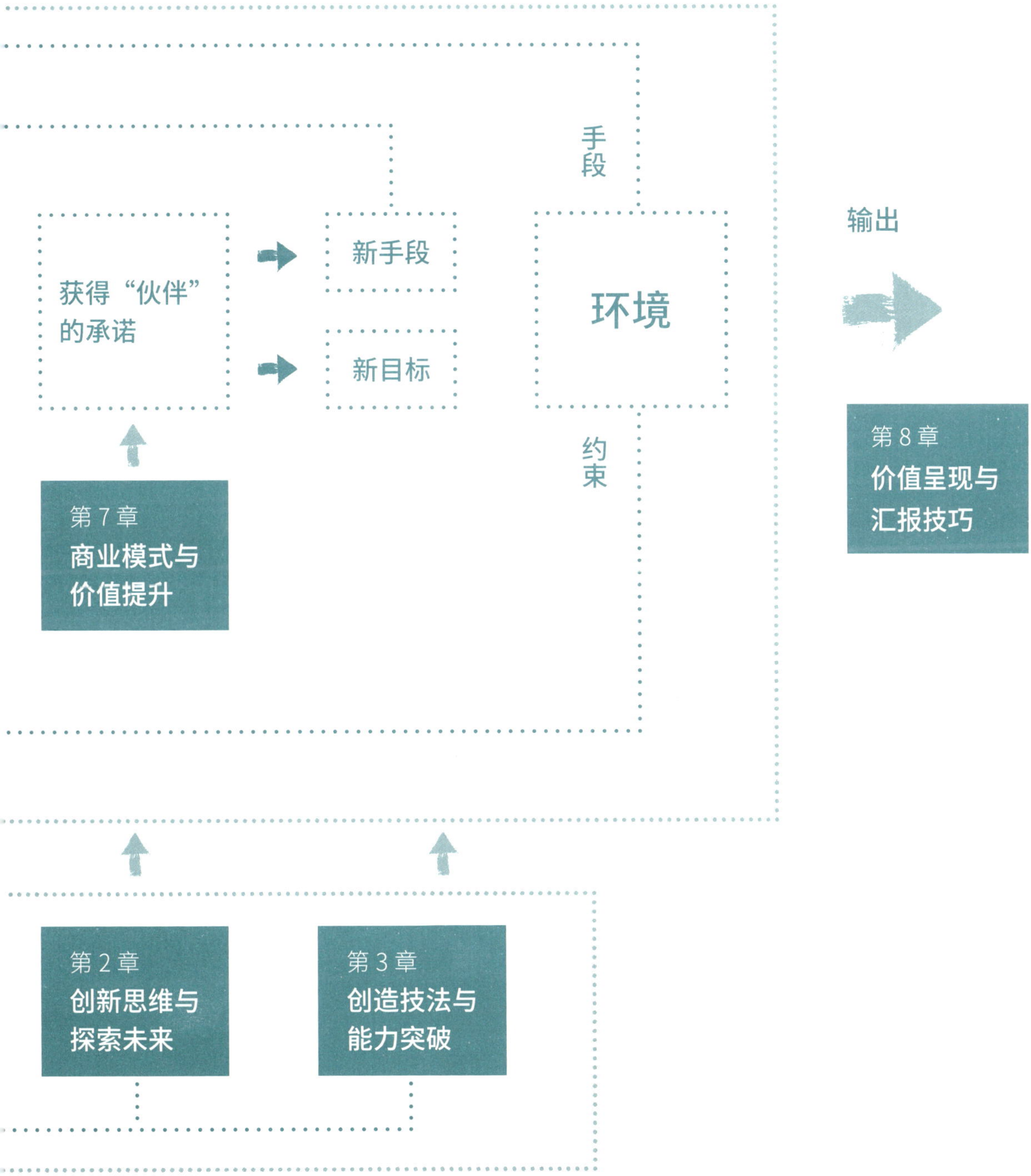

手段
获得“伙伴”的承诺
新手段
新目标
环境
约束
输出
第 7 章
商业模式与价值提升
第 8 章
价值呈现与汇报技巧
第 2 章
创新思维与探索未来
第 3 章
创造技法与能力突破

目录

1

创新创业与人生发展

创新时事

纵观人类发展历史，创新始终是一个国家、一个民族发展的重要力量，也始终是推动人类社会进步的重要力量。习近平总书记强调："要增强创新意识、培养创新思维，展示锐意创新的勇气、敢为人先的锐气、蓬勃向上的朝气。"[①]创新思维能力，就是破除迷信、超越陈规，善于因时制宜、知难而进、开拓创新的能力。提高创新思维能力，就是要有敢为人先的锐气，打破迷信经验、迷信本本的惯性思维，以满腔热忱对待一切新生事物，敢于说前人没有说过的新话，敢于干前人没有干过的事情，以思想认识的新飞跃打开工作的新局面。

当今时代，处处可见创新的身影。仰望寰宇有"嫦娥"奔月、"天问"落火，逐梦海疆有"深海勇士"号、"奋斗者"号深潜，科技创新拓宽了认知边界；敦煌研究院通过数字孪生技术还原洞窟壁画、让文物"重现"，三星堆博物馆运用增强现实、混合现实技术为游客提供沉浸式体验，文化创新增强了文化自信……唯有创新，才能把握时代、引领时代。中国各方面层出不穷的创新，为经济社会的发展提供了源源不断的动力。

学习目标

▍描述创新与创业的定义，分析二者之间的关系。

▍理解创新精神与企业家精神的内涵，分别列举 2～3 个实例，尝试规划自身创新精神与企业家精神的培养路径。

▍评估创新创业对人生发展的重要性，基于创业的导向作用形成正向的人生态度。

① 习近平. 在全国劳动模范和先进工作者表彰大会上的讲话[M]. 北京：人民出版社，2020：8.

本章概览

在21世纪，经济与科技高速发展，创新创业是推进人类文明不断进步的催化剂。党的二十大报告强调“创新是第一动力”，抓创新就是抓发展，谋创新就是谋未来。青年的体能和智力都处于人生的高峰期，青年具有丰富的创新创业潜能，应把握机会体现人生价值，而创新精神与企业家精神正是可持续发展的核心竞争力。

本章围绕创新创业的理论体系，主要介绍创新和创业的定义、关系等，剖析创新精神与企业家精神的内核，指引新时代青年成为不负韶华、勇于担当的创新创业者。

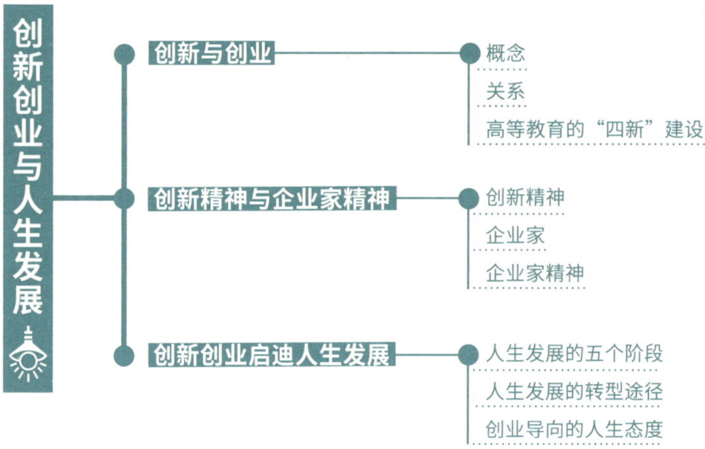

i人e事

友声翻译手套——助听障、语障人士“说话”

项目简介：多功能手语翻译手套是由广东技术师范大学“友声”团队研发的一款可以记录手势动作的传感器装置。它能够将手语动作翻译成语音进行播报，将语音转换为文字在手机端显示，从而助力听障、语障人士与健全人之间进行沟通和交流。该项目获得了第二届中国“互联网+”大学生创新创业大赛全国银奖。

声音是世界的重要组成部分，也是信息传播的媒介之一。你是否曾想过，无声的世界将会变成什么样？存在听力障碍的人便活在那个世界中。为了能够让他们实现顺畅的人际沟通，来自广东技术师范大学的“友声”团队研发出一款适合听障、语障人士交流的可穿戴沟通辅助设备——多功能手语翻译手套。听障、语障人士通过穿戴这款翻译手套，比划手语，在手机端播报并展示手语内容，可以让健全人获知他们想要表达的信息；而健全人也可以通过语音识别，直接在手机端向听障、语障人士做出反馈，以此实现双向交流。

“做这个项目的时候，我们遇到最大的困难就是技术。因为当时国内还没有出现任何一款类似产品。这是一个全新的项目，没有任何可以借鉴参考的东西，我们只能自己摸索着做。”广东技术师范大学自动化学院的学生，“友声”团队负责人李钊华说道。“友声”团队自2015年成立以来，始终坚持“为听障人士创造新声世界”的梦想，其开发的翻译手套原型（图1-1），成功帮助听障人士“说话”，也适用于语障人士进行手语表达。随后该团队对产品进行不断迭代，在硬件、软件和外形上不断升级，并开发了配套的APP，依次打造出指环式翻译手套U-Shine1.0和U-Shine2.0。2018年，团队成员

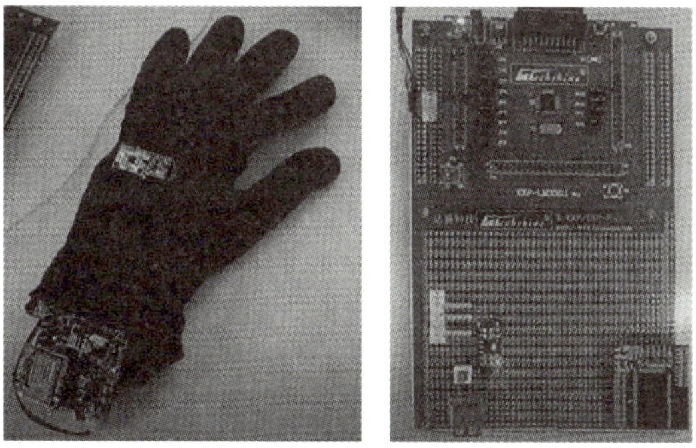

图 1-1 友声翻译手套原型

携U-shine2.0参加了第二届中国“互联网+”大学生创新创业大赛，荣获广东省金奖、全国银奖。李钊华基于此次创业经历，对其专业产生了更加浓厚的兴趣，他被电子科技大学录取为2023级电子信息专业博士研究生。未来他将在相关领域继续自己的创新之旅，为社会进步和科技发展贡献自己的一份力量。①

思考：

1. 了解“友声”团队的发展历程后，你认为团队成员的行为是创新还是创业？为什么？

2. 创新创业活动对社会和个人发展分别起什么作用？

① 黄明睿，张凤娜. 设计思维实战[M]. 北京：高等教育出版社，2022. 有修改。

1.1 创新与创业

一、什么是创新

“创新”一词最早由美籍奥地利政治经济学家约瑟夫·A.熊彼特（Joseph A. Schumpeter）提出。熊彼特认为，创新是经济发展的重要动力，创新有多种类型，包括产品创新、技术创新、资源配置创新等。

从熊彼特的观点来看，**创新是以新思维、新发明和新描述为特征的一种概念化过程**。创新有更新、创造、改变3层含义。

- **更新**

更新即除旧布新，革故鼎新。例如，特斯拉公司作为自动驾驶领域的开拓者，以市场前景为导向，引领AI等技术应用落地，不断更新自身的完全自动驾驶（full self-drive，FSD）算法，将改进车辆性能优先于引入新功能，致力于用户获得更安全的用车体验。

- **创造**

创造是产生或制造出以前没有的事物。例如，格力电器公司坚持将创新的优良基因注入企业，截至2023年，已申请国内外专利超过11万项，通过自主研发掌握了压缩机、芯片、智能化霜等核心科技，以企业使命驱动价值创造，确立了稳固的市场地位。

- **改变**

改变是通过某种手段使事物发生相对意义上的差别。例如，京东公司自主研发的金融级国产分布式数据库StarDB，打造了可兼容、私有云、混合云架构，解决了难倒业界的高并发、强拓展性难题，实现了多行业场景验证，以国产自研力量加速产业数字化转型。

结合以上阐释，创新可以被定义为：**人们能够跨越常规思维的边界，以在常规之外甚至与常规相反的方法及视角去思考问题，提出别具一格的解决**

方案，从而产出有新意、有突破、有价值、有特色的思维成果。这里的“新事物”，是指一切涵盖物质文明和精神文明的成果。

创新对于社会文明的发展具有举足轻重的作用，它是人类特有的思维能力与实践能力，是人类发挥主观能动性的一种表现形式，是一个民族进步的灵魂，也是一个国家兴旺发达的不竭动力。

扫码看慕课

创新很难吗？

学习活动

消费“时间”

- 工具：便利贴、笔
- 时长：15 min
- 步骤

1. 请每位同学结合自身情况思考以下问题：一天有24 h，共86 400 s，假设现在给你86 400元，要求你在一天之内必须把这笔钱花完，你会怎样分配？注意：这笔钱只能用作消费（即购买物品或服务），不能用于投资。

2. 每位同学领取一张便利贴，把对该问题的想法写在便利贴上。

3. 自由组合为5人小组，用5 min讨论并分享各自的想法。挑选出所有组员认为内容最有意义的一张便利贴，由撰写者在全班分享。

4. 各小组派代表将所有人的便利贴（可署名）贴在黑板上。课间同学们可自行参观浏览别人的想法，找出最有创意的“消费观”。

- 小结

在本次活动中，同学们初步尝试运用创新思维对现实中的问题展开思考，通过思维碰撞逐步形成对优秀创意的识别能力，有助于领悟创新的真谛。

二、什么是创业

现代管理学认为，**创业是创业者对自己所拥有的资源，或对通过努力后能够拥有的资源进行优化、整合，从而创造出更大的经济价值或社会价值的过程。**

创业有广义和狭义之分。广义的创业，指的是来自各个领域的人为了创造一番新事业而从事的社会实践活动，它涵盖了创业者在进行创业活动时基于主观能动性所表现出来的精神、能力或行为方式。狭义的创业是一个经济学范畴，是指主体以创造价值和就业机会为目的，通过组建一定形式的企业组织，为社会提供产品或服务的经济活动。

百森商学院教授杰弗里 · A. 蒂蒙斯（Jeffry A. Timmons）认为，创业由机会、资源、团队三个要素组成，并由此构建了如图1-2所示的**创业三要素模型**。在该模型中，机会识别、资源整合、团队合作是创业所必须经历的过程，三者之间相互联系、密不可分，三要素的有机结合是不断帮助创业者获得持久竞争力的重要动力。基于模型可以看出，**创业过程是一个连续不断地平衡机会、资源、团队三要素的行为组合的过程。**

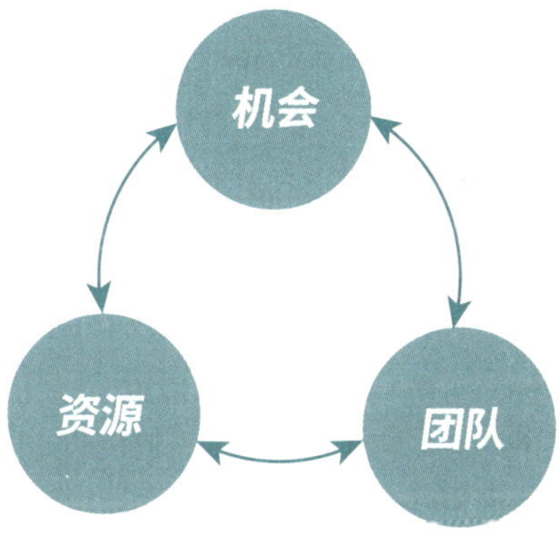

图 1-2　创业三要素模型

学习活动

我眼中的“创业”

- 工具：便利贴、笔
- 时长：15 min
- 步骤

1. 每个人独立思考与“创业”相关的关键词，写在便利贴上。每张便利贴仅写一个关键词，每人至少写出3个关键词。

2. 以小组为单位，将所有组员提交的便利贴进行汇总，找出出现频率最高的3个词。

3. 将找出的3个词用一句话串联起来，概括创业的内涵及特征。

4. 各组派代表进行分享。

● 小结

以上活动旨在引导学生自主思考创业的定义，结合个人的经历和经验尝试阐述自己对于创业的认知，有助于学生深入理解创业的内涵及特征。

哈佛商学院驻校企业家埃里克 · 莱斯（Eric Ries）在著作《精益创业：新创企业的成长思维》中指出，创业包含以下2个条件：

◉ 在极端不确定的情况下进行。

◉ 开发出新产品或新服务，或是把产品、服务、技术带到新的市场。

据此，本书将创业的3个关键词总结为不确定性、团队、有价值的产品或服务。基于这3个关键词，创业可被定义为：**在不确定的环境下，组建一个高效率的团队，为社会提供有价值的产品或服务的过程。**

三、创新与创业的关系

● 创新与创业的本质一致性

创新与创业的本质都是开创新颖的、与众不同的，且能够产生积极作用的做法或结果。

● 创新与创业的相互关联性

创新是创业的基础和前提，创业是创新的体现和延伸。创业是在创新的基础上，将创新的思想或成果转化为现实生产力的一种社会活动。

● 创新与创业的相互推动作用

创新的价值可以通过创业体现，创业会推动并深化创新。

知识拓展

创新创业让老国企焕发新活力

陕西省秦川机床工具集团股份公司（以下简称“秦川集团”）是一家老牌国企。2012年，因为机床行业乃至多数装备制造业普遍面临的“高端失守、中低端混战”的困境，这家全国机械行业的骨干企业经营困难，员工收入难以增长，人才流失严重。

为了走出发展困境，秦川集团打破传统组织结构，进行企业内部“再创业”，形成了包括企业项目制、“大师工作室”“双革四新五小”活动在内的“三层级创新体系”，激发了全员的创新活力。集团为多位工匠大师成立工作室，选拔优秀技术工人到“大师工作室”工作，既对关键难题进行创新攻坚，也能传承工匠大师的绝技。同时，“双革四新五小”活动以工厂班组为创新创业单元，引导员工在工作实践中研究“小窍门”、探索“新技术”、实践“小改进”，平均每年奖励成果数百项，让创新成为员工的工作习惯。通过开展企业内部的创新创业活动，员工积极投身于各项生产经营活动，充分调动和发挥了广大员工参与活动的积极性、主动性和创造性，形成了创先争优、锐意进取的良好工作氛围。

仅用了不到4年的时间，秦川集团的业绩便开始逆势上扬，其主流产品一直呈现供不应求的局面。企业98%的产品实现个性化定制，产生了七八百名“创客”，依靠“众智”满足了更多的市场需求。创新创业变革所带来的机遇，给这家老牌国企注入了源源不断的发展动力。①

四、高等教育的“四新”建设

当今世界正处于急剧变革之中，创新在深度影响着经济发展和社会变迁。伴随着国际战略竞争不断加剧，大国的产业格局被重塑。为了适应时代发展的需要，2017年，教育部正式提出“四新”建设。

“四新”指的是新工科、新医科、新农科、新文科。瞄准人才需求，注重多学科交叉融合是“四新”建设的关键要求。此外，“四新”建设突出强调交叉融合再出新，着力打造新时代高等教育的新教改、新质量、新体系，是走

① 资料来源：新华社。

好人才自主培养之路的重要举措，是新时代应对激烈的科技革命和严峻的国际竞争挑战的战略性选择。

- **新工科建设**

新工科建设的提出，是为了应对新经济的严峻挑战，从服务国家战略、满足产业需求和面向未来发展的新高度出发。新工科建设需要研究和实践的逐渐完善与不断深入，需要各级政府、产业行业和高等学校的密切合作与共同努力，需要多学科专业的互相协调合作。人工智能科学、物联网工程等是新工科建设重点扶持的新兴学科。2021 年 12 月 31 日，教育部决定在部分高校实施计算机领域本科教育教学改革试点工作计划，简称“101 计划”，致力于形成完整的计算机核心课程体系。2023 年 4 月 19 日，教育部召开基础学科系列“101 计划”工作推进会暨计算机“101 计划”成果交流会，进一步启动数学、物理学、化学、生物科学、基础医学、中药学、经济学、哲学等领域的基础学科系列“101 计划”。

- **新医科建设**

医学教育是卫生健康事业发展的重要基石，新医科建设着力实现从治疗为主到生命全周期、健康全过程的全覆盖。这个过程既要坚持中国特色社会主义发展道路，遵循党的教育方针，又要符合医学自身发展规律，大力推进新医科建设。精准医学、智能医学等是新医科建设重点扶持的新兴学科。

- **新农科建设**

新农科建设重在瞄准绿色生态，推动以现代生物科技改造传统农林专业为导向，对我国的农业发展具有重大意义，是全面推进乡村振兴、加快建设农业强国的必然之举。智慧农业、生物育种科学等是新农科建设重点扶持的新兴学科。

- **新文科建设**

培育时代新人是新文科建设的根本任务。新文科建设要培养自尊、自信、自立、自强的人，培养中华文明的传承者、中华文化的弘扬者、中国声音的传播者、中国理论的创新者、中国道路的践行者和中国未来的开创者，用中国理论科学阐释中国制度、中国道路，壮大和弘扬文化软实力。其中，新商科建设是新文科建设的重要组成部分。健康服务与管理、供应链管理等是新文科建设重点扶持的新兴学科。

新工科直接促进产业结构调整，新医科服务健康中国行动，新农科助力实现乡村振兴，新文科用中国理论、中国范式、中国标准、中国自信讲好中国故事。作为新时代的青年，我们要深刻意识到“四新”建设对社会进步、民族发展的重要性，抓住新一轮科技革命的历史机遇，深刻认识创新创业的内涵，努力成为担当民族复兴大任的时代新人。

1·2 创新精神与企业家精神

一、什么是创新精神

创新精神是进行创新活动必须具备的心理特征，包括创新意识、创新兴趣、创新胆量、创新决心，以及相关的思维活动。

创新精神与创新内涵紧密相连，具有智慧、勇气等特征，涵盖三大要素——批判精神、创造性思维和开拓精神。

- **批判精神**

批判精神包括独立思考、反思质疑、开放兼容的精神特征，要求我们坚持站在理性的角度去认识、分析和解决问题。

- **创造性思维**

创造性思维是一种具有开创意义的思维活动，往往需要经过长期的积累才能具备，因此我们要善于把培养创造性思维融入日常生活中。

- **开拓精神**

创新需要开拓进取的精神状态。“坚持开拓创新”是中国共产党百年奋斗的历史经验之一，唯有坚定地迈出开拓创新的步伐，才能在未来的发展中创出一片新天地。

创新精神是时代精神的核心内容，新时代的创新精神有着更广泛且深刻的内涵，它代表着敢为人先、勇攀高峰的奋斗精神。培养创新精神是时代的呼唤，也是个人发展的必然趋势，更是开启成功之门的钥匙。

知识拓展

全国农作物高效光合育种先行者

随着科技的进步，我国种业发展蒸蒸日上，不管是农作物的数量、质量还是种类，都取得了较大的突破。但值得注意的是，目前国内高产优质稻种稀缺，优质稻不高产的农业传统问题亟待解决。无论是传统育种还是分子育种，都主要通过提升叶光合以增加产量，而这些做法难以满足我国当前育种高质量发展的迫切需要。

为了解决这一“卡脖子”难题，浙江师范大学的一个学生团队在专家的带领下，充分发挥创新精神，助力水稻新品种“高光粳2号”的推广与应用。与其他品种相比，“高光粳2号”具有增产高、抗病强、育种时间短的优势，能极大地减少农药使用，并成功在中国科学院遗传与发育生物学研究所等3地试种，获得多名水稻种植研究专家的推荐。团队以销售改良种子为主，以提供改良服务为辅，实现自销、经销双线并行，持续宣传推广优质稻种，使收益提升约25%，直接或间接地带动了超过500人就业，这种影响在未来还会进一步扩大。由此可见，创新需要我们秉持开拓精神，敢于迎难而上，并且要做到立足当下，放眼未来。[①]

二、什么是企业家

企业家是创新的主体，创新精神是企业家必须具备的关键特征之一。

学者对于企业家的定义有着不同的理解。早在第一次工业革命时期，法国经济学家让·巴蒂斯特·萨伊（Jean Baptiste Say）便在其著作《政治经济学概论》中首先指出，企业家的概念包括企业家职能和企业家精神两项内涵，他将企业家定义为：结合一切生产手段并为产品价值寻求价值的人，是预见特定产品的需求以及生产手段，发现顾客，克服困难将一切生产要素结合起来的经济行为者。到了近现代，人们对企业家的认识融入更多精神层面的内涵。例如，被称作“现代管理学之父”的彼得·F. 德鲁克（Peter F. Drucker）认为，**企业家是那些愿意把变革视为机遇，并努力开拓的人。**

① 资料来源：中关村加一战略新兴产业人才发展中心官网。

三、什么是企业家精神

企业家精神指的是某些人所具有的绝不被动等待机会，而是根据变化有目的、有组织地寻找机会，系统地分析机会，进而进行系统创新的特殊才能。企业家精神是对企业家共同特质的概括，一般包括创新精神、冒险精神、创业精神、宽容精神、爱国精神。

- **创新精神**

熊彼特指出，企业家所从事的工作就是创造性地破坏。因此，创新精神是企业家必须具备的关键特征之一，而企业家精神在本质上就是一种创新精神，这种精神不断驱动着企业家提出创意，并基于创意进行创造性资源配置，其意义在于创造崭新的、与众不同的东西并改变它的价值。企业家应勇于突破传统思维框架，积极探索新的经营、技术和管理方法，让创新成为推动企业发展的重要动力。

例如，海尔集团创始人张瑞敏从经营管理模式方面寻求创新，将中华文明的系统论思想与互联网时代零距离、分布式思维相结合，提出“人单合一”模式，去除层级结构，给予员工极大的自由，最大化地实现人的价值。张瑞敏也因此获得Thinkers50全球最具影响力的“50大管理思想家”终身成就奖，荣登世界管理思想家名人堂。

- **冒险精神**

对企业和企业家来讲，不敢冒险或许才是最大的风险。企业战略的制定与实施、企业生产规模的扩大与缩小、新技术的开发与运用、新市场的开辟与占领、生产品种的增加与淘汰、产品价格的提高或降低，企业运作的方方面面都需要企业家大胆地进行决策。只有敢于直面风险和拥抱不确定性，才能在动荡的市场中开辟自己的道路。尤其在市场经济中，具备冒险精神的企业家往往能探索到未知的领域，进而抓住机遇，取得成功。

例如，比亚迪公司创始人王传福凭借冒险精神引领公司一步步转型，成为业内翘楚。比亚迪公司成立于1995年，最初并非汽车制造商，而是电池供应商。2003年，比亚迪公司成为全球第二大充电电池生产商。同年，比亚迪公司做出了一个重大决定——跨界造车，而且王传福当时就把研发新能源汽车作为公司的战略重心。时至今日，比亚迪公司已成为全球新能源汽车产业的领跑者之一，其成功与王传福的冒险精神是分不开的。

● 创业精神

企业家的创业精神是指企业家锐意进取、艰苦奋斗、敬业尽职、勤俭节约的精神。优秀的企业家为实现创立企业这一目标，不畏困难，坚持不懈，努力拼搏，这种创业精神是推动社会经济发展的重要力量。

例如，河南省以细致服务闻名的商业零售企业胖东来商场，其掌舵人于东来就曾经走过一段布满荆棘的创业之路。1990年，他借钱开办了一家烟酒店。那个时期的管理并不严格，销售假冒和劣质产品的商家泛滥，于东来也被那些黑心货商骗了两次，首次创业遭遇失败的他并没有被困难打倒，在亲人的支持下再次创办了一家名为“望月楼胖子店”的烟酒超市。这次他凭借着“绝不销售假货”的承诺赢得了顾客的好评和信任，超市的业务不断扩大，逐渐发展为如今备受追捧的胖东来商场。

● 宽容精神

宽容精神是指企业家具有宽容心，与人为善，愿意与他人合作的态度和精神。主要体现为尊重同行与同事、善待并善用人才、理性面对失败、虚心听取他人的意见甚至批评、发扬民主精神、避免独断专行等。成熟的企业家待人如待己，既敬贤礼士，又虚怀若谷。企业家秉持宽容之心有助于企业建立良好的文化氛围和人际关系，促进企业发展。

例如，沃尔玛公司创始人山姆 · 沃尔顿（Sam Walton）在创业之初就为公司确立了顾客是上帝、尊重每一个员工、每天追求卓越的企业文化。在公司内部，所有员工都被视为沃尔玛的合伙人。对员工的尊重正是企业家宽容之心的体现，沃尔玛将其真正落到实处：每个员工的工牌上只有名字而无职务，上下级见面可直呼其名，店内悬挂着先进员工的照片，表现突出的管理人员还会被授予“山姆 · 沃尔顿企业家”称号。

● 爱国精神

爱国精神是习近平总书记对中国企业家精神赋予的独特内涵。只有国强民富，企业才能发展壮大。爱国是深植于中国企业家群体的文化基因和光荣传统，是企业家精神永恒不变的鲜明底色。中国企业家要增强爱国情怀，把企业发展同国家繁荣、民族兴盛、人民幸福紧密结合在一起，主动为国担当、为国分忧，带领企业奋力拼搏、力争一流，致力于增强中国企业的国际竞争力，在世界范围内扩大影响力并提升国际地位。

例如，兴华财富集团董事长陈茂春就是一位富有爱国精神的企业家。兴华财富集团创建于1985年，有6家钢铁厂，产能1 200万吨，员工1万多人，是中国民营企业500强之一。陈茂春致富思源，回报社会，热心为国家分忧解难。他曾多次投资国家基础设施和乡村振兴建设；以自己和父母的名义设立了“茂春助学基金”和“海贵敬老基金”；在“非典”、汶川特大地震等重大灾难面前，他也毫不犹豫地伸出援助之手。截至2022年，陈茂春累计为各项社会公益事业捐款逾1.5亿元，这正是中国企业家爱国精神的体现。

知识拓展

新时代的企业家精神

新时代的企业家精神蕴藏着更丰富的内涵。

2020年7月21日，习近平总书记在北京主持召开企业家座谈会，他对广大企业和个体工商户指出：“企业家要带领企业战胜当前的困难，走向更辉煌的未来，就要弘扬企业家精神，在爱国、创新、诚信、社会责任和国际视野等方面不断提升自己，努力成为新时代构建新发展格局、建设现代化经济体系、推动高质量发展的生力军。”一个企业在企业家的带领下，大力弘扬优秀企业家精神，就能奋力拼搏、力争一流，实现质量更好、效益更高、竞争力更强、影响力更大的发展。

2023年7月发布的《中共中央　国务院关于促进民营经济发展壮大的意见》，对促进民营经济发展壮大做出新的重大部署，提出“在民营经济中大力培育企业家精神，及时总结推广富有中国特色、顺应时代潮流的企业家成长经验”。新征程上，我们要大力弘扬优秀企业家精神，更好发挥企业家作用，促进民营经济发展壮大。①

① 资料来源：新华社。

“永不言弃”的企业家精神

新东方教育科技集团是以学生全面成长为核心，以科技为驱动力的综合性教育集团。自1993年成立以来，集团开发了素质教育、国际教育等多个板块，在教育培训行业可谓家喻户晓。

2021年，俞敏洪和新东方迎来了命运的转折点。在无尽的迷茫中，俞敏洪摸着石头过河，带领公司转型，切入电商赛道，创立东方甄选平台，做起了农产品直播带货。俞敏洪和他的电商创业一开始并不被外界看好。2022年6月，东方甄选直播间“不仅卖货还讲知识”“在传授知识中把货卖了”等话题在社交媒体上发酵，无数人被吸引到东方甄选直播间。

对于俞敏洪及其团队来说，如何保持竞争优势，是未来需要深思的方向。纵观来看，俞敏洪的创业历程是艰辛、无奈、酸苦、甜蜜的，而这正是每一位企业家必然经历的阶段。俞敏洪给自己贴上了“永不言弃”的标签，正如新东方的企业文化所倡导的“追求卓越，挑战极限，从绝望中寻找希望，人生终将辉煌”。在逆境中永不言弃，不放弃逆风翻盘的机会，这正是新时代企业家精神的生动体现。

1·3 创新创业启迪人生发展

一、人生发展的五个阶段

如图1-3所示，根据目标和境遇的差别，每个人的人生发展历程按从低到高的顺序可以划分为任务、工作、职业、事业、人生五个阶段。

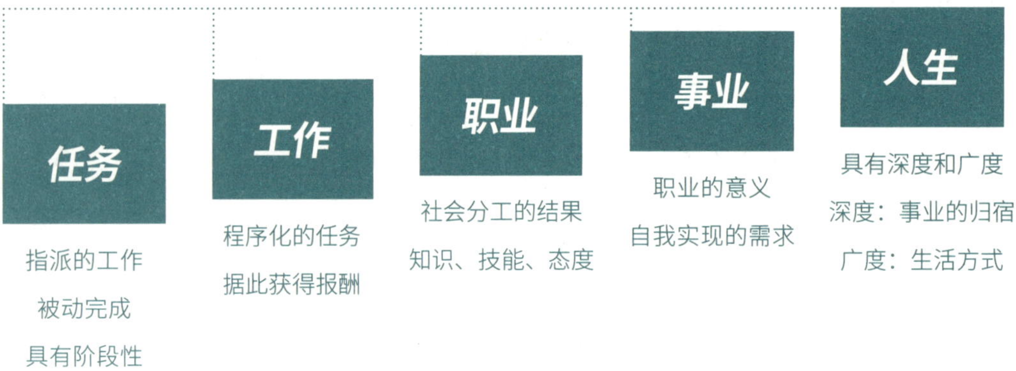

图1-3　人生发展的五个阶段

● **任务**

任务是指那些被指派的工作，其在通常情况下不具有主动性。完成任务可以锻炼我们的工作能力，是人生必不可少的一个阶段。例如，上级交派需要我们完成和承担的一件事情，就是一项任务。

● **工作**

工作是一种程序化的任务，我们完成工作可据此获得一定的报酬。例如，设备安检员的日常任务是检查设备的安全性，这些任务的累积就是他们需要完成的工作。

● **职业**

职业是个人所从事的对社会的服务，并以此作为主要生活来源的工作。职业是社会分工的结果，由知识、技能、态度等多因素共同决定。人力资源社会保障部修订的《中华人民共和国职业分类大典（2022年版）》，将职业类别划分为8个大类、79个中类、450个小类和1 639个细类（职业）。

- **事业**

事业是指个人从事对社会有影响的经常性活动。事业是职业的意义和提升，是职业层面上的升华，是一种自我实现的需求。事业和职业有所区别：职业更强调一种谋求生计的途径，而事业则更偏向一种更高层面的人生追求。

- **人生**

人生，通俗来讲就是一个人的生活特征。人的一生既要追求事业的深度，也要追求生活方式的广度。这是我们进步的方向和归宿。人生存在着多种可能性，它可以是一次不一样的生活体验，也可以是一次创业的尝试，重点是努力抓住每一次机会。

二、人生发展的转型途径

如图1-4所示，层次、工具、经验是人生发展转型的重要途径，三者是一个紧密联系的整体。

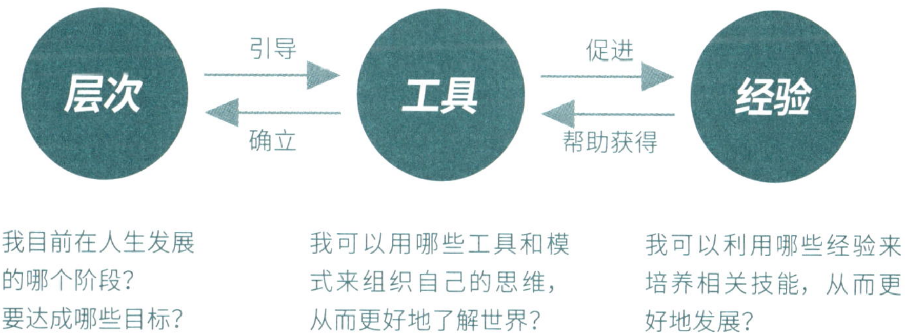

图 1-4　人生发展的转型途径

- **层次**

确认自己位于人生发展的哪个阶段，要达成哪些目标。

- **工具**

打算采取哪些工具和模式来组织自己的思维，从而更好地了解世界。

- **经验**

思考利用哪些经验来培养相关技能，从而更好地发展。

层次引导我们获得工具；而工具不仅可以促进经验的积累，还能帮助我们确立人生层次。同时，丰富的经验也可以帮助我们获得新的工具，不断增加人生的深度。对于大学生而言，可以通过“实验+学习”帮助自己完成转型（如图1-5所示）。

图1-5　大学生的转型途径

创业靠的不仅是激情和梦想，更关键的是执着和执行，人生发展亦是如此。我们只有确立奋斗方向，一步步脚踏实地，并在这个过程中完善自己，才能在新时代走好新征程。

学习活动

请独立思考以下问题，并记录关键信息：

1. 选择一个明确的人生转型时间点（如大学毕业），确立该时间点前后的自己分别处于人生发展的哪个阶段，并明确在该转型时间点你想要实现的具体目标。

2. 为了实现该目标，你认为需要用到哪些工具？

3. 为了实现该目标，你认为需要积累哪些经验？

三、创业导向的人生态度

创业导向的人生态度包括职业精神、创业精神和生活方式。

- **职业精神**

职业精神需要我们具备高超的专业能力，树立认真负责的工作态度。

- **创业精神**

创业精神需要我们从创业的维度出发思考问题、解决问题。在这个过程中，我们要领先行动、承担风险。

- **生活方式**

创业可以让我们拥有博大的人文情怀，可以拓宽眼界，提高思维能力，让我们对生活不断充满好奇与希望。

值得一提的是，创新创业的思维不是与生俱来的，而是经过后天的培养，可以改变我们对人生的态度，改变我们对未来的看法，甚至改变我们今后的人生方向。面对不确定的未来，我们要用创新创业的思维去开启更有价值的人生旅程！

知识拓展

创业不必去远方　家乡也能创辉煌

澄城县新时代家庭农场位于陕西省澄城县城北 20 km处，这里气候独特，黄土厚重，生态环境优越，是一片没有受到污染的土地，也是世界上公认的苹果、樱桃优生区。在当地政府部门的帮助下，梁建俊、梁栋父子通过学习培训成为高级职业农民，掌握了先进的农业管理技术。他们建设的新时代家庭农场，先后被拟定为县级示范家庭农场和市级示范家庭农场，农场生产的大樱桃荣获第三届中国优质大樱桃擂台赛“银奖”。农场的规模不断扩大，经济效益不断提升，示范效应明显，带动了周边群众种植大樱桃的热情，不少人摘掉了贫困帽子。父子二人因地制宜，针对农场现有的问题，运用科技手段，结合绿色生态理念，推广先进的种植技术，创立了自己的品牌。

创业不必去远方，家乡也能创辉煌。善于发挥自己的优势，开辟自己的赛道，找对正确的目标，创业之梦将不再遥远。①

① 资料来源：澄城县人民政府网站。

课后作业

▎在本章中，你已经了解了高等教育的“四新”建设在新时代创新创业的重要性，想想它们在实际生活中有哪些体现？这对我们未来真正踏上创新创业之路会产生哪些有益影响？

▎回顾本章的学习，你能否提炼出企业家精神的内涵？企业发展离不开企业家的努力和付出，你能否举例说明企业家精神对企业发展的实际作用？

▎请试着站在自我认知的角度，从性格、爱好等方面，分析自己开展创新创业实践的优势和劣势，并尝试寻找自己的创业目标，分析可能面临的风险。基于以上内容，请同学们充分发挥创意，在一张A4纸上设计自己的创业规划方案。

行动建议

▎《关于大力推进高等学校创新创业教育和大学生自主创业工作的意见》是教育部印发的关于大学生创新创业的重要文件。为了统筹做好高校创新创业教育、创业基地建设和促进大学生自主创业工作，该文件提出了以下意见：

- **大力推进高等学校创新创业教育工作。**
- **加强创业基地建设，打造全方位创业支撑平台。**
- **进一步落实和完善大学生自主创业扶持政策，加强创业指导和服务工作。**
- **加强领导，形成推进高校创业教育和大学生自主创业的工作合力。**

大学生创新创业响应时代的召唤，国家政策为大学生创新创业建起了多条高速公路。如本章开头介绍的友声翻译手套，该项目发起于中国创新创业教育发展初期，团队成员正是响应国家号召而开展了创新创业实践活动，并积极参与中国国际大学生创新大赛。乘着政策的春风，同学们要主动提升创新创业能力，努力实现创业梦想，创造社会价值。

延伸阅读

双创案例

创新创业，努力创造不可思议的人生

周鑫涛（见图1-6）是华南师范大学化学学院化学（师范）专业2020级本科生，曾获得第八届中国国际“互联网+”大学生创新创业大赛全国金奖。偶然的机会让他走上了创新创业之路，而创新创业也切实改变了他的人生。

2019年，周鑫涛来到华南师范大学环境学院，进入环境工程专业学习。曾经的支教经历促使他在大二时转专业到化学学院，成为一名化学（师范）专业学生。后来他了解到自身的专业前景包括师范方向和科研方向，于是便尝试往科研方向前进。通过“拔尖计划”，周鑫涛加入了邢丽丹教授的课题组。在邢教授眼中，这名学生非常优秀，很有想法，态度积极认真。为了尽可能实现自己的科研目标，同时更进一步开阔视野，周鑫涛参加了全国大学生化工设计竞赛，他和队友们一路过关斩将，一举收获全国二等奖。随后，他又参加了第八届中国国际“互联网+”大学生创新创业大赛。

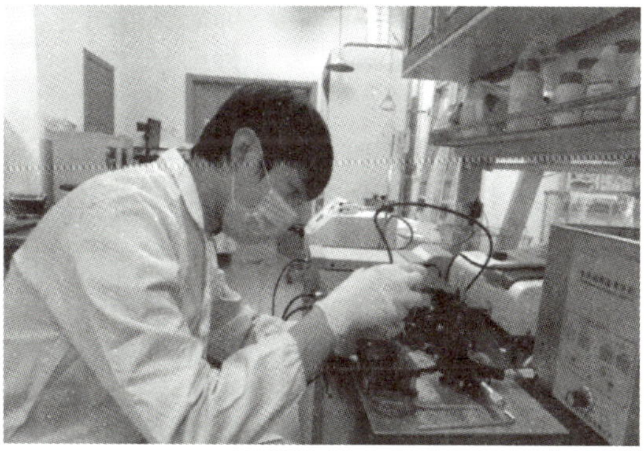

图 1-6　周鑫涛

最初，周鑫涛在创新创业领域完全是“一张白纸”。某天，他参加了创业学院举办的创新创业大讲堂活动，听了创业学院副院长侯永雄开设的《如何呈现好创新创业项目》专题讲座，对双创类竞赛的创新性、商业性等评审要点有了一定的把握，后来他结合自己在“商业模式与创业实务”课程中学到的内容，逐步摸索出创新创业的路径。2022年，周鑫涛依托“芯载未来”项目参加了第八届中国国际“互联网+”大学生创新创业大赛，并带领团队成功晋级省赛。虽然后来遗憾止步于省赛网评阶段，但他们却获得了入驻学校众创空间孵化项目和进一步学习的机会。机缘巧合之下，由生物光子学研究院光学专

业2021级博士研究生王巍带领的“派康医疗”项目团队邀请周鑫涛加入，就这样，由环境工程专业转向化学（师范）专业的周鑫涛，又参加了生物医学类创新创业项目，成为集“生化环”于一身的种子选手。最终，“派康医疗”项目团队不负众望，成功斩获第八届中国国际“互联网+”大学生创新创业大赛全国金奖。之后，周鑫涛主动与团队负责人王巍沟通，申请以该项目继续参加由北京大学举办的首届“博雅创材”全国优秀大学生科技创新论坛暨“彤程杯”全国大学生创新创业大赛。当时，周鑫涛同时面临着比赛与期末考试的双重压力，但他历经层层筛选，顺利进入了北京大学未来技术学院夏令营学习。后来，周鑫涛还与全国各地的优秀学子一同参加了北京大学直博生面试，面试中他凭借丰富的创新创业竞赛经历、多元化的专业视野以及兢兢业业的科研态度，给老师留下了深刻的印象。2023年9月，周鑫涛成功收到直博北京大学未来技术学院生物医学工程专业的录取通知。据当时负责面试的老师所言，正是周鑫涛那与众不同的双创经历为他赢得了这份宝贵的机会。

2023年11月，在华南师范大学建校90周年发展大会上，周鑫涛作为唯一的学生代表上台发言。踏上创新创业之路的周鑫涛一步一个脚印，正在努力创造着更加精彩的人生。

思考：

- 在周鑫涛的创新创业经历中，你认为有哪些值得学习的地方？
- 创新创业对人生发展具有重要的启迪作用，主要体现在哪些方面？

双创视野

了解大学生创新创业大赛

大学生创新创业大赛是针对大学生举办的创新创业竞赛活动，旨在为大学生提供一个展示创新能力和创业精神的平台，鼓励大学生主动思考、创造和实践，培养大学生的创新创业意识和能力。下面介绍中国最热门的3项大学生创新创业赛事。

1. 中国国际大学生创新大赛

前身为中国国际“互联网+”大学生创新创业大赛，自2023年起升级为中国国际大学生创新大赛，更加聚焦“创新”。这项赛事是由教育部等12个部门会同地方政府主办、国内高校承办的一项技能大赛，其宗旨是：深化高等教育综合改革，激发大学生的创造力，培养造就创新创业人才；推动赛事成果转化，促进新业态形成，服务经济提质增效升级；以创新引领创业、创业带动就业，推动高校毕业生更高质量创业就业。

从往届赛事安排来看，大赛内容主要包括：

（1）主体赛事。包括高教主赛道、“青年红色筑梦之旅”赛道、职教赛道、产业命题赛道和萌芽赛道。

（2）“青年红色筑梦之旅”活动。

（3）同期活动，如世界大学生创新创业联盟成立仪式、世界大学生创新创业指数发布会、大赛优秀项目资源对接会等系列活动。

其中，“青年红色筑梦之旅”活动是大赛的重要活动，旨在鼓励广大青年学生扎根中国大地了解国情民情，接受革命传统教育，用创新创业成果服务乡村振兴战略、助力精准扶贫脱贫，走好新时代长征路。2017年8月15日，习近平总书记给第三届中国“互联网+”大学生创新创业大赛“青年红色筑梦之旅”活动的大学生回信，深切勉励青年学子把激昂的青春梦融入伟大的中国梦，扎根中国大地了解国情民情，在创新创业中增长智慧才干，在艰苦奋斗中锤炼意志品质，在亿万人民为实现中国梦而进行的伟大奋斗中实现人生价值，用青春书写无愧于时代、无愧于历史的华彩篇章。

2. “挑战杯”全国大学生课外学术科技作品竞赛

“挑战杯”是由共青团中央、中国科协、教育部和全国学联共同主办的全国性的大学生课外学术实践竞赛。“挑战杯”竞赛有两个项目：一个是“挑战杯”全国大学生课外学术科技作品竞赛，另一个是“挑战杯”中国大学生创业计划竞赛。这两个项目的全国竞赛轮流交叉举行，各项目每两年举办一届。

以2023年第十八届“挑战杯”全国大学生课外学术科技作品竞赛为例，这项赛事的参赛作品分为以下3类：

（1）自然科学类学术论文：分为机械与控制、信息技术、数理、生命科学、能源化工5个组别，作者限本专科生，鼓励以第一作者在核心期刊发表的学术论文进行申报。

（2）哲学社会科学类社会调查报告：分为发展成就、文明文化、美丽中国、民生福祉、中国之治5个组别，调查报告类参赛作品每篇不超过15 000字。

（3）科技发明制作：分为机械与控制、信息技术、数理、生命科学、能源化工5个组别。科技发明制作（A类）指科技含量较高、制作投入较大的作品；科技发明制作（B类）指投入较少，且为生产技术或社会生活带来便利的小发明、小制作等。

3.“挑战杯”中国大学生创业计划竞赛

“挑战杯”中国大学生创业计划竞赛是由共青团中央等多个部门联合主办的大学生课外科技文化活动，是一项具有导向性、示范性和群众性的创新创业竞赛活动，每两年举办一届。竞赛宗旨是培养创新意识、启迪创意思维、提升创造能力、造就创业人才。这项赛事借用风险投资的运作模式，要求参赛者组成优势互补的竞赛小组，提出一项具有市场前景的技术、产品或服务，并围绕这一技术、产品或服务，以获得风险投资为目的，完成一份完整、具体、深入的创业计划。大赛分校级初赛、省级复赛、全国决赛。其中，全国决赛将根据项目社会价值、实践过程、创新意义、发展前景和团队协作等综合评定金奖、银奖、铜奖等项目。

“挑战杯”中国大学生创业计划竞赛从实践教育的角度出发，引导和激励高校学生弘扬时代精神，把握时代脉搏，将所学知识与经济社会发展紧密结合，培养和提高创新、创造、创业的意识和能力，并在此基础上促进高校学生就业创业教育的蓬勃开展，发现和培养一批具有创新思维和创业潜力的优秀人才。

2

创新思维与探索未来

创新时事

创新是引领发展的第一动力。习近平总书记在企业家座谈会上强调："企业家要做创新发展的探索者、组织者、引领者，勇于推动生产组织创新、技术创新、市场创新，重视技术研发和人力资本投入，有效调动员工创造力，努力把企业打造成为强大的创新主体，在困境中实现凤凰涅槃、浴火重生。"[①]

在企业高质量发展的背景下，创新成为推动企业提质增效的重要驱动力。2023年，民营企业家周海江带领红豆集团通过推进"三自六化"——自主创新、自主品牌、自主资本和高端化、国际化、绿色化、数字化、在线化、证券化，取得了突飞猛进的发展，进一步加快了企业高质量发展。红豆集团在2023年共申请专利337件，累计申报专利超过5 000件，纳税额同比增长4.18亿元。这不仅体现出企业在科技创新方面的努力与成果，还表明其创新发展为经济增长作出了积极而有力的贡献。

面对复杂多变的国际形势，我们要大力弘扬企业家精神，增强企业家爱国情怀，把企业发展同国家繁荣、民族兴盛、人民幸福紧密结合在一起，抢抓市场机遇，办好一流企业，实现质量更好、效益更高、竞争力更强、影响力更大的发展，为我国经济社会发展作出新的更大贡献。

学习目标

- 阐述创新思维的概念，分析创新思维的特性，举例说明创新思维的障碍。
- 对比6种常见的创新思维类型，能够在实际生活中运用不同思维展开思考。
- 列举创新者应当具备的特性，能够依据特性评价一个人是否为创新者。
- 将创新思维与探索未来相关联，预测人工智能在各个领域的应用。

① 习近平. 习近平著作选读：第2卷[M]. 北京：人民出版社，2023：321.

本章概览

创新思维的潜在特征是向着未知或未全知的领域进军，不断扩大人们的认知范围，尝试把未知事物变成可被认识和了解的事物。科学上的每一次发现和创造都离不开创新思维，如果人们缺少创新思维，那么实践活动将永远停留在原有的水平，人类文明也将停滞不前。

本章将介绍6种常见的创新思维，运用它们可以从不同的角度去看待和处理各种问题。此外，通过学习本章内容，我们将了解创新者的特性和创新思维对未来发展的影响，感受其对人工智能等新技术的促进作用。

创新思维与探索未来

- 创新思维概述
  - 概念
  - 特性
  - 障碍
- 创新思维的类型
  - 发散思维
  - 聚合思维
  - 联想思维
  - 直觉思维
  - 灵感思维
  - 逻辑思维
- 创新者的特性
  - 勤于思考
  - 善于联想
  - 放宽眼界
  - 集思广益
  - 换位思考
  - 多元表达
  - 时间控制
  - 摸索前进
- 探索未来
  - 未来的核心技术：人工智能
  - 人工智能的发展历程

i人e事

点渣成金——国内铁合金产业废渣综合利用带动者

项目简介："点渣成金"项目开发出利用"热渣"工艺能质协同硅酸盐系调制方法研发"新型岩棉"和利用"冷渣"工艺首创"零碳"水泥两种产品，让渣—棉—胶引领冶金再转型，逐步实现铁合金产业固废零排放，成为宁夏石嘴山市减污降碳新产业。该项目获得了第九届中国国际"互联网+"大学生创新创业大赛全国金奖。

靠山吃山，是20世纪许多老工业城市的缩影。随着资源匮乏、环境污染加剧，老工业城市纷纷被推向时代的风口浪尖，面临转型的困境，有的人口流失严重从此一蹶不振，有的重振旗鼓完成蜕变。石嘴山市就是这样一座依靠自身优势，蹚出一条创新之路的城市。曾经的"黑"和"灰"，让石嘴山市上过全国污染城市"黑榜"。随着石嘴山市经济转型，生态文明建设必须先行。为推广固废治理新技术，变煤城为绿城，"点渣成金"项目负责人乌鹏飞博士践行习近平总书记"广大科技工作者要把论文写在祖国的大地上"的伟大号召，在导师和北京科技大学"双一流"学科平台的支持下，花费整整5年时间，科研在石嘴山试验，毕业论文在石嘴山撰写。在此期间，乌鹏飞博士利用创新思维，结合当地优势，成功开发出利用"热渣"工艺能质协同硅酸盐系调制方法研发"新型岩棉"和利用"冷渣"工艺首创"零碳"水泥两种产品，为实现地区经济转型与环境保护作出了巨大的贡献。"点渣成金"项目在第九届中国国际"互联网+"大学生创新创业大赛"青年红色筑梦之旅"赛道中获得全国金奖。

当传统方法无法适应变化时，只有以创新的眼光去审视问题，才能找到突破的机会。创新思维是一种态度，也是一种文化，它要求我们充满好奇心和勇气，敢于打破常规、尝试新的想法和方法。创新思维可以帮助我们挑战现状、发现机遇，并在不断变化的世界中保持竞争力。无论是个人还是组织，掌握创新思维都能够带来巨大的潜力和机会。[①]

① 资料来源：北京科技大学官网。

思考：

1. 随着时代的发展，传统工业转型面临困境，你认为创新思维对于解决这些困难和问题能起什么作用？

2. 你如何看待创新思维在生活中的作用？

2·1 创新思维概述

一、什么是创新思维

创新思维，又称创造性思维，是指以新颖独特的方法处理事情、解决问题或表达事物的思维过程。创新思维能够突破常规思维的界限，以超常规甚至反常规的方法、视角去思考问题，提出与众不同的解决方案，从而产生新颖的、独到的、有社会意义的思维成果。

二、创新思维的特性

创新思维具有多种特性，一般表现为能动性、独特性、变通性、敏感性。

能动性：能动性就是观念的自由发挥，指人们在尽可能短的时间内生成并表达出尽可能多的思想观念，以及较快地适应、掌握新的思维方式。

独特性：独特性是指人们在创新思维中突破常规，超越前人，经过自己的独立思考，形成异于他人的观点和见解。

变通性：创新思维没有固定的框架，具有创新思维的人在思考问题时可以使思维沿着不同的方向扩散，打破头脑中某种僵化的思维框架和陈旧的观念。

敏感性：敏感性是指人们能敏锐地观察并认识客观事物的性质和特征。

三、创新思维的障碍

创新思维的障碍有很多，常见的有依赖经验、盲目从众、受缚权威、拒绝变化。

依赖经验：经验是人们在实践活动中所取得的认识的初步概括和总结，无论是个人的经验还是集体的经验都具有一定的局限性，不要让过去的经验成为创新思维的绊脚石。

盲目从众：从众心理具有普遍性，盲目从众是指没有经过独立自主的思考，一切“随大流”，盲目相信大众。

受缚权威：在进入一个新的领域时，人们往往比较关注本领域权威人士的见解。因此，权威的观点很容易影响我们对事物的客观判断。

拒绝变化：拒绝变化是指呆板、机械、缺乏变化。创新思维者只有因势而变，迅速做出反应，才能摆脱困境。

知识拓展

中华强芯助力无人机腾飞

现如今，地球正面临着越来越多的自然灾害。近年来，无人机作为一种新型救援力量，极大地提高了我国应急救援管理的综合水平。针对无人机智能处理器领域的技术难题，来自湖南大学的学生成功研发了业内首款面向无人机应急救援的多源融合感知、机载边缘智能处理器——MobiUS昇腾芯。该产品面向应急救援场景，实现灾情多源感知，拥有智能基站管理等核心功能，能够大大提升救援效率和救援精度，得到了多位行业专家的高度评价。2021年，团队依托该产品打造的“MobiUS昇腾芯：应急救援移动无人机基站边缘智能系统”项目获得了第七届中国国际“互联网+”大学生创新创业大赛产业命题赛道银奖。MobiUS昇腾芯致力成为无人机行业的中华强芯，项目团队的成功离不开对社会痛点的直击以及对“卡脖子”技术的不断创新研发。

2.2 创新思维的类型

创新思维的重要诀窍在于多角度地看待事物，思考事物的发展过程与处理相关问题。创新思维的常见类型包括**发散思维、聚合思维、联想思维、直觉思维、灵感思维、逻辑思维**。

一、发散思维

发散思维是一种以解决问题为核心，沿着不同角度、不同方向进行思考，以提出多种可能的解决方案为目标的开放性思维方式。美国著名心理学家乔伊·保罗·吉尔福特（Joy Paul Guilford）认为，发散思维是创新思维的核心。发散思维的常见类型包括逆向思维、多路思维、平面思维、立体思维、侧向思维、横向思维、组合思维等。

发散思维的基本特征包括**流畅性、开放性、独特性、多感官性**。

- **流畅性**

流畅性主要体现为在短时间内能够连续表达出的观念及设想的数量，反映的是发散思维的速度和数量。

- **开放性**

发散思维是克服固有的思维框架，按照新的方向来思索问题的过程，它不受限于特定的观点和思路，强调自由地拓展思考领域，产生更广泛、独特、富有创意的想法。

- **独特性**

发散思维具有与众不同的想法和别出心裁的解决问题的思路，具有较强的独特性。

- **多感官性**

发散思维不仅运用听觉思维和视觉思维，还充分利用其他感官接收信息并进行加工。

学习活动

图 2-1 学习活动用图

如图2-1所示，请思考以下问题：

1. 你能用4条直线（不能断笔，也不能重复画）将9个圆点连起来吗？

2. 如果你完成了上面1个挑战，那么你能否用3条直线将9个圆点连起来？

3. 完成了上面2个挑战，接下来，你能否只用1条直线将9个圆点连起来？

二、聚合思维

聚合思维，又称收敛思维或集中思维，是一种从已知条件的既定目标中寻求唯一答案的思维方式。

聚合思维的基本特征包括**向心性、连续性、求实性**。

- **向心性**

聚合思维把许多发散思维的结果由四面八方集合起来，集中指向单一目标，就像瞄准靶心一样，具有向心性。

- **连续性**

聚合思维的进行方式与发散思维相反，是一环扣一环的，具有较强的连续性。

- **求实性**

一般来说，发散思维所产生的众多设想或方案，多数都是不成熟的，也是不切实际的，而通过聚合思维选择出来的设想或方案，是按照实用的标准来决定的，应当是切实可行的。

学习活动

如图2-2所示，这是一段宽度为100 m的河流，河的两岸保持平行，现需要在河面上架设一座桥，要求不允许斜着架桥，桥面宽度可忽略不计。请思考：

1. 你有多少种方法来架这座桥？

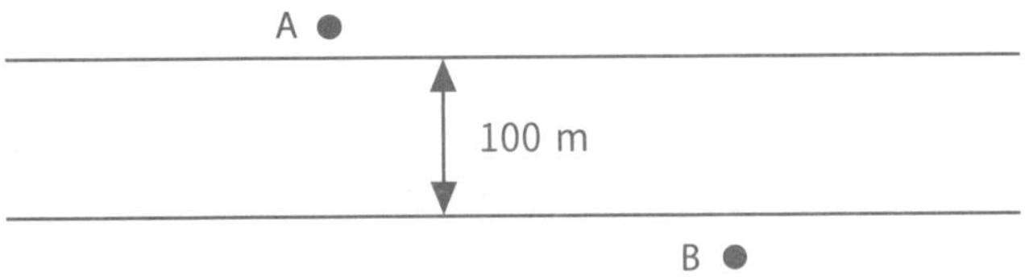

图 2-2　架桥问题

2.我们都知道两点之间直线距离最短，那么你是否能架设一座桥，使河流两岸A、B两地间的距离最短？

三、联想思维

联想思维是由于某种诱因使思路产生由此及彼的连接，是连接先前未连接的想法的思维活动，也是在多个元素之间形成关联或构建模式的思维活动。

联想思维的基本特征包括连续性、形象性、概括性。

- 连续性

联想思维是由此及彼、连绵不断地进行的，它可以是直接的，也可以是迂回曲折地形成闪电般的联想链。

- 形象性

联想思维是形象思维的具体化，其基本的思维操作单元是表象，需通过多幅画面展开联想。

- 概括性

联想思维可以很快把联想到的思维结果呈现在联想者的眼前，而不顾及细节，是一种整体把握的思维操作活动。

学习活动

一起写“小说”

- 工具：A4纸、笔
- 时长：30 min
- 步骤

1.教师在词库里随机抽取4个词语。所有同学看到每个词语后展开联想（不一定使用该词语，可联想与之相关的事物），根据以下设定完成一个精彩的故事（小说）。

（1）第 1 个随机词语：完成小说的情景设置。

（2）第 2 个随机词语：完成小说的角色设置。

（3）第 3 个随机词语：完成小说的故事情节。

（4）第 4 个随机词语：完成小说的结局。

2. 以邻座小组为单位，相互交换自己的故事。

3. 各组评选出最精彩的一个故事，由该故事的创作者上台分享。

附：词库（30 个参考词）

帽子	牛奶	鲜花	笔记本	西游记	密室逃脱
温泉	天空	考试	游戏机	演唱会	人工智能
街舞	手表	社团	青花瓷	动物园	教育强国
穿越	高铁	露营	大数据	羽毛球	“祝融号”
苹果	电梯	股票	教育家	朋友圈	中国创造

● 小结

以上活动选取生活常用词语辅助开展联想思维训练，过程中充满随机性，同学们需要依靠创意来挖掘不同词语之间的关联性，最终以“作家”的身份构思一个完整的故事。

四、直觉思维

美国认知心理学先驱布鲁纳（Jerome Seymour Bruner）认为，**直觉思维是不依赖严格的证明，多借助形象的或视觉的手段，以对整个问题情境的总体把握为前提，以直接的、跃进的方式获得问题答案的思维过程**。

直觉思维的基本特征包括**直接性、非逻辑性、迅速性**。

● **直接性**

直觉思维是一种直接领悟事物的本质或规律，而不受固定逻辑规则所束缚的思维方式。

● **非逻辑性**

直觉思维的进行没有依据某种明确的逻辑规则，它不受形式逻辑规则的约束，常常提出一些反逻辑的创造性思想，结论的得来也没有经过严密的推理，带有一定程度的猜测性、预见性。

- **迅速性**

直觉思维的思考过程极短，稍纵即逝，其所获得的结论是突如其来和出乎意料的，因而具有迅速性的特征。

知识拓展

爱因斯坦与相对论

当谈到直觉思维时，我们会想到一个经典的案例——爱因斯坦相对论的提出。阿尔伯特·爱因斯坦（Albert Einstein）是一位著名的物理学家，他的相对论被认为是科学史上最重要的突破之一。这个理论是在他的直觉思维基础上发展起来的。

在19世纪末20世纪初，牛顿的物理学理论支配了科学界。但是，爱因斯坦对牛顿经典物理学中光速不变的观点提出了质疑。他的直觉告诉他，光的速度应该在观察者的运动状态下保持不变，无论观察者是静止的还是运动的。基于这一直觉思维，爱因斯坦开始研究光的特性以及相对运动的影响。最终，他提出了狭义相对论和广义相对论，揭示了时间、空间、质量和能量之间的相互关系，并提出了著名的公式$E=mc^2$。

这就是直觉思维的力量。爱因斯坦借助他的直觉，跳出传统框架，提出了一种全新的科学观点，颠覆了当时的经典物理学理论。他的直觉和创造性思维使他能够发展出一种新的理论，对物理学和整个科学领域产生了深远的影响。

五、灵感思维

灵感思维，即在解决问题的思考过程中，经过认真准备和长期孕育，受到认知事件的启发，产生顿悟，使问题忽然得到解决的过程。灵感的闪现来自突然的顿悟，也就是通常所说的“灵机一动”。

灵感思维的基本特征包括**突发性、模糊性、意象性**。

- **突发性**

灵感在时间上不期而至，突如其来；在效果上顿悟，意想不到。

- **模糊性**

灵感持续的时间很短，往往是以“一闪念”的形式出现的，转瞬即逝，它所产生的新线索、新结果或新结论是模糊不清的。

- **意象性**

在灵感思维活动的过程中，总伴有思维意象运动的存在。没有意象的暗示与启迪，就没有思维的顿悟。

知识拓展

阿基米德与浮力原理

当谈到灵感思维时，人们往往会想到阿基米德。阿基米德是古希腊数学家、物理学家和工程师，他的灵感思维让他发现了浮力原理。

据传公元前3世纪，阿基米德在浴缸中洗澡时遇到了一个难题。他被国王的王冠制作商委托设计一顶纯金的王冠，但他不能确定制作商是否以非纯金掺杂其他材料骗取了纯金。阿基米德苦思冥想，无法通过常规的方法来验证王冠的纯金程度。

然而，当他在浴缸中躺着时，他注意到自己的身体下沉，并因此产生了一个重要的灵感思维。他突然意识到，水中浸没的物体会受到一个向上的浮力，这个浮力的大小等于被物体排开的液体的重力。这个发现被称为阿基米德原理或浮力原理。

阿基米德的灵感思维引发了他对浮力原理的研究，这一发现不仅对解决当时所面临的问题至关重要，还对后来的物理学、工程学和船舶设计产生了深远的影响。

六、逻辑思维

逻辑思维，又称“抽象思维”或“闭上眼睛的思维”，指符合某种人为制订的规则和形式的思维方式。社会上普遍认可的逻辑思维主要遵循的是传统形式的逻辑规则，其具体表现为人们在理性认识过程中借助概念、判断、推理等思维类型反映事物的本质和规律的过程。

逻辑思维的基本特征包括**规范性、严密性、确定性**。

- **规范性**

逻辑思维是有条理的、有根据的，而不是零碎的、毫无章法的，须以客观事实为基础，通过分析和推理得出符合客观事实的结论。

- **严密性**

逻辑思维是前后一贯的，而不是自相矛盾的，它具备严密的逻辑结构，要求逻辑推理是正确且严谨的。

- **确定性**

逻辑思维是确定的，不是模棱两可的，它需要通过总结一般性规律来揭示事物的本质和内在联系。

学习活动

甲、乙、丙、丁4个孩子在花园里玩耍，有人不小心打碎了花瓶。花园主人问：是谁打碎了花瓶？孩子们的回答如下：

甲：丙打碎的。

乙：与我无关。

丙：甲在说谎。

丁：甲打碎的。

现在已知只有1人是诚实的，其余3人在说谎。请分析：

1. 谁是诚实的小孩？

2. 花瓶是谁打碎的？

知识拓展

思维导图——让你的思维可视化

思维导图是英国著名心理学家托尼·布赞（Tony Buzan）在20世纪70年代提出的思维工具。绘制思维导图，通常围绕某个中心主题展开思考，产生各分支主题并将其绘制在中心主题的周围。各分支主题不断向外发散，形成更多细化的分支。各分支可以用简短的关键词、图形来表示，充分利用颜色、线条、图像、符号等可视化方式来表达思考的过程和结果。图2-3以思维导图的形式详细介绍了思维导图的概念及要点。

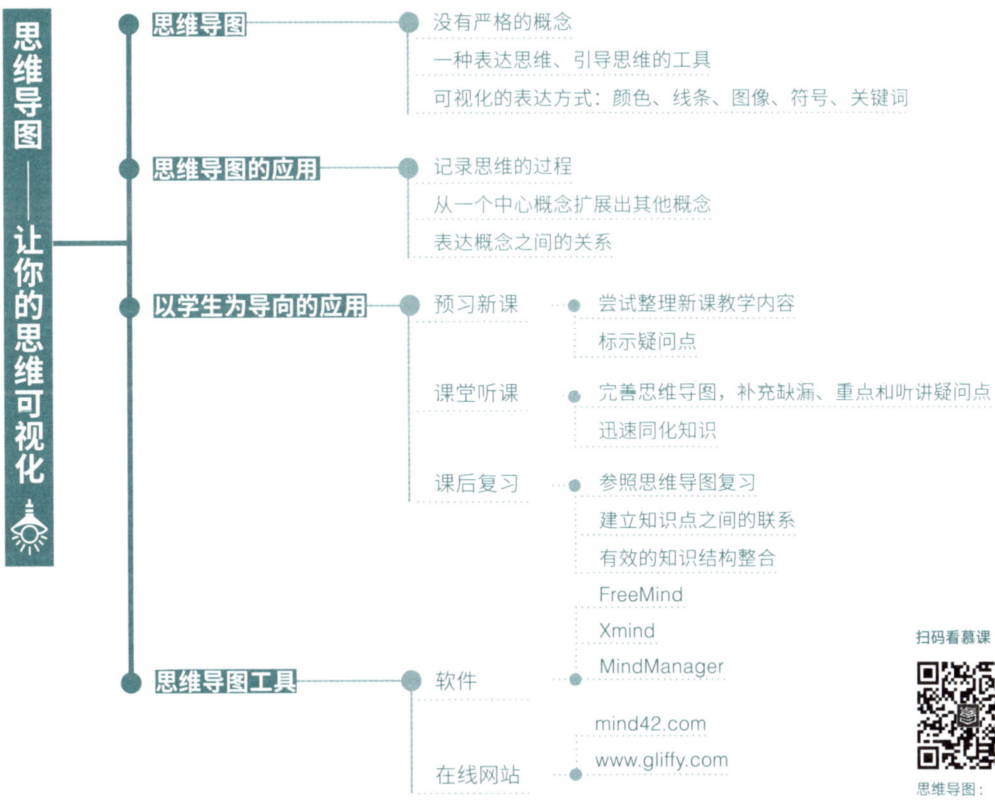

图 2-3　通过思维导图学习“思维导图”

扫码看慕课

思维导图：将创新思维形象化和可视化

思维导图与大脑的发散性思维特征相一致，淋漓尽致地展现了大脑的思维过程。绘制思维导图的过程就是大脑思维的过程，对思维导图进行整理，就是对思维过程和结果进行总结、归纳。借助思维导图，可以让思维以最接近自然的方式工作，也可以将零散、孤立的思维联系在一起，经过整理形成有效的思维。

2·3 创新者的特性

在《创新者的基因》一书中，美国杨百翰大学经济学教授杰夫·戴尔（Jeff Dyer）等对全球最具有创造能力的公司高管展开调查，总结出这一群体具有5项特性，具体为：勤于思考、善于联想、放宽眼界、集思广益、摸索前进。这5项特性又被称为创新者的五大技能。

在此基础上，结合新技术发展的时代背景，同时考虑创新者与创新思维之间的关系，可将五大技能优化拓展为创新者的8个特性。

- **勤于思考**：保持思考的习惯，多问“为什么”等开放式问题，能够从生活中发现“痛点”。
- **善于联想**：充分运用联想思维，发掘事物之间的关联性，将相互分离的事物无缝连接起来。
- **放宽眼界**：善于观察身边的事物，提高个人的直觉，关注周围发生了什么、世界有何变化。
- **集思广益**：找到形形色色的人群，包括消费者、用户等，还可以与不同领域的创新者协同工作，收集不同人的想法，拓宽自己的视野。
- **换位思考**：基于理解、信任、宽容、学习的态度，站在其他人的角度进行换位思考，将心比心，想人所想。从不同的角度看待问题，达到深层次的情感共鸣，开辟更多的解决方案。

多元表达

创新者不仅能够用语言将自己的创意和想法说出来，也能够用图片、表格和模型等进行可视化表达。采用不同的新技术工具，将概念更好地对外传递。

时间控制

对付惰性，“deadline”（截止时间）往往是第一生产力。创新者往往会设定一个严苛的时间，尽可能地压缩创新的时限，这样既能确保创新活动的有序开展，又能充分激发自身的创造力。

摸索前进

在创新的过程中，遭遇失败和挫折是经常的事。俗话说，失败是成功之母。创新者不会在失败面前胆怯或停滞不前，他们会以坦然、开放的态度剖析原因并寻求新的可能性。

2·4 探索未来

在1900年前，人类积累知识的速度大约是每100年翻1倍；到1950年时，大约是每25年翻1倍；现在大约是每1年翻1倍。如今，我们身处知识爆炸的时代，“学什么”更值得思考。每一次技术革新都将使人类所拥有的知识和技能被重新估值，学习的速度远远赶不上知识增长的速度。未来，“先知识后能力”将逐步转为“先能力后知识”。

一、未来的核心技术：人工智能

人工智能（artificial intelligence，简称AI）是研究、开发用于模拟、延伸和扩展人的智能的理论、方法、技术及应用系统的一门新的技术科学。机器学习是人工智能领域的一门重要学科，自20世纪80年代以来，机器学习在算法、理论和应用等方面都获得了巨大成功。多年来，机器学习领域中关于深度学习的研究受到学术界的广泛关注，如今已经成为互联网、大数据和人工智能的热潮之一。

二、人工智能的发展历程

● 1956年，美国计算机科学家约翰·麦卡锡（John McCarthy）首先使用了“人工智能”这一术语。

● 1964年，美国麻省理工学院荣誉教授约瑟夫·维森鲍姆（Joseph Weizenbaum）开发出名为Eliza的机器人，实现了计算机与人之间通过文本进行交流。

● 1972年，美国斯坦福国际研究所研发了首台采用人工智能的移动机器人Shakey。

- 20世纪80年代，用于人工神经网络的反向传播算法的发明，给机器学习带来了希望，同时也掀起了人工智能研究的热潮。

- 20世纪90年代，各种各样的浅层机器学习模型相继问世，进一步加强了人工智能领域的研究。

- 进入21世纪，随着互联网技术的高速发展，人们进入数字化时代，数字化经济对未来人工智能的发展具有深远的影响。

- 2010年，美国国防部高级研究计划局（DARPA）计划首次资助深度学习项目。

- 2013年，《麻省理工科技评论》（*MIT Technology Review*）杂志将深度学习列为“2013年十大突破性技术”之首。

- 2017年，人工智能机器人AlphaGo 2.0击败当时世界排名第一的围棋选手柯洁。

- 2019年，IBM宣布推出IBM Q System One，它是世界上首个专为科学和商业用途设计的集成通用近似量子计算系统。

- 2021年，联合国教科文组织于当地时间11月25日正式推出《人工智能伦理问题建议书》，该建议书由联合国教科文组织会员国集体通过，是关于人工智能主题的首份全球性规范框架。

- 2022年，被称作“AIGC元年”（Artificial Intelligence Generated Content，译为“人工智能生成内容”）。AIGC，即通过使用大量数据进行训练后能根据各种提示生成输出的工具，它是人工智能1.0时代进入2.0时代的重要标志。美国人工智能研究公司OpenAI于同年11月发布GPT-3.5，随后推出聊天机器人程序ChatGPT。

- 2023年，OpenAI发布大型多模态模型GPT-4，可实现同时处理图像和文本，并允许用户指定任何视觉或语言任务。此外，老牌软件公司Adobe全面放开生成AI工具集Firefly的试用资格，并将其移植到Photoshop等软件中，能够实现text to image（文本生成图像）、generative fill（生成式填充）、text effects（文本效果）、generative recolor（矢量图重新着色）等功能。随着AI的应用范围不断扩大，人类与人工智能的社会分工有待进一步思考与探讨。

人工智能的发展经过几十年的技术沉淀，现在几乎可以将其确定为未来科技探索的一大方向。从实时语音翻译到无人驾驶技术，再到如今的无人售卖超市，可以预想在不久的将来，人工智能将会渗透到人们生活的方方面面。在牛津大学发布的《未来就业：就业对人工智能的敏感性分析》中，研究者调查分析了360多种职业被人工智能替代的可能性，结果表明，在未来的社会中，教师被替代的可能性仅有0.4%，是最没有可能被人工智能替代的职业之一。在新技术的冲击下，提升能力、选对方向比盲目学习更为重要，而创新思维则是引领未来趋势、增强发展动力的必要因素。在迎接下一个时代到来之时，请记住福特汽车公司的创立者亨利·福特（Henry Ford）的那句话——“**不创新，便灭亡。**”

学习活动

请以小组为单位，讨论并分析以下问题：

1.ChatGPT能够被应用于哪些领域？

2.有什么职位或工作将可能被ChatGPT所替代？

3.若对ChatGPT的发展和应用不加以有效控制，可能会导致哪些问题？

知识拓展

ChatGPT对人工智能技术发展的影响

1.自然语言处理的进展：ChatGPT展示了强大的自然语言处理能力，可以理解和生成连贯的人类式对话。这对未来的自然语言处理和机器翻译等领域具有重要的推动作用，有助于改善智能助手、语音识别和自动化客户服务等应用的性能和用户体验。

2.智能对话系统的发展：ChatGPT为人们提供了与计算机智能进行富有意义的对话的能力，为未来的智能助手和虚拟助手开发创造了新的机遇。这有助于提高智能对话系统的交互性、个性化和适应性，使其更加贴近人类的沟通方式。

3.教育和辅助学习：ChatGPT具有丰富的知识和学习能力，可成为教育和辅助学习的有用工具。未来，ChatGPT可以在教育领域发挥更大的作用，提供个性化的学习支持、问题解答和智能辅导，帮助学生更好地理解和掌握知识。

4.专业领域的应用：ChatGPT可以通过与领域专家进行交流，提供有关特定领域的知识和信息。在未来，ChatGPT有望成为医疗、法律、金融等专业领域的合作伙伴，为专业人士提供实时的信息咨询和决策支持。

5.创新和创造力的支持：ChatGPT可以与人类进行创造性的对话，帮助人们生成新的想法和解决方案。在未来，ChatGPT可能成为创新和创造性工作的合作伙伴，推动创意的产生和创新思维的发展。

尽管ChatGPT具有积极的影响，但也需要注意潜在的挑战，如语义理解的限制、误导性回答和伦理道德问题等。在未来的发展中，需要不断完善和引入更多的机制来确保人工智能可被安全、透明和负责任地使用。

数字化经济对人工智能技术发展的影响

1.数据增长和智能化决策：数字化经济产生了大量的数据，这些数据可以用来训练和改进人工智能模型。更多的数据意味着更好的训练效果和更准确的预测能力。随着数字化经济的发展，人工智能可以利用大数据来进行智能化决策，提供个性化建议并优化运营。

2.自动化和效率提升：数字化经济促使企业寻求自动化和效率提升的解决方案。人工智能在这方面发挥了关键作用，它可以应用于自动化流程、智能机器人、智能供应链等领域，这将有助于提高生产力、降低成本并加速业务流程。

3.个性化和客户体验：数字化经济强调个性化和客户体验的重要性。人工智能可以通过分析和理解客户数据，提供个性化产品推荐、定制化服务和更好的客户支持。这有助于增强客户满意度和忠诚度。

4.新兴技术的融合：数字化经济推动了新兴技术的出现和应用，如物联网、大数据分析、云计算等。人工智能与这些新兴技术的结合将产生更大的创新和增长机会。例如，人工智能可以与物联网相结合，实现智能家居、智能城市、智能交通等领域的发展。

5.新业务模式的崛起：数字化经济为新的业务模式的崛起提供了机遇。人工智能可以驱动创新的业务模式，并帮助企业在数字化经济中找到新的收入来源。例如，基于人工智能的平台经济模式和共享经济模式已经引发了许多创新的商业实践。

6.数据隐私和道德考虑：数字化经济和人工智能的发展也带来了数据隐私和道德考虑。大量的数据收集和人工智能的应用需要注意数据隐私和个体权益的保护，以及对算法的公正性和透明度的要求。

由此可见，数字化经济为人工智能的发展提供了丰富的机遇和挑战。企业和社会需要审慎应对这些影响，平衡驱动创新的潜力和保护个人和社会利益的需求。

新技术下的新商科发展

在新技术的快速发展和普及的背景下，商科领域也在不断演变和适应。新商科发展呈现出六大趋势。

1.数字化转型：随着技术的进步，数字化转型成为商科领域的重要趋势。企业需要利用数据分析、人工智能、机器学习等技术优化业务流程、提高效率、做出更准确的决策。数字化转型也促进了在线业务、电子商务和数字营销的发展。

2.数据驱动决策：数据已经成为商科领域至关重要的资产。新商科注重数据的收集、整理、分析和应用。通过大数据分析和数据挖掘，企业可以获取对市场、消费者行为和竞争对手更深入的理解，并基于数据驱动的决策来制定战略和推动业务增长。

3.创新与创业精神：新技术的兴起激发了创新与创业的热潮。越来越多的商科专业人士开始积极探索新的商业模式、产品和服务。创新和创业精神变得至关重要，促使企业不断迭代创新，寻找新的价值创造方式，并在激烈的市场竞争中保持优势。

4.可持续发展：随着对环境和社会责任的关注增加，可持续发展成为新商科的重要议题。企业需要考虑经济、环境和社会因素的均衡，以推动可持续发展。在新商科中，可持续性战略、社会创业和社会影响评估等概念和实践得到了更广泛的关注。

5.跨界合作：新技术推动了不同行业和领域之间的融合，商科也不例外。商科专业人士需要与科技领域、设计领域、工程领域等进行跨界合作，以创造更具创新性和创造性的解决方案。跨界合作可以带来全新的商业机会和前所未有的发展潜力。

6.全球化视野：新技术打破了地域和文

化的限制，将商业活动推向全球化。新商科需要具备全球化视野和跨文化管理能力，以应对全球市场的挑战和机遇。了解不同国家和地区的商业环境、法规和文化差异，将帮助企业在全球化时代中取得成功。

总之，新技术的发展为商科带来了变革与机遇。数字化转型、数据驱动决策、创新与创业精神、可持续发展、跨界合作和全球化视野是新商科发展的重要趋势。商科专业人士应积极适应这些趋势，不断提升自身的技能和知识，以在竞争激烈的商业环境中保持优势。

虚拟数字人——文娱界的新“顶流”

科技浪潮不断颠覆人类的生活方式，虚拟数字人已经成为人工智能落地的重要支撑，并从影视行业逐渐扩展到文化、娱乐、服务等领域。虚拟数字人需具备3个核心要素：一是形，即具备人或拟人的外观，相貌可辨识；二是动，即拥有和人相似的行为，可用语言、表情和肢体等进行表达；三是神，即拥有比拟人的思想，可识别外界环境并与人交流互动。

北京理工大学“虚拟IP的‘智’造创新”项目团队摘得了第七届中国国际“互联网+”大学生创新创业大赛产业命题赛道全国银奖。该项目团队以虚拟数字人为基础，为超写实数字人领域提供了全栈式解决方案。该项目团队针对腾讯命题中提到的“难以高效制作”“落地应用不明确”等问题，通过自研光场采集平台，制作可替换、标准化的生产流程，实现了批量化、低成本、高质量的虚拟数字人制作方式。另外，该项目团队还开发出AI小脑、语音到动作自动生成等技术，将不同级别的AI与数字人相结合，落地虚拟主播、戏曲数字人、手语主持人等项目并产生深远影响。他们致力于培育活的数字人，提供有温度的交互，结合自有数字人云平台和5G技术，所研发的数字人应用正朝着智能化、便捷化、多样化方向发展。[①]

① 资料来源：IT专家网。

课后作业

▌回顾本章的学习，你是否熟练掌握了创新思维的概念和6种常见的创新思维类型？

▌回忆过往的经历，你是否曾经运用这6种创新思维来解决问题？具体解决问题的过程和方式是怎样的？

▌结合本章内容，想想身边还有哪些问题可以用这6种创新思维进行解决。

▌选择一个生活中未被满足的需求或尚待解决的问题，运用恰当的创新思维提出实际可行的解决方案。方案中需清晰地描述问题，挖掘问题产生的原因，明确采用了哪几类创新思维，并列出具体的问题解决办法（可画图辅助说明）。

行动建议

▌为了提升大学生创新创业能力、增强创新活力，激发创新动能，进一步支持大学生创新创业，国务院办公厅于2021年10月12日印发了《关于进一步支持大学生创新创业的指导意见》。该文件指出，学生是充满活力和热情的群体，是创新创业的生力军。大学生创新创业是响应时代的召唤，国家政策为促进大学生创新创业提供了更加有力的保障。为响应国家政策支持，在此针对创新思维的培养提出3点建议：

- **保持对新知识的渴望与求索，善于观察生活，习惯运用创新思维思考和解决问题。**
- **紧紧抓住政策支持的时代机遇，在一步步的探索中挖掘创新的可能性，并不断精练专业或行业相关的核心技术，练就一身本事。**
- **积极投身各类社会实践，如竞赛、研学等活动，在不同的活动中得到锻炼，提高个人素养，开阔眼界，做到知行合一，不负青春。**

每个人天生就是创新者，当我们认识到无限的可能性，就有机会打开创新思维的开关，踏进一个全新的领域。正如本章开头介绍的“点渣成金”案例，一些不起眼的“渣滓”，或许已经造成困扰，但只要稍加创新，就有可能使之成为“黄金”。同学们不妨从社会需求出发，尤其是各个领域目前尚待解决的问题，新事物、新观念、新方法说不定就会在你的创新思考中诞生。

延伸阅读

双创案例

中国中车的创新之路

当我们搭乘铁路列车出行，坐在舒适的座位上，看着一辆辆驰骋的高铁呼啸而过时，是否想过我们国家的铁路是怎样发展到如今这般新高度的？实际上，这一切都离不开中国中车股份有限公司的开拓创新与艰苦付出。

中国中车股份有限公司（以下简称“中国中车”）是经国务院同意、国务院国资委批准，由中国北车股份有限公司、中国南车股份有限公司按照对等原则合并组建的A+H股上市公司。中国中车现有46家全资及控股子公司，员工17万余人，总部设在北京。作为世界上最大的铁路制造企业，中国中车是全球规模最大、品种最全、技术领先的轨道交通装备供应商，分布在中国20多个省市和世界约90个国家和地区，主要经营业务为铁路机车车辆、动车组、城市轨道交通车辆、工程机械、各类机电设备、电子设备及零部件、电子电器及环保设备产品的研发、设计、制造、修理、销售、租赁与技术服务等。

中国中车坚持自主创新、开放创新和协同创新，持续完善技术创新体系，不断提升技术创新能力，建设了世界领先的轨道交通装备产品技术平台和制造基地，以高速动车组、大功率机车、铁路货车、城市轨道车辆为代表的系列产品已经全面达到世界先进水平，能够适应各种复杂的地理环境，满足多样化的市场需求。其产品出口全球近百个国家和地区，并逐步从产品出口向技术输出、资本输出和全球化经营转变。其中，高速动车组系列产品已经成为中国向世界展示发展成就的重要名片。此外，研发部门在智能制造上注重数字技术的应用，通过数据采集分析，不断提高生产效率。中国中车拥有的高速列车系统集成国家工程实验室、动车组和机车牵引与控制国家重点实验室、国家重载快捷铁路货车工程技术研究中心、国家轨道客车系统集成工程技术研究中心等11个国家级研发机构，还具备覆盖主机制造企业的19家国家级企业技术中心为主体的产品与技术研发体系。这些硬实力为中国中车奠定了轨道交通装备行业国家技术与产品创新体系的基础，使其具备强劲的国际竞争力。

带动我国高端装备走向世界，是国家交给中国中车的一张考卷。中国中车将会紧紧抓住“中国制造2025”的历史机遇，努力做轨道交通行业的领导者、高端装备制造的领先者以及新经济的强者，在全球叫响“中国中车”品牌的最强音，将高铁打造成永不褪色的“国家名片”。中国中车站在国际视角，抓住时代机遇，不断在奋进拼搏中超越自我，依靠科技创新实现产品的改造升级，走出了一条独一无二的创新之路。[①]

思考：

1. 了解了中国中车的创新之路，你认为创新能为个人、企业和社会带来什么？

2. 国家重点行业的发展离不开新时代青年的发展，新时代青年需要为此做哪些准备？

双创视野

企业管理创新趋势

在企业管理领域，创新是持续发展和成功的关键因素。现如今，在技术和观念持续更新的背景下，企业管理创新呈现以下趋势：

1. 数字化转型： 企业正致力于采用数字技术转变其业务流程、服务提供和客户体验。这包括使用云计算、大数据分析、人工智能、物联网等技术来提高效率、创新产品和服务，并改进商业模式。

2. 敏捷管理： 敏捷管理是一种以快速反应和灵活性为核心的项目管理方法，强调小团队协作、持续交付和快速迭代，以应对市场和客户需求的不断变化。

3. 设计思维： 设计思维是以用户为中心，通过深入了解和迭代设计解决问题的思维方式。它将创意、创新和用户体验融入企业的战略规划、产品设计和服务交付过程中。

4. 可持续发展和社会责任： 越来越多的企业意识到可持续发展和社会责任的重要性。企业将环境、社会和治理因素纳入其战略决策，关注环境保护、社会公益和员工福利等方面。

5. 弹性工作模式： 在全球范围内，弹性工作模式（如远程工作、灵活工作时间安排）的普及和接受度不断增加。企业越来越意识到员工的工作生活平

① 资料来源：中国中车官网。

衡和灵活性对提高员工的士气和生产力的重要性。

6. 创新文化： 企业鼓励和培养开放、创新、学习的文化，鼓励员工提出新的想法和解决方案，激发员工的创新潜力，并为员工提供适当的培训和支持。

7. 合作与联盟： 企业越来越倾向于与其他公司、创业企业、行业合作伙伴和创新生态系统建立合作伙伴关系和联盟，共同推动创新项目和资源共享。

8. 数据驱动决策： 大数据分析和数据驱动决策为企业管理提供了更准确、实时的信息基础。企业利用数据来了解市场趋势、用户行为、业务绩效等，以做出更加明智的决策。

以上仅是当前企业管理创新中较为显著的部分趋势，由于商业环境的不确定性和科学技术的发展性，创新趋势将持续变化和演进。因此，企业需要保持高敏锐度和灵活性，不断适应和采纳适合自身发展的新技术、新方法，并予以实践。

3

创造技法与能力突破

创新时事

党的十八大以来，以习近平同志为核心的党中央高度重视对新时代经济社会发展规律的探索，在实践中创造性地形成了习近平经济思想，成为做好我国经济工作的根本遵循。“先立后破”是习近平总书记为破解中国经济发展进程中出现的困难与问题开出的一剂良方，同时也是我们开展经济工作和其他各方面工作必须遵循的科学方法论。

在现实中，在调整政策和推动改革时，存在着少数地方和部门盲目“先破后立”甚至“只破不立”的行为，以及简单“一刀切”的现象，没有处理好稳和进的关系，严重影响经济发展。例如，在推进碳达峰碳中和的过程中，有的地方只顾目标不顾现实，没有把握好“先立后破”这个原则，简单机械地执行“去煤化”，盲目限制传统能源使用，造成了不良影响。因此，面对严峻复杂的内外形势，我们既要牢记战略目标，保持战略定力，保持越是艰险越是向前的大无畏气概，劈波斩浪、一往无前，又要讲究方法策略，保持耐心，科学有序地开展各项工作，学会“边立边破”。创新亦是同理，既要有敢于创新的精神和胆魄，又要遵循一定的方法论原理，不能盲目创新。

学习目标

- 描述创造技法的概念、特性。
- 列举9种不同类型的创造技法，比较9种常用创造技法的实施流程、使用技巧和适用场景，能够选择恰当的创造技法解决实际问题或产出创意。
- 能够解释设计思维，列举其基本要素和实践流程，在日常生活中形成良好的设计思维习惯，学会运用设计思维开展创新创业实践活动。

本章概览

人们在思维创新的过程中，根据不断发展、总结的研究规律，归纳出适用于不同场景和应用效果的创造技法。创造技法可运用于各种领域，帮助激发人们的创造性才能，突破思维的局限性，找到问题解决的思路和方向。

本章系统介绍创造技法的定义、特性和类型，详细介绍了9种常用的创造技法，阐释了如何应用这些原理、技巧和方法来解决实际问题。本章还将介绍风靡全球的设计思维方法论，并基于设计思维的实践流程产出以人为本的创意。

创造技法与能力突破

- 创造技法概述
  - 概念
  - 特性
- 创造技法的类型
  - 列举法
  - 类比创新法
  - 组合创新法
  - 移植创新法
  - 模仿创新法
  - 逆向转换法
  - 头脑风暴法
  - 六顶思考帽法
  - 检核表法
- 设计思维
  - 概念
  - 基本要素
  - 实践流程

i人e事

珍蚌珍美——生态治水新模式，乡村振兴新动力

项目简介："珍蚌珍美"项目团队选育出池蝶蚌"鄱珠一号"新品种，研发"一水一策"智能平台新技术，创新多样化"鱼蚌+"净水新方案，能够持续且精准地治理水体富营养化污染，为促进生态和谐、乡村振兴发挥了巨大的作用。该项目获得了第七届中国国际"互联网+"大学生创新创业大赛全国金奖。

随着国家乡村振兴战略的出台，乡村环境治理问题愈发引起社会各界的广泛关注。据报道，我国共有水库98 400座，绝大多数分布于农村，其中30.4%的水库呈现富营养化状态，12 496座水库水质为Ⅳ类及以下，水质不达标。

为解决水质问题，南昌大学"珍蚌珍美"项目团队独创"鱼蚌+"生态净水模式，选用珍珠蚌，利用其先天净水、洁水的生物学特性，达到绿色净水的目的。团队以珍珠蚌的滤食作用为核心，对富营养化水体进行净化，实现生态效益和经济效益的双丰收。这样一种生态净水模式巧妙地利用了珍珠蚌净水的特性，将其功能移植到水质净化领域，从而开创了"以蚌治水"的生态治水创新理论。

项目可行性得到验证后，团队成员的足迹遍及10省市共163个村镇，治理水域总面积达到2.4万亩，累计服务51家企业，带动6 600多人就业，巩固脱贫户318户，人均增收2 000～6 000元。由此而打造的"珍蚌珍美——生态治水新模式，乡村振兴新动力"项目传承了"一水两治，一蚌两用"的生态治水新理念，以生态振兴带动产业振兴，激发乡村振兴活力，切实解决了农民的生态产业问题，同时也带动了经济效益的增长。2022年，该项目在第七届中国国际"互联网+"大学生创新创业大赛"青年红色筑梦之旅"赛道中夺得全国金奖。[①]

思考：

1. 环境治理离不开科技创新的助力，你认为有什么方法获得创意，以更好地取得创新成果？

2. 你认为在创新过程中，方法能够起到怎样的作用？

① 资料来源：南昌大学官网。

3·1 创造技法概述

在进行创新活动的过程中，我们常常受困于如何产出创意，这时候便要用到创造技法。创造技法在创业过程中有着广泛的应用，它直接影响项目内容和方案的构思，有助于突破瓶颈和解决困难。在学习和使用创造技法之前，我们首先需要了解什么是创造技法。

一、什么是创造技法

创造技法是研究人员根据创新思维的发展规律，从创造发明的过程和成果中总结出来的原理、技巧和方法。创造技法是支撑创新实践的关键方法。据统计，目前在世界范围内得到实际运用的创造技法已达300种以上。日本学者高桥诚曾编著《创造技法手册》，其中收录100种创造技法，并对每一种创造技法的发明人、基本特点、操作步骤、适用领域以及相关创造技法等内容作了详尽阐述。在实际应用层面，日常工作中经常被使用的创造技法约有十几种。

二、创造技法的特性

可操作性：可操作性是人们对创造理论及规律融会贯通并加以具体运用的结果。若没有创造理论，就无法进行进一步的创造实践，而理论只有具有可操作性才能更好地指导实践。

技巧性：技巧是技能的熟练化，它可以通过学习来获得，通过练习而熟练。

适用性：创造技法是适用于大多数创新实践活动的一般性方法。但需要注意，创造技法的运用因人、因地、因事而异，不一定能完全成功、有效。

概略性：创新者在日常使用创造技法的过程中，总结操作经验并将之概述为操作步骤，帮助他人可以更好地应用。

多样性：不同的创造领域或创造阶段、不同类型的创造问题或使用者，都应有相应的创造技法。目前世界上至少已有1000余种创造技法。

3·2 创造技法的类型

法国生理学家克洛德·贝尔纳（Claude Bernard）认为，良好的方法能使我们更好地发挥和运用天赋才能，而拙劣的方法则可能阻碍才能的发挥。本节将介绍较为常用的9种创造技法（图3-1），分别是列举法、类比创新法、组合创新法、移植创新法、模仿创新法、逆向转换法、头脑风暴法、六顶思考帽法和检核表法。

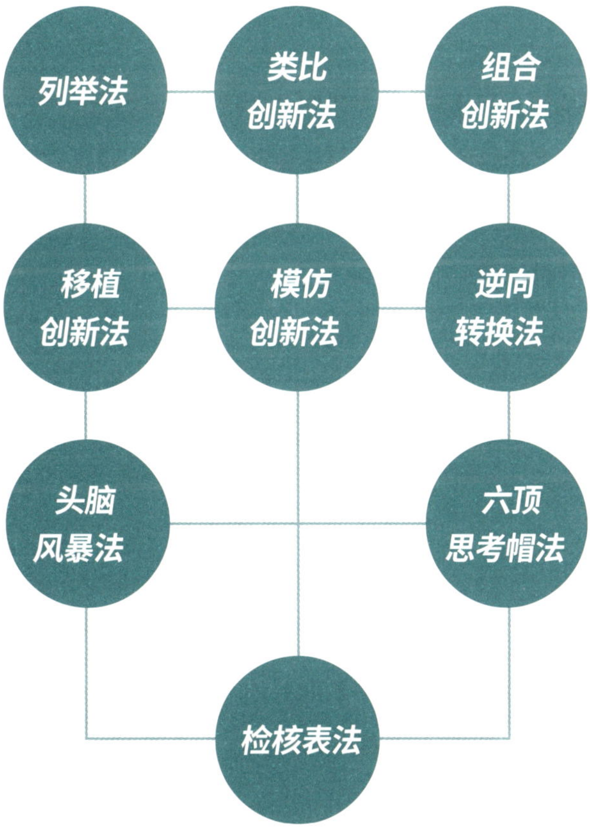

图 3-1　创造技法的类型

一、列举法

列举法是最常用、最基本的创造技法，**是一种将研究对象的某方面特性一一罗列出来，对其进行分析研究，并提出相应改进方案的创造技法。**

（一）方法类型

列举法主要包括4种：属性列举法、优点列举法、缺点列举法和希望点列举法。

- **属性列举法**

属性列举法，即以事物属性为列举内容，对研究对象的某方面特性进行列举，当列举到一定数量后，按“内容重复的合并、互相矛盾的协调统一”原则进行整理，针对整理后的内容提出问题或找出缺陷，再从材料、结构、功能等方面加以改进。

一般来说，可以从3个方面进行属性列举：

◉ 名词特性：整体、部分、材料、制造方法等。

◉ 形容词特性：颜色、形状、感觉、性质、状态等。

◉ 动词特性：功能、作用等。

- **优点列举法**

优点列举法需要逐一列出事物的优点，明确自身（或竞争对手）的竞争优势，进而扬长避短。

- **缺点列举法**

缺点列举法，就是以“吹毛求疵”的精神尽力发掘事物的缺点，将其逐一列举出来，然后对这些缺点进行归类、分析，以找出改进的方法。

- **希望点列举法**

希望点列举法，就是把对事物的要求，如“我希望它如何”“如果是那样就好了”之类的想法列举出来，聚合成焦点并加以思考，在此过程中产生新的观念和想法，从而实现创新。

（二）实施步骤

第一步，确定主题。

第二步，列举主题的特征（属性、优点、缺点、希望点）。

第三步，选择需要改善的方面。

第四步，考虑改善的方法。

学习活动

现如今，手机已成为人们生活中的“必需品”，请同学们选择一个手机品牌，运用列举法，分别列出该品牌手机的属性、优点、缺点和希望点。

二、类比创新法

类比创新法是根据两个对象在一系列属性上的相同点或相似点，由其中一个对象具有某种属性推测另一个对象也具有这种属性的思维方法。

（一）方法类型

根据类比对象是否为同类事物，类比创新法可以划分为直接类比法和间接类比法。

- **直接类比法**

直接类比法就是从自然界或者已有的成果中发现与创新对象类似的事物，将创新对象与类似的事物直接比较，在原型的启发下产生新设想的一种创造技法。

例如，荷兰物理学家克里斯蒂安·惠更斯（Christiaan Huygens）将光和声进行比较，发现光和声有一系列的共同属性，如直线传播、反射、折射等，而声是由于物质振动而产生的波，于是类比推测光也是一种波，从而提出了光的波动说理论。

- **间接类比法**

间接类比法，就是用非同类相似产品进行类比，以产生创新的设想。在现实生活中，有些创新对象缺乏可以比较的同类对象，这时就可以运用间接类比法。

例如，潜水艇的外壳模仿海豚皮肤的特殊结构，使其在航行中阻力减小。

（二）实施步骤

第一步，确定创新对象。

第二步，找出同类事物或相似事物。

第三步，对预测目标事物加以对比分析。

第四步，优化方案。

三、组合创新法

组合创新法是将多个已知元素结合在一起，以创造具有新性能和服务功能的新产品或新服务，从而带来新的价值。

创新后的组合应符合2个特征：

- 由不同的技术因素构成的具有统一结构与功能的整体。
- 组合物应具有新颖性、独特性和价值性。

（一）方法类型

组合创新法主要包括3种：主体附加法、异物组合法和同类组合法。

● 主体附加法

主体附加法是以原有物质产品或技术思想为基础，在不改变主体或略微改变主体的情况下，添加一种新的产品或技术思想，以克服原有主体的不足或优化主体功能的创造过程。例如，牙膏（主体）+中药=药物牙膏。

● 异物组合法

异物组合法是将两种或两种以上的技术思想或具有不同功能的物质产品进行组合，其结果是产生新的思想、新的概念、新的技术或新的产品。例如，座椅+轮子=轮椅。

● 同类组合法

同类组合法是指将两种或两种以上的相同或近似的事物进行组合。同类组合法的特点是，参与组合的对象与组合前相比，其基本性质和结构没有根本变化，而是在保持事物原有功能或意义的前提下，通过数量的变化来弥补功能上的不足或得到新的功能。例如，红玫瑰+满天星=情人节花束。

（二）实施步骤

第一步，明确主体。

第二步，观察事物之间的组合关系。

第三步，探寻组合方案。

知识拓展

CT扫描仪的诞生

诺贝尔奖的设立是为了表彰世界上在物理学、化学、生理学或医学、文学、和平领域作出重大贡献的人。奇怪的是，1979年诺贝尔生理学或医学奖获得者高弗雷·豪斯费尔德（Sir Godfrey Newbold Hounsfield）却是一个没有读过大学的普通技术工作者，究竟是什么样的成就使他能够获此殊荣呢？原来，豪斯费尔德把X射线摄影装置与电子计算机组合到一起，发明出CT扫描仪。这一仪器被誉为20世纪医学界最重大的发明之一，它在诊断脑内疾病和体内癌变方面具有特殊效能，突破了当时的技术瓶颈，实现了医学界一直以来的理想。CT扫描仪这一伟大发明，正是将两种已有技术和产品进行异物组合而成的。由此可见，组合创新法这一创造技法可以在我们的创新过程中发挥重要作用。

学习活动

组合创新法在实际生活中的运用非常广泛，请你尝试发现身边具备“组合”特征的事物，以主体附加法、异物组合法、同类组合法进行区分，每一类各列出3项。

四、移植创新法

移植创新法是指把某一领域的原理、结构、方法、材料、模式等移植到新的领域中，从而创造新事物的创造技法。它往往从两个角度进行创新：

- 从现有的成果出发去寻找新的载体。
- 从问题出发去寻找其他现有的成果来解决问题。

（一）方法类型

在使用移植创新法时，被移植的对象包括原理、方法、结构、材料、功能、技术等。

- **原理移植**

原理移植是将某种科学原理向新的研究领域推广和外延，以创造新的技术产物。例如，超导技术具有能提高强磁场、大电流、无热耗的独特优势，把该技术移植到交通领域可研制磁悬浮列车。

- **方法移植**

方法移植是将某一领域的技术方法有意识地移植到另一领域而实现创新。例如，美国俄勒冈州立大学体育系的威廉·德尔曼（William Delman）教授发现带有一排排小方块的凹凸铁板压出来的饼干富有弹性，于是他便将做饼干的技术移植到制鞋工艺上，将凹凸的小方块压制在橡胶鞋底，进一步改造后设计出了一款富有弹性又防潮的新型运动鞋，这便是耐克运动鞋的前身。

- **结构移植**

结构移植是将某种事物的结构形式或结构特征向另一事物进行移植，以创造新的技术产物。例如，把拉链的结构运用到医学领域，便有了比手术缝合更方便的外科皮肤拉链。

- **材料移植**

材料移植是将某种产品使用的材料移植到其他产品的制作上，以达到更新产品、改善性能、节约材料、降低成本的目的。例如，将防水材料移植到衣服上，就发明了雨衣。

- **功能移植**

功能移植是将此事物的功能为彼事物所用。例如，将相机、摄像机的功能移植到手机上，手机也能用来拍照、摄像。

- **技术移植**

技术移植是将某种技术直接应用到其他领域，使其性能得到提升。例如，把发泡技术手段移植到橡胶生产技术中，将能够产生气泡的发泡剂掺入生橡胶，橡胶熟化后就会像面包一样膨胀起来，这就发明了橡胶海绵及其生产工艺。

（二）实施步骤

第一步，跳脱出常规方法或本领域的技术，在其他领域寻求参照。

第二步，预测移植的结果。

第三步，进行实验验证。

五、模仿创新法

模仿创新法，就是**人们通过模仿已有的事物而创造出与其相类似的事物**

的一种创造技法。其主要特点是通过模拟、仿制已知事物来构造未知事物。

（一）方法类型

从模仿的创造性程度而言，模仿创新法可分为机械式模仿、灵感式模仿和突破式模仿。

- **机械式模仿**

机械式模仿是指把别人成功的经验和先进的生产方式直接吸收过来，很少独创。例如，模仿对手的产品形态、包装风格等，试图抢夺竞争对手的市场份额。

- **灵感式模仿**

灵感式模仿是指创新对象与模仿对象两者之间不是同类事物，但从模仿对象中获得灵感并完成创造。例如，潜水脚蹼的发明正是从鸭子的脚蹼获得了灵感。

- **突破式模仿**

突破式模仿是指模仿后所创造的事物已发生质的变化，强调将其他事物转化为自己独有的事物，是一种全新的创造。例如，2010年成立的小米科技有限责任公司最初以模仿苹果公司的产品和营销战略而闻名，但随着其不断进行技术创新和产品优化，逐渐开辟出智能家居这条独特的跑道，建立起小米生态系统，成为一家拥有多元化业务的科技巨头。

（二）实施步骤

第一步，寻求可被模仿的对象。

第二步，明确模仿的方向和程度。

第三步，输出模仿成果。

知识拓展

云南白药创可贴

云南白药集团股份有限公司（以下简称云南白药公司）是创制于1902年的老字号企业，其产品以卓著、神奇的功效闻名。2001年，该企业推出了一款云南白药创可贴，这款创可贴广受市场的欢迎。然而在此之前，邦迪一度占据了中国小创伤护理市场90%的份额。面对如此强大的竞争对手，云南白药创可贴是如何发展的呢？答案是开创新品类。云南白药公司作为行业内的后发者，对领先的邦迪进行了模仿式创新，推出了新的创可贴品类。该企业认为，自己的市场机会在于云南白药在外伤治疗方面的优势。邦迪创可贴虽然胶布具有良好性能，但没有消毒、杀菌功能，而云南白药对于小伤口的治疗效果可以让用户更快地愈合。于是，云南白药公司把具有良好止血愈合效果的云南白药散剂加入使用方便、易于携带的创可贴产品中，使其有别于邦迪创可贴。云南白药创可贴面市当年的营收就达到了3 000万元，次年高达9 600万元。云南白药公司曾公开表示，2022年，云南白药创可贴占外用止血类（含药）创可贴零售市场份额的66%，市场排名第一。

六、逆向转换法

逆向转换法是指对事物或方法进行方向、过程、功能、原因、结果、优缺点、矛盾双方等方面的逆转，从而产生新事物、新方法或解决新问题的创造技法。

（一）方法类型

选择合适的方向进行逆向思考尤为重要，以下是4种常见的逆向思路。

- **原理逆向**

从事物原理的相反方向进行思考。例如，意大利物理学家伽利略（Galileo Galilei）在给学生上实验课时，注意到水的温度变化引起了水的体积变化，这使他突然意识到，倒过来，由水的体积变化也能看出水的温度变化。循着这一思路，他发明出一种气体温度计。

- **功能逆向**

按事物或产品现有的功能进行相反的思考。例如，保温瓶不仅可以保热，也可以保冷。

- **过程逆向**

对事物的发展过程进行反向思考。例如，当小孩掉进水缸里，一般的施救过程就是把人从水中救起，而根据北宋《冷斋夜话》记载，司马光“以石击瓮，水因穴而迸，儿得不死”，他采用了截然相反的“让水离开人”的思路。

- **因果逆向**

原因结果相互反转，即由果到因。例如，在数学运算中从结果倒推以检查运算过程和已知条件。

（二）实施步骤

第一步，选择创新主题。

第二步，明确一个方向进行逆向转换思考。

第三步，确立创新方案。

七、头脑风暴法

“头脑风暴”一词，最早是精神病理学用语，指的是精神病患者头脑的错乱状态。美国BBDO广告公司创始人亚历克斯 · 奥斯本（Alex Faickney Osborn）首创头脑风暴法（brain storming，也译为智力激励法），**它指的是一种激发思维的方法，目的是通过无限制的自由联想和讨论来产生新的观念和激发创新设想。**

（一）实施原则

- 追求数量，越多越好。
- 禁止批评他人的观点。
- 自由发言，畅所欲言，任意思考。
- 主张独立思考，不允许私下交谈，以免干扰他人的思维。
- 鼓励改善和整合他人的设想。
- 与会人员一律平等，各种设想全部记录下来。

（二）实施步骤

- **准备阶段**

确定主题：准确定位本次会议所讨论的主题。

组织人员：确定会议主持人、记录员及其他参与讨论者。其中，主持人在讨论过程中进行流程把控和思维引导，记录员一般不直接参与讨论。

安排会议：确定会议的地点、日期及具体的会议流程安排。

- **头脑风暴阶段**

宣布主题：主持人宣读本次讨论的主题，令所有参与讨论者明确思考方向。

头脑风暴：循环发言，每人每次提出一个设想，力求简明扼要地表达设想。主持人积极调动并引导参与讨论者进行自由联想和讨论。记录员依序记下所有的想法。

结束讨论：主持人灵活控场，可根据时间或创意设想数量为限，确定结束时间。通常来说，头脑风暴会议可限制在1 h以内，或是每个参与讨论者至少提出30条设想，即可转入下一阶段。

- **评价选择阶段**

分类整理：主持人组织专人（不一定是参与讨论者）对各种设想进行分类整理。

评价选择：梳理后的创意设想交由决策者进行评价和选择。

头脑风暴法的实施步骤如图3-2所示。

头脑风暴法可以形成自由探讨、相互鼓励的会议氛围。但要注意，头脑风暴会议的组织程序并非一成不变的，可根据问题性质和实际条件加以变化和灵活运用。

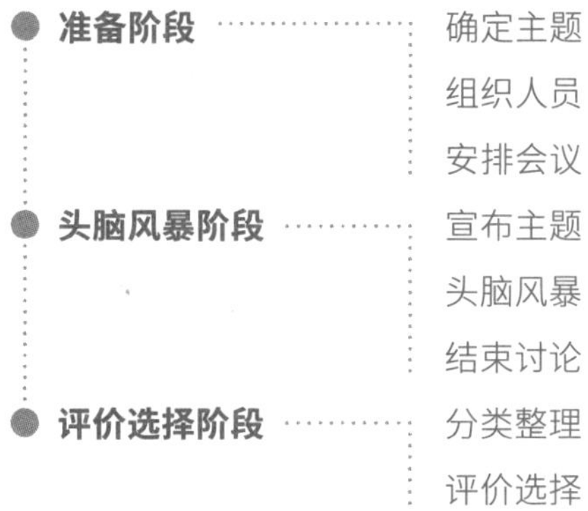

图3-2　头脑风暴法实施步骤

学习活动

班级出游去哪里

- 工具：A4纸、笔
- 时长：10 min
- 步骤

1. 假设班级近期计划举行集体出游活动，现需要以小组为单位，组织一次头脑风暴会议以选出目的地，请先明确会议的主持人和记录员。

2. 限时5 min，按照头脑风暴法的实施流程开展讨论，在不做可行性限制的前提下，要求大家提出尽可能多的想法和尽可能新的创意。

3. 各组派代表说说本组一共产出多少条创意设想，并分享由组内投票选出的以下方案：

（1）最天马行空的方案；

（2）最具可行性的方案；

（3）最令人心动的方案。

- 小结

以上活动是对头脑风暴法应用的一次模拟训练，同学们在进行思维碰撞的过程中，需要依据头脑风暴法的步骤进行讨论，其间应注意遵守实施原则，尤其是不批评、不争论。

八、六顶思考帽法

六顶思考帽法是由著名思维大师、心理学家爱德华·德·波诺（Edward de Bono）开发的**一种使用6顶不同颜色的帽子代表6种不同思维模式的创造技法**，它是一种“平行思维”的工具。

六顶思考帽法的组织流程与头脑风暴法类似，发言顺序一般按照表3-1的步骤进行，其中第2步至第5步可以循环往复，从而产生多个方案。运用六顶思考帽法，将会使混乱的思考变得清晰，使团体中无意义的争论变成集思广益的创造，使每个人变得富有创造性。

表 3-1 六顶思考帽的内涵

步骤	思考帽颜色	象征	扮演角色
1	白色	中立而客观，代表信息、事实和数据	陈述问题和事实
2	绿色	充满生机，帮助寻求新方案和备选方案	提出如何解决问题的建议
3	黄色	阳光、乐观，代表事物积极的一面	列举优点
4	黑色	谨慎、批评以及对风险的评估	列举缺点
5	红色	热烈的情绪，预感、直觉和印象	对备选方案进行直觉判断
6	蓝色	天空的颜色，有纵观全局的气概	总结陈述，得出方案

学习活动

联谊活动策划讨论会

- 工具：A4纸、笔、自制六色帽（或其他形式的身份标识卡）
- 时长：10 min
- 步骤

1.假设我们班与另一班级约定于本月内进行一次联谊活动，此前初步商议的方案是去附近的公园野餐，但有同学提出“野餐食物难以准备”的问题。现在以小组为单位，扮演班委会成员，为解决该问题开展一次六顶思考帽法讨论会。

2. 组内成员分配六顶思考帽的六种角色，戴上相应的身份标识道具，另需安排一名记录员和一名主持人（若小组人数不足，部分角色可兼任，如白色思考帽佩戴者与记录员可为同一人，蓝色思考帽佩戴者与主持人可为同一人）。

3. 限时 15 min 展开讨论，最终由蓝色思考帽佩戴者进行决策，选出最优方案，并向全班分享。

● 小结

本活动以特定的主题对六顶思考帽法展开训练，同学们需按照六顶思考帽法的流程和顺序展开讨论，体会各个角色在六顶思考帽法中的定位和作用，以实现多角度的全面思考。

扫码看慕课

六顶思考帽：放下争论，平行思考

九、检核表法

检核表法由头脑风暴法的发明者亚历克斯 · 奥斯本所创，奥斯本在创新实践方面作出了卓越贡献。

检核表法是根据需要解决的问题或需要创新的对象，以表格的形式列出 9 方面有关问题，然后逐一审核讨论，以促进创新活动深入进行的一种创造技法。这种方法采用排查的方式，覆盖惯性思维难以企及之处，适用于大部分创新领域（如表 3-2 所示）。

表 3-2 检核表法的适用领域

能否他用	考虑现有的事物（包括材料、方法、原理等）还有没有其他的用途，或者是否稍加改造就可以扩大它们的用途。例如，旧报纸可以回收制作成铅笔
能否借用	考虑现有的事物能否借鉴、移植别的思路与技术，能否模仿别的事物；现有的发明创新能否引入其他方面的创新成果。例如，泌尿外科医生引入的微爆破消除肾结石技术，就是借用了其他领域的成果而创新的
能否改变	考虑现有的事物能否做适当的变化，如改变颜色、味道、声响、形状、型号等。例如，将平滑的鞋底改为波浪式的形状，大大提高了摩擦力，穿着时抓地力更强，不易摔倒
能否扩大	考虑现有的事物能否扩大、增加一些东西，如延长时间、长度，增加寿命、价值、强度、速度、数量等等。例如，当前智能手机的屏幕面积不断增大，致力于给用户极致的使用和观感体验

续表

能否缩小	考虑现有的事物能否缩小、取消某些东西，使之变小、变薄、减轻、压缩、分开等。这是与扩大相反的创新途径。例如，目前用全息激光储存法，在1 mm^2的平面上可以存储一页资料
能否替代	考虑现有的事物有无代用品，以其他原理、能源、材料、元件、工艺、动力、方法、符号、声音等来替代。例如，广州几名小学生为了打造一款能预示温度变化的防烫汤勺，用热感变色材料替代普通的不锈钢、陶瓷等材质
能否调整	考虑现有的事物能否做出适当调整，如改变布局、改变型号、调整计划、调整规格等。例如，在飞机诞生初期，螺旋桨被装在飞机前方，后来尝试调整为装在飞机顶部，于是发明出直升机
能否颠倒	考虑现有的事物能否从相反的角度重新考虑，能否正反颠倒、上下颠倒、主次颠倒、位置颠倒、作用颠倒等。例如，美国奥尔布赖艺术馆举办了一次劣品展览，把质量差、造型丑的产品摆满展厅，结果引起了人们极大的兴趣，参观者络绎不绝，大家从反面学到了对优质产品的鉴别与欣赏
能否组合	考虑现有的事物能否加以适当组合，比如原理组合、方案组合、材料组合、部件组合、形状组合、功能组合、目的组合等。例如，风靡全球的乐高玩具，就是通过对不同形状部件进行组合，诞生出无穷无尽的创意

知识拓展

TRIZ创新方法

TRIZ创新法是由苏联发明家、教育家根里奇·阿奇舒勒（Genrich S. Altshuler）及其团队研究了近20万个专利，归纳出专利发明的共同性、重复性和创新发明性思维的逻辑。TRIZ是俄文缩写，其含义为“理论解决问题的创新方法”，是一种系统化的创新方法论，包含一整套创新发明体系，例如，8大技术系统进化法则、最终理想解（ideal final result，IFR）、40个发明原理、39个通用参数和阿奇舒勒矛盾矩阵等等。

在TRIZ体系中，每一种工具都有着不同的优势与特点。其中，40个发明原理指引了发明实践，使创造性思维得到拓展。阿奇舒勒坚信发明问题的原理是客观存在的，设计者只要掌握这些原理，就可以大大提高发明效率、缩短发明周期，而且能使发明过程更具有可预见性。因此，阿奇舒勒及其团队对大量的专利进行了研究、分析和总结，提炼出了TRIZ中最重要的、具有普遍用途的40个发明原理（如表3–3所示），这些原理在众多发明创造中均有所体现。

表 3–3　TRIZ 的 40 个发明原理

序号	原理	序号	原理
1	分割	21	快速动作
2	抽取	22	转有害为有益
3	局部特征	23	回馈
4	不对称	24	中介物
5	合并/组合	25	自助
6	万用性/多功能	26	复制
7	套叠	27	以便宜及寿命短取代
8	平衡力	28	取代机械系统
9	预先反作用力	29	气动或液压
10	预先动作	30	弹性膜或薄膜
11	预先缓和/防范	31	多孔的材料
12	等位性	32	改变颜色
13	倒转/反向操作	33	同质/构性
14	球面化/曲率	34	抛弃与再生零件
15	动态	35	几何/物理/化学状态转换
16	部分或过度的动作	36	相变
17	改变到新的维度	37	热膨胀
18	震动	38	强氧化
19	周期性动作	39	惰性材料
20	有效动作的持续	40	复合材料

3·3 设计思维

随着创新的作用不断凸显，设计思维逐渐风靡全球，备受斯坦福大学、全球著名创新设计公司IDEO等组织和机构的推崇。设计思维与创新紧密相连，它将多个创造技法按一定的逻辑顺序串联在一起，致力于擦出创意的火花，让创新设计产生价值。

一、什么是设计思维

设计思维是以人为本地利用设计师的敏感性和设计方法，在满足技术可实现性和商业可行性的前提下，满足人的需求的设计精神与方法。

设计思维既是一种新的学习形式，又是一套创新思维方式与理念，还可以被看作一个抛开模式化的“标准”，其中包含着不断发现问题、思考问题并解决问题的革新过程。IDEO公司的首席执行官蒂姆·布朗（Tim Brown）在其专著*Change By Design*（中文版书名为《IDEO，设计改变一切》）中指出，“设计思维是一种积极改变世界的信念体系”，这一体系能够真正影响很多社会组织、个人，可以触发创意和进行创新探索。总而言之，设计思维可被理解为一种以解决问题为目标、以开放性创新为途径的思维能力。

扫码看慕课

什么是设计思维

二、设计思维的基本要素

以人为本是设计思维的核心理念，由此可以总结出设计思维在运用过程中包含的3个基本要素：观察、换位思考、洞察。

（一）观察

为什么要观察？平面设计师的灵感多取材于生活，形象设计师常常出没于各大秀场，建筑设计师则是工地的常客。作为设计思维的实践者，也就是设计思考者，同样要走到室外，实地接触那些与创新活动息息相关的人。设计思维要求学习者长时间观察用户，认真倾听他们说了什么，关注他们做了什么。

扫码看慕课

观察，倾听并看见得更多

观察要注重技巧，可着重对观察主体的构成、观察对象的选择、具体的实施时间和地点、采用的研究和分析方法4个方面进行谨慎而周密的计划。

知识拓展

宝洁对牙膏盖的创新

美国宝洁公司曾邀请IDEO公司为旗下其中一个牙膏品牌Crest（中文译名为佳洁士）的包装进行重新设计，主因是有很多用户投诉牙膏管口处的螺丝纹很容易被牙膏黏附，导致牙膏盖无法顺利扭紧，管内牙膏逐渐变干，结果牙膏没用完就要扔掉。IDEO公司的研发人员提议将原有螺旋形的牙膏管盖改为直接开合的拉盖款式，他们一心认为，这个平滑锥形的牙膏盖设计会大受欢迎。可通过观察发现，人们早已习惯了牙膏盖是有螺丝纹结构的，即便产品已经换成拉盖式，但用户还是不自觉地去拧盖子。观察使研发人员意识到，其实他们的设计真正要对抗的是一个根深蒂固的习惯。因此，研发人员根据用户的既有习惯，又改动了一下设计，在这个拉盖式的盖帽下面加了一小段螺纹，这样当用户习惯性拧牙膏盖时，就会发现其实是拧不开的，这便提醒用户需要轻推盖帽，盖子就打开了。这项新设计正面刺激了宝洁公司的销量，相关产品仅在推出的一年内销售额就突破了5 000万美元，在之后的9年间更是带来了超过10亿美元的收入。

（二）换位思考

观察需要花费一段较长的时间，而最终得到的可能是一堆笔记、照片、录像和冷冰冰的数据。要将观察结果转化为有价值的信息，还需要站在与观察对象相同的立足点上，想其所想，感同身受，也就是要做到换位思考。

所谓换位思考，是指人与人之间相互理解、相互包容的思考方式，需要做到设身处地地为别人着想。其关键在于，把自己转变为当事人的角色，充分运用同理心。所谓同理心，就是要站在当事人的角度，客观地理解当事人在某一时刻、某一地点、遇到某件事情时的内心感受，而且能够把这种理解传达给当事人的一种沟通交流方式。

运用同理心进行换位思考时，可以从以下4个步骤着手：

第一步，发现（Discovery），即通过前面所说的观察，去发现问题。

第二步，沉浸（Immersion），即走进用户的世界，并站在用户的角度去思考问题。

扫码看慕课

换位思考，用心体会他人

第三步，链接（Connection），即与用户产生共鸣，具有共同语言。

第四步，分离（Detachment），即换位思考除了要贴近用户外，还要从用户的生活中脱离出来，站在设计者的角度进行反思，确保主观与客观的有机统一。

（三）洞察

通过换位思考的观察，有助于发掘问题的本质，找到新的突破口。用彼得·德鲁克的话来说，就是“将需要转变为需求”，而这个过程可称为“洞察”。

需要和需求有何不同？在古代，马是最常见的代步工具。如果你问乘客想要什么样的交通工具，回答可能是“一辆更快的马车”，这是用户的需要。对此，有人选择把车子做得更轻便，也有人尝试在车头多加几匹骏马。但却很少有人想过，人们想要的只是“更快到达目的地”，而这才是用户的需求，马车只是其中一种交通工具。亨利·福特（Henry Ford）挖掘出了人们内心深处的需求，成功地发明了汽车这一全新的交通工具，从而改变了世界。

扫码看慕课

洞察，从需要中挖掘需求

对用户来说，需要是显而易见的，而需求则是潜在的，有时候甚至连用户本身也不清楚自己的需求到底是什么。设计师在设计产品时，往往只需要满足用户的需要即可，但作为设计思考者，则必须洞察出用户的需求，这样才能真正地解决他们的“痛点”和问题。

三、设计思维实践流程

当前，斯坦福大学设计学院（d.school）的设计思维实践流程在全世界备受推崇，许多组织或工作坊都参考这一流程开展设计思维实践。

d.school 由 IDEO 公司的创始人之一大卫·凯利（David Kelley）创办，

其整合的设计思维实践流程由5个步骤组成，包括同理心思考（Empathize）、需求定义（Define）、创意构思（Ideate）、原型呈现（Protoype）、实际测试（Test），如图3-3所示。

● 同理心思考：访谈和跟踪，站在用户的角度进行思考和分析，不作批判性评价。

● 需求定义：在对客户进行详细的观察、调研之后，总结整理出用户的痛点，并明确用户的需求，从而围绕该需求界定创新方向。

● 创意构思：发散创意，分享想法，尽可能地尝试用多种方式解决问题，所有的创意都是有价值的，但需要对它们进行优先级排序。

● 原型呈现：制作一个简单的可视化原型，并进行快速迭代。

● 实际测试：将多次迭代后的原型视作一个较成熟的产品，投入用户当中进行体验测试，观察其优势与不足，制订新一轮快速迭代计划。

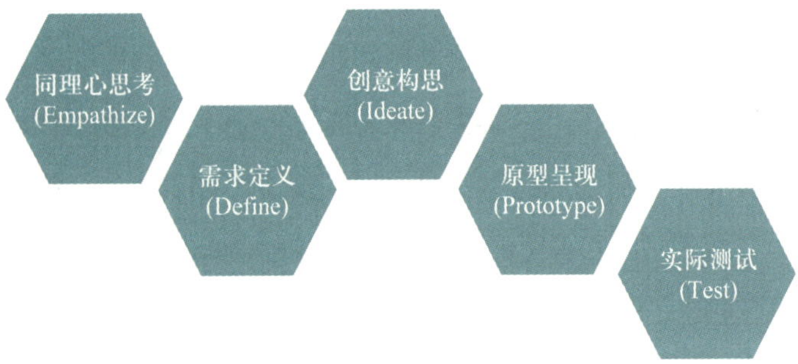

图3-3 d.school的设计思维实践流程

本书参考斯坦福大学的设计思维实践流程，基于本土化特色，提出了一个创新设计思维流程，如图3-4所示。与d.school的设计思维实践流程相比，创新设计思维流程认为，以同理心为出发点获取用户的需求，其观察的范围非常广，难以找到一个明确的方向。此外，同理心对应设计思维基本要素中的换位思考，应贯穿每一个步骤中。因此，创新设计思维流程选择从一个具体的现状或痛点出发，明确问题，再进一步优化为项目的主题。

图 3-4　创新设计思维流程

创新设计思维流程同样分为5个步骤，分别是：探索问题、洞察需求、构思创意、制作原型、实施方案。

- 探索问题：从一个现状或痛点出发，挖掘问题所在，确立项目主题。
- 洞察需求：通过访谈等手段，洞察用户的真实需求，为后续实践明确方向。
- 构思创意：围绕需求进行头脑风暴，提出创意构想，并验证其可行性。
- 制作原型：将可行的创意点子转换成可视化、可触碰或可倾听的原型，并投入用户中进行验证。
- 实施方案：将验证后的方案落地，令项目产生价值。

扫码看慕课

设计思维的应用流程

这5个步骤可以进一步归纳为3个关键阶段：第一步、第二步为“灵感”阶段，第三步、第四步为“构思”阶段，第五步为“实施”阶段。需要特别注意的是，创新设计思维流程是非线性的，5个步骤既可以按顺序执行，后面的每个步骤也可以往前回溯循环，其最终目的是得出一个最优方案，从而实现一个好的设计。

课后作业

▍本章我们学习了9种常用的创造技法，想一想自己身边是否有可以运用创造技法来解决的问题？

▍回顾过往的经历，你是否也曾诞生过好的创意？在这个过程中有没有运用创造技法？是如何运用的？

▍设计思维为创新实践提供了指引，试想一下设计思维能够被应用于哪些行业或领域？请选择一个具体的应用方向，结合斯坦福大学d.school的设计思维流程，制订一份设计思维创新实践计划，按顺序列出每一步分别需要做些什么，并注明过程中将要用到的创造技法或创新原理。

行动建议

▍前程无忧发布的《2023高校毕业生就业趋势》显示，雇主2023年对毕业生提供的工作机会最多来自产品端和技术研发端岗位，而不再是2022年及之前的销售类岗位。在面向毕业生的工作岗位中，82%的工作内容与新产品开发设计相关，75%的工作内容与用户体验相关。这说明，当今社会对人才创新能力的要求逐渐提升，同时企业经营也更注重以人为本，关注用户的需求。因此，我们在进行创造性活动时可以参考以下建议：

- **善于观察并提出问题。在生活的各个角落发现尚待解决或探索的问题，为其制订一个明确的问题陈述，作为创造性活动的起点。**
- **持续生成创意。以设计思维指引创新过程，并运用各种创造技法产生多样化的创意，其间注重团队合作，创新需要不同的思维火花相互碰撞。**
- **学习和反馈。持续学习和积累经验，从实践中吸取教训，并接受他人的反馈与建议，不断调整和改进创意，提升创造性活动的质量和成果。**

正如本章开头介绍的“珍蚌珍美”案例，我们要主动提升创新能力，养成创新的习惯，同时要积极促进创新成果的落实，将创新融入新时代发展中。同时要从实际出发，只有找准定位、明确方向、立足现实、脚踏实地，才能在实践中成长成熟，在奋斗中实现人生价值。

延伸阅读

双创案例

中国速度——高速磁浮列车

2022年9月20日，德国柏林国际轨道交通技术展览会上，中国中车股份有限公司面向全球发布了当时世界上可实现的速度最快的陆地公共交通工具——时速600公里高速磁浮交通系统。这套系统早于2021年7月在青岛下线，是世界上首套设计时速600公里的高速磁浮交通系统，标志着中国掌握了高速磁浮成套技术和工程化能力。

据高速磁浮项目技术总师、中车青岛四方机车车辆股份公司副总工程师丁叁叁介绍，此次下线的高速磁浮，是世界首套时速600公里的高速磁浮交通系统。采用成熟可靠的常导技术，其基本原理是利用电磁吸力使列车悬浮于轨道，实现无接触运行。

这台高速磁浮列车实现了无人驾驶，所有的指令都通过调度中心进行控制，从而确保列车的运行安全和准确性。与普通的火车和高铁相比，高速磁浮列车的运行非常平稳，磁浮列车在运行过程中几乎没有颠簸和晃动，给乘客带来更加舒适的乘坐体验。除了舒适性的提升，这台高速磁浮列车的速度也是极快的。时速600公里的高速磁浮交通系统是当前可实现的速度最快的地面交通工具。这辆高速磁浮列车采用“车抱轨”的运行结构，安全等级高，空间宽敞，乘坐舒适。单节载客量可超过百人，并可在2～10辆范围内灵活编组，满足不同载客量的需求。行驶中不与轨道发生接触，无轮轨磨耗，维护量少，大修周期长，全寿命周期经济性好。

据了解，高速磁浮交通系统成功攻克了关键核心技术，系统解决了速度提升、复杂环境适应性、核心系统国产化等难题，实现了系统集成、车辆、牵引供电、运控通信、线路轨道等成套工程化技术的重大突破。作为一种新兴高速交通模式，高速磁浮具有速度高、安全可靠、噪声低、振动小、载客量大、维护量少等优点。目前，高铁最高运营时速为350公里，飞机巡航时速为800～900公里，时速600公里的高速磁浮交通系统可以填补高铁和航空运输之间的速度空白。

中国首套时速600公里的高速磁浮交通系统的诸多顶尖科技给人们展示了未来交通的惊人潜力。无人驾驶、平稳运行以及惊人的速度，这些卓越的技术表现将为乘客带来舒适、便捷和快速的出行体验。高速磁浮列车这一成就不仅是中国科技实力的体现，也是推动全球交通领域进步的里程碑。我们共同期待，高速磁浮交通系统在未来的进一步发展能为全世界带来更加令人兴奋的出行体验和科技奇迹。①

思考：

1. 高速磁浮列车在普通火车的基础上进行创新，其中运用了哪些创造技法？

2. 请上网检索更多体现中国科技力量的案例，尝试挖掘有哪些创新成果运用了本章学习的创造技法。

双创视野

创新创业推荐书目

1.《从0到1：开启商业与未来的秘密》

作者彼得·蒂尔（Peter Thiel）是PayPal创始人，Facebook首位外部投资者。该书的主要观点是，创业者或投资者不能满足于对以往产品的复制或轻微改进，而应该善于创造和创新，通过技术专利、网络效应、规模经济品牌等形成壁垒，实现垄断的跨越式发展，这就是从0到1的含义。

2.《创业维艰：如何完成比难更难的事》

作者本·霍洛维茨（Ben Horowitz）是硅谷最好的风险投资公司之一——安德森·霍洛维茨基金（Andreessen Horowitz）的传奇创始人。作者经历了创业者在初创企业发展中必须面对的困难情况，在书中毫无保留地奉上了自己的创业经验。

3.《重来：更为简单有效的商业思维》

该书呈现的是一种更好、更简单的商业思维和职场修炼之道。两位作者贾森·弗里德（Jason Fried）和戴维·海涅迈尔·汉森（David Heinemeier

① 资料来源：新华网。

Hansson）均是优秀的成功创业者，他们基于10年来创业实战的经验，就企业的创建、运营和发展发表了全新的观点，涉及项目管理、人才招聘、产品设计、市场营销、企业文化等方面。

4.《重新定义公司：谷歌是如何运营的》

作者包括谷歌公司董事长、前首席执行官埃里克·施密特（Eric Schmidt）和前高级副总裁乔纳森·罗森伯格（Jonathan Rosenberg），他们亲自分享了多年来帮助谷歌成长所领悟到的管理启示：科技正在改变商业的方方面面，这种改变的速度空前，而且仍在加速，公司若想在互联网时代站稳脚跟，就要制订新的商业规则。

5.《四步创业法》

该书是精益创业理论的奠基之作，作者是史蒂夫·布兰克（Steven Gary Blank），他一共创办了8家企业，同时还担任多家硅谷公司的董事和创业顾问。该书总结了作者25年的创业经验，提出了全新的客户发展方法以弥补现有产品开发方法的缺陷，掀起了硅谷精益创业的浪潮。

6.《创新者的窘境》

作者克莱顿·克里斯坦森（Clayton M. Christensen）是哈佛商学院教授，因其在企业创新方面的深入研究和独到见解，被称为“创新大师”。该书讲述了在面对某些类型的市场和技术变化时，那些精于管理的公司却无法保持其在各自行业中领先地位的原因。

7.《精益创业：新创企业的成长思维》

作者埃里克·莱斯是硅谷的一名企业家，他的精益创业理念被《纽约时报》《华尔街日报》《哈佛商业评论》《赫芬顿邮报》等多家媒体广泛报道。精益创业源于精益生产的理念，它提倡企业进行验证性学习，在不断地试验和学习中，以最小的成本和有效的方式验证产品是否符合用户需求，灵活调整方向。

大学生的创新创业能力需要持续培养，创业经验需要不断积累，资源也需要被进一步整合，因此，精益创业理念尤其适用于大学生创业者。本书将在第6章中对精益创业的概念、原则、关键要素等进行介绍。

8.《商业模式新生代》

该书是一本具有创新性、实用性、启发性的商业模式工具书，作者亚历山大·奥斯特瓦德（Alexander Osterwalder）和伊夫·皮尼厄（Yves Pigneur）是商业模式画布的发明者。该书分享了当下领先公司正在使用的强大且实用的创新技巧，读者可从中学会如何系统地理解、设计和实施一个全新的商业模式，或分析与更新旧的商业模式。

商业模式是创新创业中的一个重要模块，也是创业者必须掌握的一个知识点，本书将在第7章中详细解读商业模式的基本概念和常见类型。

9.《IDEO，设计改变一切》

本章在介绍设计思维时已提到了该书，作者蒂姆·布朗通过分享IDEO公司的创新设计案例，带领我们认识设计思维。设计思维的价值不仅局限在创意产业，或负责产品设计的工作者。因此，该书不是写给设计师看的，而是为追求设计思考的组织及个人打造的蓝图，协助将设计思考这种以创意解决难题的做法带进生活、组织、产品和服务，为社会整体和企业发掘新的替代方案。

10.《设计思维实战》

《设计思维实战》是本书主编团队的又一力作，是一本注重理论与实践相结合的设计思维工具书，全书共分为设计思维的基本概念、常用工具、创新流程、实际应用四大模块。除设计思维内容与案例讲解外，还附有项目导向式的实战板块，完成其中的相关任务后，该书将成为你独一无二的专属版本。

4

个人能力与团队建设

创新时事

习近平总书记指出："当今世界的竞争说到底是人才竞争、教育竞争。要更加重视人才自主培养，更加重视科学精神、创新能力、批判性思维的培养培育。要更加重视青年人才培养，努力造就一批具有世界影响力的顶尖科技人才，稳定支持一批创新团队，培养更多高素质技术技能人才、能工巧匠、大国工匠。我国教育是能够培养出大师来的，我们要有这个自信！"[①]当前，世界百年未有之大变局加速演进，新一轮科技革命和产业变革深入发展，我国正处于重要的战略机遇期。

高质量的发展离不开高技能人才的坚实支撑。2023年，我国高技能人才已超过6 000万人，占技能劳动者的30%，是中国制造、中国创造、中国建造的中坚力量。从"神舟飞天"到"嫦娥揽月"，从"天眼探空"到"北斗组网"，再到港珠澳大桥飞架三地、北京大兴国际机场"凤凰展翅"，这些重大成就的取得都离不开大国工匠和能工巧匠们的深入钻研、执着追求。近年来，越来越多的"劳模和工匠人才创新工作室""技能大师工作室"获命名授牌。他们充分发挥了示范引领作用，推动更多技能大师的实践经验及创新成果的传承和推广。

学习目标

- 阐述个人能力的含义；界定个人能力与团队建设的关系。
- 区分团队及创业团队的含义；描述创业团队的构成；列举创业团队的特性。
- 从人员招聘、人员分工、团队文化3个角度总结创业团队的管理与建设之法。

① 习近平. 习近平著作选读：第2卷[M].北京：人民出版社，2023：474.

本章概览

在快速发展的商业环境中，创新与创业已成为经济增长和企业竞争力的关键。然而，仅凭创业者个人的力量往往难以应对复杂的任务和挑战。因此，个人能力与团队建设之间的关系变得至关重要。团队建设可以整合个人能力，实现协同工作，从而更好地应对挑战和机遇。个人能力与团队建设已成为现代商科创新创业领域一个至关重要的主题。

本章将围绕创业团队的理论体系，介绍个人能力的概念及创业者应具备的个人能力，分析创业团队的构成情况及特性，并从人员招聘、人员分工、团队文化等角度梳理创业团队管理与建设的要点。

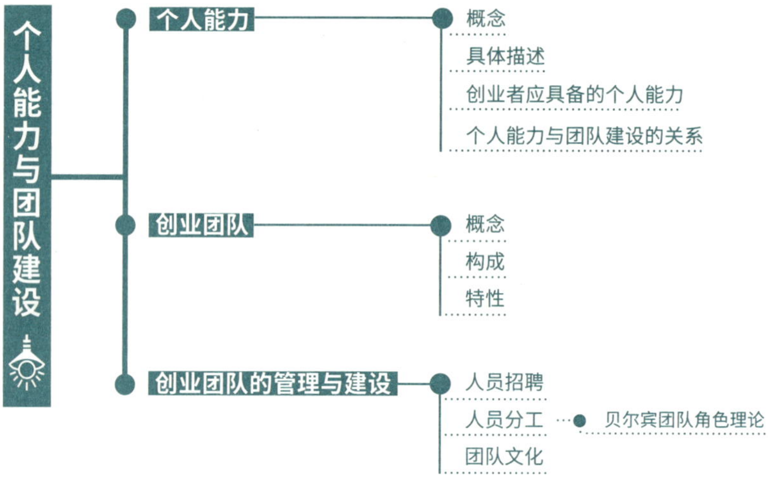

i人e事

Deinker——中国办公废纸原地再生的绿色节能先行者

项目简介：Deinker项目的产品是小型生物酶法脱墨集成一体机，可将使用过的打印纸张进行脱墨处理，实现纸张的重复利用，绿色环保，避免浪费。这项技术不仅颠覆了传统高耗能、高污染、原材料依赖进口的废纸回收造纸方案，还规避了文件泄密风险，兼具环保价值和商业价值。该项目获得了第八届中国国际“互联网+”大学生创新创业大赛全国金奖。

在工作和生活中，纸是一种十分常用的工具。传统的废纸回收过程需要使用碎纸机将废纸打碎并加入化学物质进行漂白处理，在这一过程中可能产生大量污染，同时也会造成一定的浪费。为了解决这个问题，2019年，电子科技大学一群志同道合的本科生进入IGEM校级实验室，他们和指导教师一起花了整整两年的时间查证整纸脱墨的可能性，最终Deinker小型生物酶法脱墨集成一体机应运而生。

Deinker采用了一种创新方法——生物酶脱墨。它通过复合生物酶体纤维小体系统取代传统的物理化学方法，能够在更短的时间内完成脱墨过程，并且将污染减少60%以上。这项技术的应用具有重要的环保价值和商业价值。根据团队成员的测算，如果全国每个人都使用一次Deinker，就能够保护8万多棵树木。而且，Deinker的小型化设计使废纸回收过程可以在一间小办公室中完成，大大简化了传统复杂的废纸回收流程。由于Deinker在脱墨过程中没有记忆功能，它也具备在保密市场中应用的潜力。其样机的单张纸脱墨平均用时为1～2 min，单个酶盒可脱纸张数达到3 250张，脱墨后的纸张可重复打印3次，真正实现了便捷、高效、绿色、环保。

Deinker项目的团队成员是来自电子科技大学6个不同学院的15名本科生。项目开展期间，团队成员由彼此生疏到形成默契，过程中经历了不断的磨合，“成为中国办公废纸原地再生的绿色节能先行者”这一心愿让所有人拧成一股绳。最终，这个项目不仅在国际基因工程机器设计大赛中夺金，还获得了第八届中国国际“互联网+”大学生创新创业大赛全国金奖。①

① 资料来源：电子科技大学新闻网。

思考：

1. 为什么Deinker项目的团队成员来自6个不同的学院？

2. 你认为对于一个团队而言，什么是最重要的？

4·1 个人能力

一、什么是个人能力

个人能力是指个人在特定领域或任务中所具备的知识、技能、经验和素质。它涵盖了个人的认知、技术、社交与情感等多个维度，决定着个人在各种情境下实现目标和展现出色表现的能力。

个人能力是一个动态发展的过程，可以通过学习、实践、培训和经验积累来提高。它既是个体成功实现目标的关键，也是组织和社会发展的重要驱动力。

二、个人能力的具体描述

一般来说，个人能力包括学科能力、沟通能力、领导能力、解决问题能力、自我管理能力和协作能力，如图 4-1 所示。

图 4-1　个人能力

- **学科能力**

学科能力指个人在特定领域所掌握的专业知识和技能，不仅包括对学科知识的熟练程度、实践经验的积累，还包括个人对所处领域最新研究和发展的了解。

- **沟通能力**

沟通能力，即沟通技巧的掌握程度，包括个体懂得倾听、善于表达、恰当反馈、促成合作的能力。

- **领导能力**

领导能力指个体带领一群有能力的人共同为实现预定目标而努力奋斗的能力，主要包括激发团队成员的潜力、协调资源并有效推动目标实现的能力。

- **解决问题能力**

解决问题能力，即个人必须具备的分析和解决问题的能力，解决问题首先要发现问题，因此还包括个人对问题的观察力和洞察力。

- **自我管理能力**

自我管理能力指个人能够有效管理时间资源，并设定个人目标及规划的能力，主要包括时间管理、自我激励和情绪管理等方面的能力。

- **协作能力**

协作能力是建立在团队基础上的，发挥团队精神、互补互助以达到团队最大工作效率的能力，主要包括通过团队合作、协调沟通、共享信息和资源来高效地实现目标的能力。

个人所具备的学科能力、沟通能力、领导能力是基础，能够支撑解决问题和自我管理的过程，同时也是开展团队合作所必须具备的能力。而良好的协作能力反过来也能支撑个人更顺畅地解决问题或进行科学的自我管理。

通过上述简单的识别方法，我们可以了解自己的优势和劣势在哪里，从而对自身的能力有更清晰的认知。

学习活动

你认为在以上6项个人能力中，你自身最强的是哪一项，最弱的是哪一项？请对你个人的这6项能力进行由强到弱的排序，并思考在大学生涯中，每一项能力分别能够通过哪些方式进行培养或提升。

三、创业者应具备的个人能力

世界管理大师彼得·德鲁克认为，卓有成效的管理者正在成为社会中一项极为重要的资源。优秀的创业者应当是成功的管理者，他们所需具备的素质与能力是多方面的，具体包括3种基本能力——影响力、领导力、执行力（如图4-2所示）。

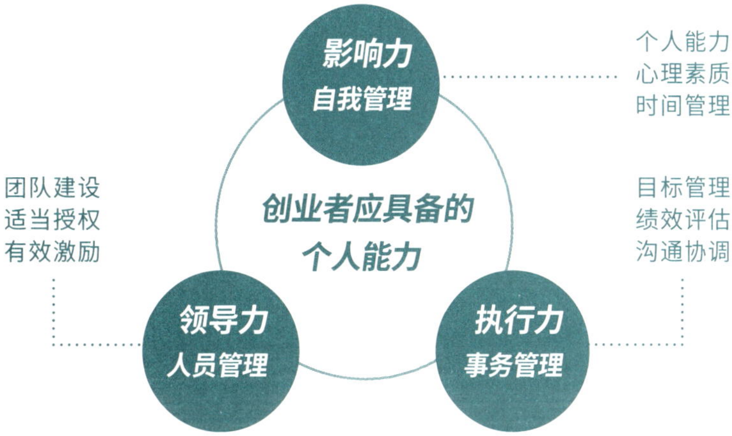

图 4-2　创业者应具备的个人能力

- **影响力**

影响力意味着能够激发他人的积极性和动力，使团队成员愿意跟随，获得团队成员支持的能力。通过有效的沟通、明确的愿景和目标以及激励团队的方式，创业者能够塑造一个积极、合作和高效的团队文化。

- **领导力**

领导力是创业者必备的关键能力之一。优秀的创业者应该能够设定明确的愿景和目标，并带领团队朝着共同的目标努力。创业者需要具备良好的判断力和决策能力，在面对挑战和不确定性时能够快速做出准确的决策，并为团队提供明确的方向和指导。

- **执行力**

一名优秀的创业者还需要具备卓越的执行力。执行力是将计划转化为行动并落实到实际操作中的能力。创业者应该具备坚忍、专注和自律的品质，能够有效地组织资源、分配任务，并确保团队按时完成任务，达到预期效果。

除了以上3种基本能力，创业者还应该具备其他一系列素质和能力，如创造力、风险管理能力、创业智慧、社交能力、全球视野和持续学习能力等。这些素质和能力将为创业者提供成功所需的综合竞争优势，使其在不断变化的商业环境中持续取得成果。

通过培养和发展以上素质和能力，创业者能够更好地实现个人目标，同时带领团队取得成功，推动企业高质量发展。

知识拓展

数字化背景下青年应具备的能力

数字经济的发展给当代青年的生活带来了很大变化，如今我们可以轻松地在线上完成点餐、购物、看病等操作，生活的方方面面都可以看到数字经济的影子。

在2023年世界青年发展论坛召开前夕，中国青年报社社会调查中心联合问卷网进行的“青年数字发展”调查结果显示，在参与调查的2001名青年中，有4.3%的青年正在从事数字领域相关工作，有57.2%的青年有在数字领域就业创业的打算。为了顺应数字时代的发展浪潮，青年群体认为自身应提升的能力排名从高到低依次是：数据分析处理能力（47.7%）、网络工具的使用能力（45.7%）、学习能力（44.4%）、创新能力（43.2%）、沟通协作力（38.6%）、交叉学科知识背景（36.9%）、市场洞察力（36.4%）、与人工智能的协同能力（30.6%）、对于网络信息的鉴别力与判断力（29.4%）、算法/编程能力（29.2%）、全球化视野（26.5%）、对技术伦理问题的思考力（16.1%）等。

天津财经大学丛屹教授认为，世界越来越“小”，为全球青年加强文化、学术、社会交流创造了越来越便利的条件，越是在技术革命的时代，青年越应该意识到只有努力学习才能更好地掌握数字技术，加强与世界的交流。①

① 资料来源：中国青年报。

四、个人能力与团队建设的关系

个人能力与团队建设是相互促进和互补的关系，两者密切相关且不可忽视。

- **个人能力为团队的成功提供坚实的基础**

个人能力的提升可以为团队带来更多的创新，提高团队的问题解决能力。一个团队的绩效和表现取决于每位团队成员的个人能力水平。团队中的每个人都应该具备特定的技能和专业知识，以应对不同的任务和挑战。个人能力的发展和成长对于团队的成功至关重要。

- **团队建设有助于个人能力的提升和发展**

通过参与团队建设，个人可以学习和发展各种与合作和协作相关的技能，如沟通能力、领导能力、团队协作精神等。在团队中，个人能力得到发挥和锻炼的机会更多，通过与他人协作，个人能力可以得到进一步的提升和发展。团队中的互动和交流可以帮助个人发现自己的不足和提升的空间，并通过与他人合作来不断完善和提高个人能力。

总而言之，个人能力与团队建设是相辅相成的。团队的成功需要团队成员充分发挥个人能力，同时通过合作和协作实现共同目标。个人能力与团队建设之间的互动和协调可以带来更高效的工作和更出色的成果。

知识拓展

北京2022年冬奥会筹备团队成功之路

北京2022年冬奥会筹备工作是一个具有挑战性的项目，为了成功举办这一全球性盛会，个人和团队都发挥着至关重要的作用。

冬奥会筹备团队要求成员具备不同的专业背景，包括运动管理、市场营销、项目管理和国家外交等，这种多元化的团队组成确保了团队具备广泛的专业知识和技能。此外，每位团队成员都被赋予明确的职责和任务，并被要求展示他们的专业知识和技能。团队成员之间相互支持和协调，共同制订和实施项目计划，确保各项任务按时完成。团队内部会不定期地举办培训或工作坊，以提高团队成员的专业能力，并协助他们了解和适应冬奥会相关的需求和标准；还会为团队成员提供发展和成长机会，鼓励他们参加外部培训和学术研讨会，以保持领先的行业水平。当然，团队成员之间的互相学习和知识分享也是十分必要的，冬奥会筹备团队通过定期召开团队会议、分享进展和交流问题，建立了良好的沟通和协作氛围。此外，他们还会定期组织团队建设活动，如团队拓展训练和团队合作项目，加强团队凝聚力和合作意识。

通过个人和团队的相互配合，北京2022年冬奥会筹备团队充分发挥了团队的协同效应和成员的专业能力，为体育盛会的成功举办奠定了坚实的基础。①

① 资料来源：人民政协网。

4.2 创业团队

一、什么是团队

美国管理学教授罗宾斯（Stephen P. Robbins）认为，**团队就是由两个或者两个以上相互作用、相互依赖的个体，为了特定目标而按照一定规则结合在一起的组织。在商业领域，团队是由员工和管理层组成的一个共同体，其成员有共同的理想目标，愿意共同承担责任，共享荣辱。**

对团队来说，主语地位的“我”要让位于团队的“我们”，而“我”只是团队中的一员。团队的成功取决于团队成员之间的合作和协调，以及共同为实现同一目标而努力的承诺和奉献精神。在团队发展过程中，需要经过长期的学习、磨合、调整和创新，形成主动、高效、合作且有创意的团体，合力解决问题，达到共同目标。

可将团队的英文“TEAM”的4个字母拆开，各自赋予一定的内涵，对团队这一整体概念进行深入解读，如图4-3所示。

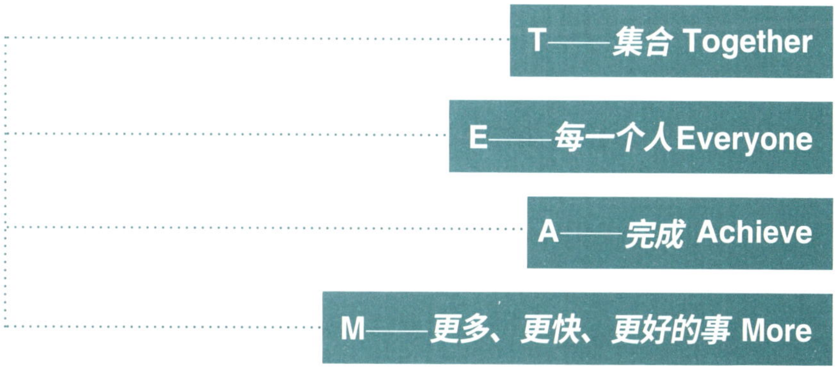

图 4-3　团队的概念解读

T指的是together，即团队合作，意味着共同努力，团结一致。团队成员应该积极参与集体目标的制订和决策过程，共同工作，共负责任，共享成果。合作是通过协调和整合每个成员的贡献，以实现整个团队的成功。

E指的是everyone，即成功的团队需要每个成员的参与和贡献。团队合作强调每个人的价值和作用，每个成员都应该有机会发挥自己的专长和才能，为实现团队目标作出贡献。团队成员间应相互尊重和支持，共同创造积极的合作氛围。

A指的是achieve，寓意团队合作的目标是实现共同的成就和成功。团队成员需要具有明确的目标，并通过有效的沟通、协作共同努力，追求卓越的结果。团队成员间应该分享和庆祝成功，同时从失败中吸取教训，不断改进。

M指的是more，团队合作应当做更多、更快、更好的事，且能创造更多的机会和价值。通过团队合作，成员之间可以互相学习和成长，共享知识和经验，拓宽自己的视野和能力。通过开放的沟通和合作，团队可以产生创新和创造力，从而取得更大的成就。

二、什么是创业团队

创业团队是指为了完成创业这一特定事项而形成的团队。创业团队的含义有狭义和广义之分。

狭义的创业团队是指一群有相同目标的人共同经营新成立的营利性组织，为社会提供产品或服务，由此实现价值增值。广义的创业团队不仅涵盖狭义的创业团队，还包括与创业过程有关的各种利益相关者，如风险投资商、供应商、专家咨询群体等。

本书认为，**创业团队是指在创业过程中，由一群有着共同愿景、共同目标、共担风险、共享回报的人及利益相关者所组成的群体**。一个高效、有效的创业团队可以解决问题、推进创新，在创业乃至商业领域取得成功。

三、创业团队的构成

（一）创业团队人数

创业团队人数可以根据具体情况而定，没有固定的标准。通常来说，创业团队规模在3～10人比较常见。以下是决定创业团队人数时需要考虑的因素：

- **创业项目规模和领域**

不同的项目有不同的需求，有些项目可能需要一个小而紧密的团队，而其他项目可能需要更大的团队来涵盖更广泛的领域和功能。

- **技术需求和专业知识**

如果创业项目需要技术解决方案或特定领域的专业知识，可能就需要招募更多的技术专家或行业专家。

- **资金和资源限制**

在创业初期，通常资金有限，因此需要根据可用的资源来确定团队规模。

- **团队协作和管理效率**

团队规模太大可能导致决策过程变得缓慢，而团队规模太小则可能导致某些关键领域的能力缺失。因此，需要权衡团队规模与协作和管理效率之间的平衡。

（二）人员构成

创业初期的团队人数贵精不贵多，美国创业者普瑞尔 · 萨拉伊（Prieu Salaj）提出创业团队模式，认为一个创业团队应由3种不同的角色构成：市场角色、技术角色和协调者角色。

- **市场角色**

市场角色是团队中对市场需求的洞察者，他们有敏锐的市场触觉，并善于引领潮流，不循规蹈矩，而是被内心的某种直觉所指引，这类人往往能够提供大量的创新想法。

- **技术角色**

技术角色是团队中的技术骨干，他们掌握突破性技术，并且敢于变革，发现现有技术的某些不足，甚至把改进技术不足变成商业机会。

- **协调者角色**

协调者角色是团队中的组织者，他们有出色的交际能力，善于处理团队内外的人际关系，对内能够增强整个团队的凝聚力，对外则能高效协调与每个利益相关者的关系。这类人在企业中非常重要，许多企业的CEO就是出色的协调者。

一般而言，创业团队只要具备这3种角色，就可初步搭建起团队的基本框架。创业团队的3种角色及其特点见表4-1。

表4-1 创业团队的3种角色及其特点

角色	特点
市场角色	感知力强，能够把握创业风向
技术角色	掌握突破性、变革性技术，能把现有技术的不足转变成商业机会
协调者角色	组织能力强，善于交际

英国梅雷迪思·贝尔宾（Meredith R. Belbin）认为，没有完美的个人，只有完美的团队。在一个团队中，每种类型的角色都有其特色与专长，但也伴随着一定的可接受的弱势。

团队管理者在招募成员时，既要充分考虑成员的优势和劣势，又要关注每个成员的能力、经验和价值观是否匹配，以确保团队的整体协同性和达成共同愿景。此外，团队成员应相互补充，擅长不同的领域，并在共同的目标下紧密合作。

学习活动

组建一个创业团队

- 工具：卡纸（裁成普通名片大小）、笔
- 时长：15 min
- 步骤

1. 每位同学在市场角色、技术角色、协调者角色3种角色中挑选一个作为个人标签，写在卡纸上。

2. 在标签下面备注3个与标签相关的个人特质关键词，并据此准备自我介绍（1 min）。

3. 教师根据班级总人数，确定组数及各组的具体人数（建议每组5～8人）。

4. 协调者角色上台进行自我介绍，全部介绍完毕后，依据所确定的组数，全班投票选出对应组数数量的协调者作为组长。

5. 依据所确定的各组具体人数自由组队（限时8 min），不是组长的同学需通过自我介绍加入。这里要注意，若人数无法平均分配，则上一环节得票较高的组长，其组员数相应减少1名；同一小组中必须包含至少1名市场角色和1名技术角色。

6. 全班组队完成后调整座位，确保同组成员坐在一起。本次组建的创业团队，将作为后续课程中固定的学习小组，合力完成各项课程任务，共同完成一次创新实践活动。

● 小结

本活动将个人能力与创业团队进行了关联，每个人先进行自我剖析，根据萨拉伊创业团队模式确认个人角色，再以关键词总结个人最突出的能力，最后以互补的方式组建一个创业团队。

四、创业团队的特性

（一）创业团队的共同性

● **共同愿景**

共同愿景是指共同的方向，也往往是创业的初衷。

● **共同目标**

共同目标是团队成功的关键要素之一。唯有整个团队都为同一目标而努力，才能实现具体的结果和产出。

● **共担风险**

创业团队要面向未来，探索一个不确定的目标，这意味着有可能成功，也有可能失败，每个人都需要承担风险。

● **共享回报**

回报是多元化的，既有物质层面的回报，又有精神层面的回报，如一起去探索未知、一起让自己变得更有价值等。

（二）创业团队的互补性

● **思维互补**

创业团队只有具备不同的思维模式，才能从多个角度思考并满足用户越来越趋向于个性化的需求。

● **技能互补**

团队成员在专业技能上形成互补和平衡，并按专业强项进行分工与合作，如此才能产生“1+1>2”的效果。

● **资源互补**

理想的团队应该是一个成员所缺少的东西可以由其他成员提供，以确保工作正常开展。

● **性格互补**

创业是一个将想法变成现实的艰苦过程，需要不同性格的人将生活的不同侧面带入创业过程，唯有性格互补才能创造并维持良好的团队氛围。例如，决策时需要果断、敢拼的人作为“领头羊”；出现矛盾时则需要冷静、和善的人充当协调者的角色。

（三）成功的创业团队特点

成功的创业团队往往具备一定的共性特点，主要表现为以下5个方面：

● **共同愿景和核心价值观**

团队成员共享明确的长期目标和使命，并有一致的核心价值观，如诚信、合作、创新等。

● **多元化的技能和能力**

团队成员拥有广泛的专业知识和技能，涵盖业务开发、市场营销、财务管理、技术开发等多个领域。

● **有效的沟通和协作能力**

团队成员之间建立积极的沟通氛围，鼓励开放对话和反馈，善于倾听和理解他人观点，能够合作解决问题和处理冲突。

● **强大的团队凝聚力**

团队成员之间应建立良好的合作和互信关系，能够共同面对困难和挫折，相互支持、协作，取得卓越的业绩。

● **创新思维和问题解决能力**

团队成员鼓励创新思维，勇于尝试新方法和解决方案，具备分析问题、做出决策和实施计划的能力，能够逆向思维和跨界思考。

4·3 创业团队的管理与建设

在创新创业的道路上，搭建创业团队至关重要。创业团队不仅是实现创业梦想的关键，也是推动创业项目向前发展的动力源泉。在创业过程中，团队成员间能够互相激励、互补优势，共同克服困难和挑战，实现目标并创造价值。要想组建创业团队，第一步是先要找到合适的人。

一、人员招聘

（一）人员招聘的流程

团队人员招聘包含3个流程：明确所需角色及其职责、寻找并筛选候选人、注重团队文化和价值观的匹配。

- **明确所需角色及其职责**

团队中的每个人都应当找到合适的位置。因此在寻找团队成员时，要先确定团队中所需的各种角色，同时明确不同角色的具体职责。

- **寻找并筛选候选人**

针对每个角色的定位，寻找具备相关经验和技能的候选人，以确保团队能够全面覆盖所需的领域。

- **注重团队文化和价值观的匹配**

除了能力和经验外，确保候选人与团队的愿景和核心价值观相匹配，以便建立积极的团队动力和合作氛围。

（二）人员招聘的筛选方法

初创企业的人员招聘可以采用询问的方式，分别从知识经验和能力素养、动力适切度方面展开对应聘人员的了解。

- **知识经验和能力素养**

在评价应聘人员时，可将对方的某一事迹或预设情境作为问题，例如“你曾经负责举办了一场晚会”或“假设公司安排你来带头开发一款新产品”等，随后采用招聘面试中的STAR（Situation, Task, Action, Result的首字母缩写）法则进行4个维度的提问，如图4-4所示。

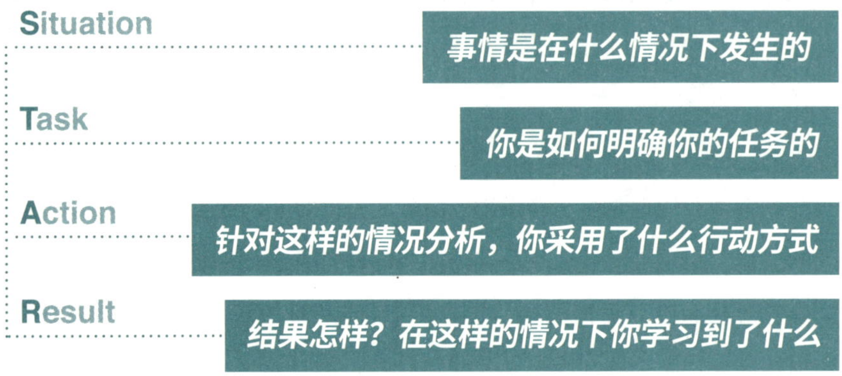

图4-4　STAR法则

通过STAR法则的提问，可以了解应聘人员在处理问题时的方式与方法，从而试探其所具备的知识经验和沟通能力、协作能力、领导能力、主动解决问题的能力等。

- **动力适切度**

怎么找到愿景与团队一致的人？这时动力适切度就特别重要，可以从3个方面对应聘人员进行提问：你是谁？你从哪里来？你要去哪里？比如：“简单介绍你自己”“你为什么离职”“你未来的职业规划是什么”等。

二、人员分工

4.2介绍的创业团队角色构成能够帮助团队在创业初期找到核心成员并构建基础团队。随着初创企业的发展，团队成员分工可参照贝尔宾团队角色理论（Belbin team roles）进一步细化，设置9种不同的角色（图4-5），如表4-2所示。

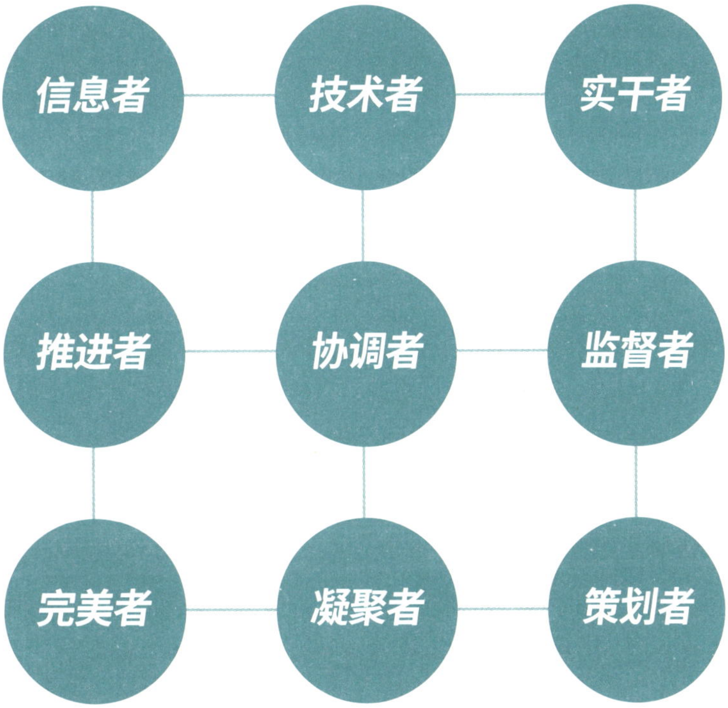

图 4-5　团队角色

表 4-2　团队角色的细分

角色	特点	承担工作
信息者	外向敏感、好奇心强、善于交际	承担团队对外交流工作
技术者	孤芳自赏、维护标准、内心木讷	承担团队任务执行过程中的技术指导工作
实干者	忠诚度高、工作认真、遵守纪律	承担和完成规范性的实际工作
推进者	挑战别人、富有激情、反应强烈	承担团队建设任务完成情况的监督和检查工作
协调者	情绪稳定、信赖感强、待人公平	承担团队的组织、领导、协调等工作
监督者	头脑冷静、好挑毛病、批判性强	承担团队活动的评审工作
完美者	埋头苦干、尽职尽责、精益求精	承担较为复杂和精细的工作
凝聚者	性格温和、接受建议、合作性强	承担调解成员之间冲突的工作
策划者	聪明灵活、有想象力、解决难题	承担团队活动设计、任务策划等工作

三、团队文化

团队文化是指团队成员在相互协作的过程中，为实现各自的人生价值，并共同达成团队目标而形成的一种潜在文化。团队文化是团队建设的主要内容之一。

一般来说，团队文化包括以下3个关键要素：

- **团队精神**

团队成员共同认可的一种集体意识，是显性的团队成员工作心理状态和士气，是团队成员共同价值观和理想信念的体现。团队精神的实质是一种力量，是团队成员在行动上的默契与互补，是“小我”与“大我”的同步发展。

- **团队情绪**

在企业发展过程中经常碰到困难与挫折，但优秀的团队能够使团队成员愉悦相处并愿意为企业排忧解难。团队成员之间相互信任，能够坦诚、开放、平等地沟通与交流，人际关系和谐，参与愿望强烈，在工作中充满热情与活力。

- **团队效率**

团队成员不断提高自己的能力，为营造终身学习的氛围而努力。团队目标统一，分工明确，权责分明，办事积极果断。团队成员不墨守成规，能经常创造性地解决问题，并且能对变化实行监测和预警，对技术的变迁迅速作出反应，对价值观的变化作出调整。

学习活动

完成团队“首秀”

- 工具：A3白纸、彩色笔
- 时长：15 min
- 步骤

1. 以学习小组为单位进行讨论（限时8 min），讨论内容包括：取组名、设计队徽、制定团队Slogan（即为了完成本课程创新实践活动所共同确认的座右铭或口号标语）；同时还要用彩色笔设计一张团队海报，海报中的元素包括但不限于组名、组员姓名、队徽、Slogan。

2. 完成海报设计后，全体小组成员手持海报完成一张小组“全家福”照片的拍摄，可自由选择背景、设计动作，拍好的照片发到班级微信群里。

3. 小组成员一起上台进行“首秀”风采展示，向全班同学做团队自我介绍，形式不限，每组限时 1 min。

4. 根据班级微信群里照片的发送时间，选出“最快速度奖”；根据照片及海报的创意性，选出“最具创意奖”；根据风采展示的完整性和精彩度，选出“最佳风采奖”。

● 小结

该活动是组建创业团队后的第一次小组活动，目的是通过一场简单的讨论，成员间彼此快速熟悉，并共同构建团队文化。此外，本次活动具有一定的竞争属性，有助于团队责任感和集体荣誉感的形成。

知识拓展

跃动创新，共筑扬帆——小米公司的团队合作

小米科技有限责任公司（以下简称小米公司）是中国知名的智能手机和消费电子产品制造商。

小米公司的创始人雷军一直强调个人能力和团队协作的重要性，致力于构建一个高效、有活力且充满创新精神的团队。

首先，小米公司的团队合作文化基于高度的目标意识和共同价值观。团队成员相信，技术和创新是推动公司发展的核心驱动力，因此，他们共同追求为用户提供高品质、高性价比的产品和服务。这使得团队的工作更具凝聚力和目标导向。

其次，小米公司注重开放式沟通和协作平台的构建。他们鼓励团队成员分享和表达意见，尊重不同的观点。这种开放的交流环境激发了每个人的潜力，促进了团队内部的协同合作。同时，小米公司还倡导平等、开放的管理方式，为团队成员提供自主创新和自我发展的机会。

再次，小米公司的团队合作不仅是单纯的工作合作，更注重共同成长。他们鼓励团队成员在技术、管理、创新等方面不断学习和提升，通过培养和激发员工的潜力，实现个人与团队的共同发展。

最后，小米公司的团队合作文化在公司发展中扮演着重要角色。这种团队合作精神

不仅促进了公司的创新和竞争力，而且培养了员工的合作精神和团队意识。团队成员之间的紧密合作和协调一致，使得小米公司能够在激烈的市场竞争中取得成功。

小米公司以其高度的目标意识和共同价值观、开放式沟通和协作平台的构建，以及鼓励团队成员的发展和共同成长的文化，展示了个人能力与团队建设的辩证关系。通过团队合作，小米公司在中国消费电子市场取得了显著的成功，并成为一个备受关注和尊敬的企业。①

① 资料来源：小米公司官网。

课后作业

▍你认为在团队建设中，个人最核心的能力是什么？尝试分析个人的不同能力对于团队建设的价值。

▍回顾你所经历的一次团队合作中个人能力差异对团队产生的影响，当时你的解决方案是什么？

▍假设你有一个创业的好想法，你会通过哪些方式构建创业团队？你打算找什么样的人加入你的团队？

▍根据本章内容，完成[主体工具包]中的“工具A1：创业团队基本信息”。

▍以学习小组为单位，制作一页精美的PPT，介绍创业团队的基本信息。

行动建议

▍中国教育报2023年4月发布的《大学生创业须先修炼综合能力》一文指出，大学生要乐于做合作者，建立多元的创业团队。要汇聚具有不同专业背景的人才，形成一个有实力、有互补性的创业团队。在这个创业团队中，每个成员都有自己的优势和特长，能够共同协作解决问题，从而实现团队目标。

不管是作为项目负责人，还是加入其他团队成为其中的一分子，唯有自己具备突出的能力，才能找到自己在团队中的位置。因此，在生活中我们要勇于挑战，广泛涉猎不同领域的知识和技能，培养多元化的兴趣爱好，提升自己的综合素质。具体措施如下：

- **学会利用大学资源，参加课程、培训和工作坊，持续学习和不断提升自己的专业知识和技能，形成自身的核心能力，将自己的特长融入团队。**
- **积极参加校内外各个组织或社团举办的团队活动，如项目团队、社会实践等，锻炼自己的协作和领导能力。**
- **与志同道合的同学建立良好的关系，搭建高效强大的创业团队，一步步向着自己的梦想迈进。**

在本章开头提到的Deinker项目团队中，每个人都为了共同的目标凝聚在一起，充分发挥自己的能力，履行相应的职责，最终实现了团队和项目的成功。

延伸阅读

双创案例

凝聚力量，创造辉煌：华为员工与团队共同进步

华为技术有限公司（以下简称华为公司）作为中国最具国际影响力的科技企业之一，一直注重员工的个人能力与团队建设，追求高效、协作和创新的企业文化。在员工成长与团队进步上，华为公司有许多成功的实践案例。

1. 培养个人能力

华为公司非常重视员工的个人能力提升，公司不断引进意愿强、基础好、有潜力的新人，并针对员工的发展方向和需求，提供全方位的培训和学习资源。华为公司实行“八大培训体系”，推出了经验积累、专家分享、教育培训等培训方式。此外，还鼓励员工自主学习，提供“智慧学堂”“Hi天地”等自主学习平台，方便员工随时随地进行学习，不断提升自己的技能和知识储备。

华为公司还特别注重培养员工的实践能力，为员工提供丰富多样的实践机会，让员工能够更好地将学到的知识应用于实战中，不断提高自己的实践能力和解决问题的能力。

2. 强调团队合作

华为公司坚信，团队的力量大于个人的力量。公司强调“三有五统”（即有分工、有任务、有目标；统一思想、统一行动、统一领导、统一标准、统一管理），让所有员工在团队合作中充分发挥自身的能力。华为公司还建立了“辉煌之星”和“绩效导向”两大激励机制，用于表彰优秀员工和团队，鼓励成员之间相互支持。

公司通过多种方式鼓励员工之间的协作和沟通，建立高效、稳定的团队。首先，华为公司在招聘中注重员工个人能力和团队协作能力的结合，构建了各具特色的团队。其次，华为公司对团队成员之间的沟通和协作予以充分关注，定期组织团队活动、交流会议等，提高团队的合作意识和凝聚力。

另外，华为公司还倡导“卓越团队”文化，鼓励员工通过协作和共享知识，达到相互支持和共同成长的目的。为此，公司建立了内部互助平台“eHR助手”“HiTalk”等，员工可以通过内部网络，随时随地获取其他员工的帮助和信息支持，不断提高工作效率和质量。

3. 营造积极健康的企业文化

华为公司提倡“人文关怀”“激情进取”“追求卓越”的企业价值观，让每个员工都能够体现出这3种价值观。此外，还建立了“华为精神”文化体系，鼓励员工以“以客户为中心”“坚持不懈”“自我批评”“共商共建共享”的理念推动企业各方面的发展。

华为公司倡导创新、进取、卓越的企业价值观，注重营造积极健康的企业文化。公司强调“自我驱动”，鼓励员工具有创新精神，敢于挑战和尝试。在此基础上，还建立了很多新颖的文化机制，例如“达人秀”“创新大赛”等，鼓励员工积极发挥自己的创造力和想象力，不断推陈出新，提高创新能力和实践能力。

当然，企业文化不是喊喊口号或做做样子。华为公司十分注重将企业文化融入员工的日常工作中，推出了“技术钻研平台”“数字工厂”等，使员工能够充分发挥专业技能，在工作中实现自我价值，并积极参与到团队合作中。①

思考：

1. 华为公司在团队建设方面的成功经验是什么？他们是如何培养和发展团队合作能力的？

2. 在华为公司的团队建设中，个人能力和团队协作之间的平衡是如何实现的？如何确保每个成员的个人能力得到发挥，同时又能够实现协同合作的目标？

双创视野

创新创业类期刊②

国内期刊：

1.《管理世界》

国务院发展研究中心主管、主办的经济类、管理类学术期刊，涉及工商管

① 资料来源：华为公司官网。

② 所列期刊排名不分先后。

理、经济学、管理科学与工程等板块，重点研究我国经济社会发展中的重大现实问题，收录了大量创新创业相关文章。

2.《管理学报》

由教育部主管、华中科技大学主办，清华大学、西安交通大学、浙江大学等34所高校联办的管理类综合性学术期刊，主要关注组织与战略、创新与创业、营销与服务等领域的最新科研成果或学术进展。

3.《管理评论》

中国科学院大学主办的管理类综合期刊，关注企业管理、公共管理、金融管理和产业组织领域理论与实践中出现的热点和难点问题，涵盖了创新创业、战略管理、组织行为等多个研究方向。

4.《南开管理评论》

教育部主管、南开大学主办的学术刊物。该刊坚守公司治理、服务营销、创新创业、财务会计等特色栏目，坚持质性研究与量化研究相结合，坚持将学术理论制高点与实践应用相结合，坚持将全面关注与重点研究相结合。

5.《外国经济与管理》

教育部主管、上海财经大学主办的中国国内外公开发行的经管类核心期刊。主要发表反映管理学各领域前沿和热点的综述性评论文章，也发表具有原创性的理论研究、实证研究、案例研究成果，设有创业研究、创新研究、战略管理等栏目。

6.《经济管理》

中国社会科学院主管、中国社会科学院工业经济研究所主办的管理学权威学术期刊，关注经济管理领域的重大现实问题，致力构建中国本土管理理论，设置了新发展格局下的新动能新优势培育、科技创新治理与创新管理等栏目。

7.《商业研究》

中国商业联合会主管、哈尔滨商业大学和中国商业经济学会主办的综合性经济类专业学术期刊，着重研究和追踪中国经济社会发展中的重大理论前沿和实践热点、难点及基础性问题，立足企业角度关注创新的可能性。

8.《经济与管理研究》

由首都经济贸易大学、中国经济研究与开发促进会联合出刊，着力传播我国经济管理理论的创新思维和相关实际工作的新鲜经验，设置企业管理、产业经济等研究板块，对创新领域的相关研究颇为青睐。

9.《中国科技论坛》

中国科学技术发展战略研究院主办的综合性学术期刊，研究领域广泛，以科技发展战略、政策和管理的学术研究为主要内容，研究领域包括创新研究、企业研究、产业研究等，对创新创业领域的文章持开放态度。

10.《科技进步与对策》

中国管理科学学会、湖北省科学技术厅主管、湖北省科技信息研究院主办的学术期刊，关注科技创新与发展战略，涵盖研究论文、实践案例、政策分析等，设置了科技管理创新、企业创新管理等栏目，对创新创业领域的文章接受度较高。

国际期刊：

1. *Entrepreneurship Theory and Practice*

关注创新、创业和企业家精神的研究，促进搭建学术研究与实践之间的桥梁。

2. *Strategic Entrepreneurship Journal*

关注创新创业与战略管理之间的关系，刊发组织创新、战略决策和竞争优势等方面的研究。

3. *Journal of Business Venturing*

是创新创业领域的领先期刊，涵盖创业过程、创业行为、创业策略和创业绩效等方面的研究。

4. *Academy of Management Annals*

主要研究方向涵盖商业和管理领域的广泛主题，涉及组织行为、战略管理、创新创业、领导力等方面的研究。

5. *Journal of Innovation & Knowledge*

关注人们如何通过创新获得知识，以及知识如何鼓励新形式的创新，涉及创新、商业和管理等方面。

6. *Research Policy*

是创新创业领域的顶级期刊之一，涵盖科学技术创新、科研组织与管理、创业生态系统等方面的研究。

7. *Journal of Product Innovation Management*

关注产品创新与管理，包括产品开发、市场导向、创新策略等方面的研究。

8. *Academy of Management Journal*

是管理学领域的顶级期刊之一，涵盖组织行为、战略管理、创新管理等多个研究领域。

9. *Journal of Business Research*

涵盖创新和市场营销等多个研究领域，关注消费者行为、市场竞争、企业创新等方面的研究。

10. *Entrepreneurship and Regional Development*

关注企业家活力与创新相关的区域性现象，涉及创造新经济财富和新兴市场等多个研究方向。

5

问题探索与原型制作

创新时事

在新的时代条件下解决矛盾和问题，迫切需要以习近平新时代中国特色社会主义思想为指导，改造客观世界，推动事业发展。习近平总书记指出："要有强烈的问题意识，以重大问题为导向，抓住重大问题、关键问题进一步研究思考，找出答案，着力推动解决我国发展面临的一系列突出矛盾和问题。"[①]习近平总书记关于全面深化改革的重要论述，为对新时代改革发展一系列重大问题进行深入思考和科学判断指明了方向。只有发现问题，抓住关键，才能有针对性地提出问题解决方案。

党的十八大以来，我国内外环境发生了极为广泛而深刻的变化，国家发展面临一系列突出的矛盾和挑战，前进道路上还有不少困难和问题，如发展中不平衡、不协调、不可持续问题依然突出，科技创新能力不强，产业结构不合理，发展方式依然粗放，城乡区域发展和收入分配差距依然较大，等等。对于这些问题，如果置若罔闻、熟视无睹，就会积重难返，最终造成无法弥补的损失；如果守着过去的认识不思变化，那就难以继续前进。

学习目标

- 评估问题的价值，运用 QFT 问题构想技巧探寻生活中的问题。
- 养成深入思考的习惯，通过不断提问，发现问题的本质并界定问题的利益相关者，能够熟练运用利益相关者地图、用户画像、同理心地图等工具对用户作出分析。
- 学会运用 HMW 提问法重构问题，运用问题画布呈现问题。
- 能够运用各类创造技法提出问题的解决方案，并通过原型进行展示。

① 中共中央文献研究室. 习近平关于全面深化改革论述摘编 [M]. 北京：中央文献出版社，2014：38.

本章概览

问题的提出与探索是人类发展的基础之一，从古至今，所有的发明创造都源于对现存问题的发现与探索，最后以新颖、有效的方式去解决问题。在此过程中，思维需要经历不断地发散和聚合，既要有天马行空的想象，又要形成脚踏实地的解决方案，同时能够将脑海中的创意用多元化的形式表达，形成看得见、摸得着的原型。

本章围绕问题的价值及问题探索的意义，系统介绍问题探索的方法、工具及流程，以此展现问题探索对创新的意义和重要性，最终形成问题的解决方案并做进一步的可视化呈现。

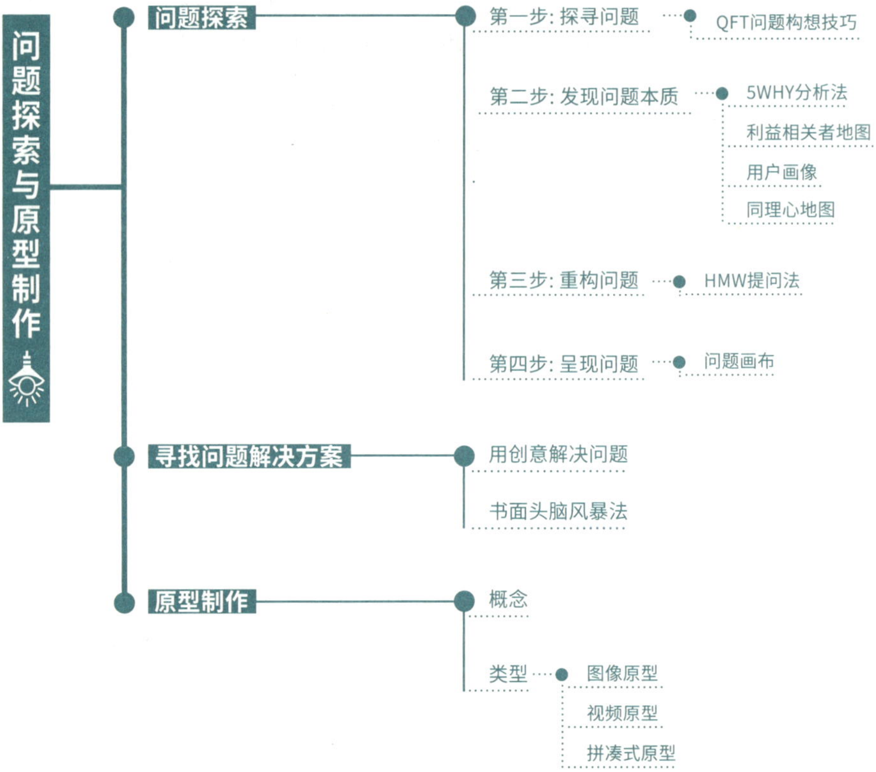

i人e事

果蔬卫士——科技扶贫，保鲜致富

项目简介："果蔬卫士"项目以"新一代果蔬保鲜剂"为创新理念，构建能够抑制果蔬内源性褐变和微生物腐败的果蔬保鲜剂，延长果蔬储藏期，提高果蔬等农产品的经济价值，促进我国优质农产品出口。该项目获得了第四届中国"互联网+"大学生创新创业大赛"青年红色筑梦之旅"赛道全国金奖。

在广西钦州，当地村民广泛种植荔枝。2018年，村民们受到了果蔬保鲜问题的沉重打击，有40吨荔枝没有来得及出售就烂在地里，这对于本就贫困的村民无异于雪上加霜。

来自厦门大学的"果蔬卫士"创业团队在这个领域通过实地调查，对果蔬保鲜问题进行了探索，发现存在果蔬丰收但不易保存而导致农民丰产但收入不增的痛点。通过再次对问题作进一步探索，该团队发现市场以化学保鲜为主，既不安全，百姓也不敢放心食用。即使有部分厂商采用生物保鲜手段，但相关技术长期被国外垄断，价格高昂，很多商家用不起。

针对以上问题，"果蔬卫士"创业团队以"新一代果蔬保鲜剂"为创新理念，提取天然植物活性成分，通过抑制果蔬的酶促褐变反应以及美拉德效应，构建一款能够抑制果蔬内源性褐变和微生物腐败的果蔬保鲜剂，采用喷洒或浸泡方式即可处理大量果蔬，能延长果蔬保鲜期2～5倍，每千克果蔬处理价格低至0.03元。该产品以替代性褐变腐化的绿色保鲜理念有效延长果蔬储藏期，扩大果蔬出口，提高果蔬等农产品的经济价值，为我国的优质农产品出口奠定坚实基础。团队成员从天然植物熊果中提取有效成分，按照一定的比例配置成独创性的配方，这一核心技术形成了强大的商业壁垒。该技术也切实帮助困难农户实现增收，助力脱贫攻坚。

思考：

1. 在上述案例中，"果蔬卫士"创业团队发现了什么问题？日常生活中我们可以运用哪些方法发现身边的问题？

2. 你认为问题对于一个创新实践项目而言，有哪些重要作用？

5·1 问题探索

在工作和生活中，问题是我们每个人都有可能遇到的。面对问题，有人第一时间想到的是困难和麻烦，并对其避之不及。但实际上，没有哪个问题是毫无价值的，每个问题的背后都对应着个人的目标、需求，以及想要改善现状的愿望，这些都代表着对美好生活的憧憬，也是未来发展的机会。因此，我们要用开放的态度去面对问题，发掘问题的价值，进行问题探索。

所谓问题探索，是指在创新或解决问题的初始阶段，通过系统性方法，主动发现、识别、界定并理解核心挑战与关键瓶颈的整个过程。它强调的不是被动地应对已呈现的表象，而是主动地、深入地挖掘问题的本质、根源及其边界。

一、第一步：探寻问题

（一）通过观察探寻问题

在本书第3章讲解设计思维的基本要素时，曾介绍过何谓观察。观察作为一种有目的、有计划的知觉活动，是认识事物的一种重要方式。因此，人们可以通过观察来探寻问题。养成观察的习惯，能够提升个人的洞悉力，有效获取事物的信息。这些信息可以作为推理或创新的依据，有助于更进一步地洞察，从而找到创新的方向。

（二）QFT问题构想技巧

问题构想技巧（question formulation technique，简称QFT技术），又称问题风暴法，是一种围绕现状提出问题的方式，通过互相提问，不断探寻问题。利用QFT技术可以让团队快速获得项目的主题，为后续工作确立方向。QFT技术与头脑风暴法相比有一定区别：头脑风暴法的目的是思考创意，一般以能够提出创意的少数人为主导；而QFT技术的目的是提出问题，其难度相对较低，因此参与人员能够更为全面、有效地探寻问题。

以小组讨论的形式应用QFT技术，一般有4个步骤，如表5-1所示。

表 5-1 QFT 技术步骤

明确主题	列举问题	优化问题	评选问题
主题方向	问题 1	优化	放弃
	问题 2	不变	放弃
	问题 3	优化	保留
	问题 4	优化	放弃
	……	……	……

- **明确主题**

先用一个陈述句描述当前面临的难题，从而明确一个讨论主题，比如："60% 的客户对我们的新产品不满意。"类似这样以陈述句的方式进一步启发大家思考。

- **列举问题**

小组围绕讨论主题进行深入、详细的提问，选择一名成员记录所有问题，用一张表进行问题的列举。在该环节中，坚持"以量取胜、不许评价、异想天开、改进组合"的原则。提出问题的时间控制在 50 ~ 70 min，直到不能提出更多的问题时便立即停止，进入下一个环节。

- **优化问题**

对小组成员记录下来的问题逐一进行优化改善。例如，尝试把所有封闭式问题转换为开放式问题，或者把开放式问题转换为封闭式问题。封闭式问题的答案是标准化的，很容易就能给出特定的回答；而开放式问题则是概括性的、范围较大的问题，对回答的内容限制不严格，回答时可以自由发挥创造力。当然，并不是所有的问题都需要转换，在上一步提出的有价值的问题可以保留。

- **评选问题**

对列举的问题进行优化改善后，再进行一次讨论，以能够激发小组成员的兴趣、开启全新思维方式为标准，评选出 1 个最佳问题，这个问题将作为创新实践活动的项目主题。

针对观察到的现象提出问题，采用列举法使问题一步一步地被分解和优化，直到最后选出有价值的问题，这些问题的解决有助于改善、提高生活水平，推动社会的发展进步。可见，观察是QFT技术有效应用的基础，透过观察可以进一步理解身边的事物，从而更好地适应生活、适应社会、适应自然、适应人生的各个方面。

知识拓展

QFT技术的实际应用

下面以“无人自动驾驶正在影响一些汽车相关行业”为讨论方向，运用QFT技术探寻问题。

1.明确主题

首先，我们需要通过观察明确身边或组织中存在的问题或痛点，而这些问题亟须解决。正如我们基于上述讨论方向，会从新闻、微博等媒体上观察到“无人驾驶汽车技术在迅速发展的同时，也引发了人们对安全性的担忧”这一主题。

2.列举问题

接下来，我们需要围绕目前情况列举出所面临的问题。这是找到问题的第一步。针对主题，可以列举出以下问题：

- 无人驾驶汽车技术的发展给道路交通安全带来了哪些潜在的风险？
- 在紧急情况下，无人驾驶汽车能否做出正确的决策并采取适当的行动？
- 无人驾驶汽车在极端天气条件下是否能安全行驶？
- 无人驾驶汽车技术的可靠性能否评估和验证？
- 无人驾驶汽车技术是否会受到黑客攻击？

3.优化问题

在上一步列举出的问题中，既有开放式问题，也有封闭式问题，接下来需要对问题进行优化。例如，可以将其中的封闭式问题转变为开放式问题，已有的开放式问题视情况可以不作优化，如下所示：

- 无人驾驶汽车技术的发展给道路交通安全带来了哪些潜在的风险？（不变）
- 在紧急情况下，无人驾驶汽车能否做出正确的决策并采取适当的行动？→无人驾驶汽车面对突发的紧急情况时会如何决策和行动？
- 无人驾驶汽车在极端天气条件下是否能安全行驶？→无人驾驶汽车具备哪些技术可以确保在极端天气条件下的安全行驶？
- 无人驾驶汽车技术的可靠性能否评估和验证？→如何评估和验证无人驾驶汽车技术的可靠性？

- 无人驾驶汽车技术是否会受到黑客攻击？→无人驾驶汽车技术可能会受到黑客攻击，如何确保其安全性？

4. 评选问题

有了以上这些优化后的问题，团队还需要再进行一次讨论，采用投票等方式评选出其中最有价值的问题并保留下来。假设在以上所列的问题中，“无人驾驶汽车面对突发的紧急情况时会如何决策和行动？”这个问题被认为最有价值，后续可以针对该问题进一步挖掘用户的痛点，梳理用户的需求，由此展开一次创新实践之旅，最终寻求得出问题的解决方案。

扫码看慕课

QFT问题构想技巧

学习活动

构想创新实践活动的项目主题

- 工具：签字笔、便利贴、工具A2（见[主体工具包]）
- 时长：15 min
- 步骤

1. 以学习小组为单位进行讨论（限时10 min），基于观察到的生活现象或既往遇到的难题，运用QFT问题构想技巧来探寻问题。注意，讨论内容需记录在[主体工具包]中的“工具A2：QFT问题构想技巧”。

2. 最终评选主题时，组内成员投票选出一个最佳问题作为创新实践活动的项目主题。

3. 讨论结束后，各组选出一名成员分享讨论过程及成果。

- 小结

根据第一章所学的内容，创新与创业的本质是一致的。为更适应中国本土化学情，本书不以创办新企业为导向，而是以广义的创业为目标，要求学生以学习小组为单位在课程中体验一次完整的创新实践活动。本次活动不只是为了对QFT技术展开训练，更需要学生认真制订一个有价值的项目主题，为后续的创新实践活动奠定基础。

二、第二步：发现问题本质

观察通常只能看到事物的表面，关注事件的过程，不一定能看到结果，探寻问题的过程主要以观察为基础。比观察更进一步的还有洞察，洞察会全面、深入地了解事件过程，能通过类似事件分析得出结论或推测结果。洞察是透过现象看本质，是发现问题本质最基本的方法。

（一）5WHY分析法

洞察从不断提问开始，提问的前提是充满好奇心。只有充满好奇心，才有挖掘问题本质的动机和激情。**5WHY分析法是充分释放好奇心的诊断方法，通过提出和回答5次或多次为什么，直达问题的根源，帮助团队发现问题的本质。**这个方法由丰田集团创始人丰田佐吉提出，经丰田生产方式的创始人——大野耐一的发展完善而形成，它是一种简单易用的工具，常被用来识别和说明因果关系链。

大野耐一曾举过一个用5WHY分析法洞察问题的经典案例——流水线上的一台生产机器不运转了，经理和工人展开了一段对话，如图5-1所示。

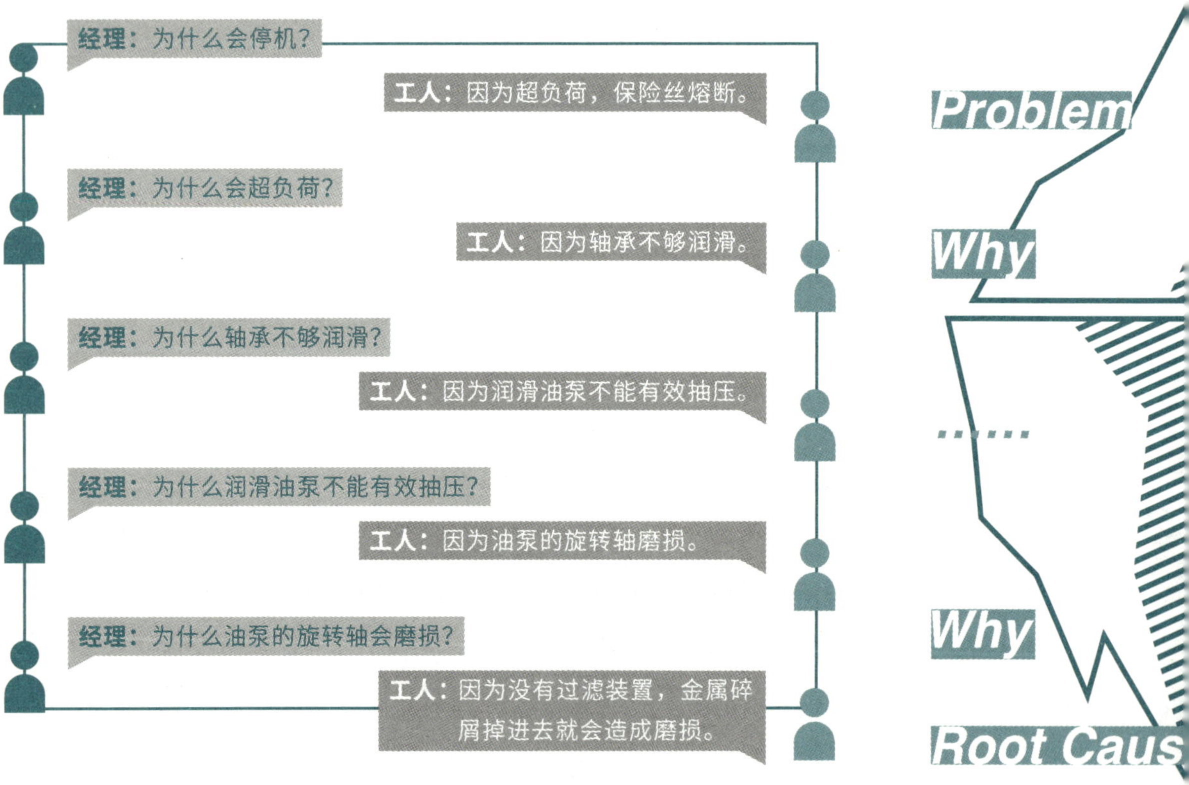

图5-1 5WHY分析法示例

通过这样反复询问为什么，最终经理和工人一起找到了问题的根源，即导致机器停止的原因是“没有过滤装置”。如果对最初的问题没有进行多次深挖，很可能工人就只会简单地换一根保险丝或一根旋转轴。如果那样的话，问题很快就会再次发生。

学习活动

请同学们自由组合为2人小组，模拟一次5WHY提问的过程。

假设班级这周末计划举办一次班会活动，但同学们却突然收到通知取消了。请大家自由组合为2人小组，一人扮演班长，另一人作为班级里的同学向班长询问班会取消的原因。

注意，在问答过程中需采用5WHY分析法，一层层地发现问题的本质；因为是模拟的过程，场景也是假设的，因此没有办法获得真正问题的“本质”，但同学们在这个过程中能体验到工具的应用过程。

（二）利益相关者地图

通过5WHY分析法，能够触及问题的核心，而对问题产生影响的因素，往往是组织或个人。因此，我们还要根据问题的影响范围，找到利益相关者（stakeholder），以便在讨论创新设想的时候，可以关注多方的影响因素，设计更完整的创新方案。利益相关者原为管理学概念，**指的是在组织外部环境中受组织决策和行动影响的任何相关者。**

利益相关者地图（stakeholder map）是用来列举利益相关者的一种图形化工具，利益相关者又分为主要利益相关者和次要利益相关者，如图5-2所示。

图 5-2　利益相关者地图

- 主要利益相关者：直接参与项目，或与项目发生直接关系的组织或人，对项目内容非常感兴趣，并且对项目发展起着重要影响作用。
- 次要利益相关者：不直接参与项目，或没有与项目发生直接关系的组织或人，但与项目存在一定的关联，并对项目感兴趣或具备一定的话语权。

例如，小帅准备在校园商业街开一家咖啡店，主要利益相关者有小帅本人、咖啡店员工、会员、常客、奶茶店等替代品、其他咖啡店竞争对手等；次要利益相关者有较少喝咖啡的潜在顾客、铺面出租方、场地管理方、供应商、蛋糕店等互补品、同行咖啡师等。

学习活动

发现问题的本质与寻找利益相关者

● 工具：签字笔、便利贴、工具A3（见[主体工具包]）、工具A4（见[主体工具包]）

● 时长：10 min

● 步骤

1. 以学习小组为单位进行讨论（限时2 min），对经过QFT确立的项目主题作进一步深入的挖掘，组内成员依次以5WHY分析法进行相互提问，直达问题的核心本质。注意，讨论内容需记录在[主体工具包]中的“工具A3：5WHY分析法”。

2. 再次讨论（5 min），针对本质问题，寻找利益相关者并绘制利益相关者地图。注意，讨论内容需记录在[主体工具包]中的“工具A4：利益相关者地图”。完成后，在图中勾出与主题相关的产品或服务的用户。

3. 讨论结束后，各组选出一名成员分享讨论过程及成果。

● 小结

以上活动主要是基于各个学习小组的创新实践项目，对5WHY分析法和利益相关者地图两项工具展开训练，既熟悉了工具用法，也是对项目本质的进一步发掘，助力后续思考。

（三）用户画像

在利益相关者地图中，某项产品或服务的使用者必然是主要利益相关者中的重要群体，也就是人们常说的用户。为了有效解决问题，需要秉持以人为本的理念，将用户作为突破口去了解其痛点和需求。为此，需要先了解用户并绘制用户画像（persona）。

1. 用户画像概念

用户画像概念最早由阿兰·库珀（Alan Cooper）提出，他认为用户画像是真实用户的虚拟代表，是建立在一系列真实数据之上的目标用户模型。随着时代发展，用户画像有了更丰富的内涵——**是根据用户的基本属性、用户偏好、生活习惯、用户行为等信息抽象出来的标签化用户模型**。简单来说，用户画像就是对用户特征的勾勒与描绘。

在互联网时代，电子商务和大数据技术的发展使商家能够追踪并掌握用户的一系列相关数据，甚至可以清晰勾画出用户当前的教育和工作背景、生活和经济状况、家庭和社交情况等，依靠这些信息可以挖掘用户的潜在需求。

2. 用户画像内容

构建用户画像的核心工作就是给用户贴“标签”。标签指的是对用户信息进行分析后高度精练的用户特征标识。标签所涉及的内容十分宽泛，只要是对人的认知，就都可以作为用户画像中的标签。如果某个人频繁地购买颜料、建模软件、图画素材、定制艺术设计材料等，那么这个人在商家的用户画像中大概率会被贴上“美术设计工作者”的标签。

具体来说，可以从以下6个方面形成用户标签：

- **人口属性**

即用户的个人基本信息，人口属性包括姓名、性别、年龄、婚姻状况、联系方式、住址等。

- **信用属性**

即用户的收入情况、收入潜力和支付能力，信用属性包括职业、学历、收入、资产、负债、信用评分等。

- **消费特征**

即用户主要的消费习惯和消费偏好，有助于企业寻找高频和高价值客户。消费特征包括购物类型、购买周期、品牌偏好等。为便于筛选客户，还可以参考客户的消费记录和语义场景，将其直接定性为某类消费特征人群，如“美食爱好者”“潮人”等。

- **兴趣爱好**

用户的兴趣爱好预示着用户的消费倾向，可用于定向营销。兴趣爱好通常可以根据搜索、点击、浏览、关注、收藏、加购等行为进行推测。假设一名男性用户经常将车载用品加入线上购物车，可将其定义为“车友”或“爱车人士”。

- **社交信息**

即用户的社交图谱、家庭成员、朋友圈，这些信息往往代表用户的消费预期和客户社会关系网。通过社交信息，可以更深入地了解用户，以便为其提供个性化服务。

● 交互信息

即用户在社交媒体上的言论，这些信息往往代表着用户的真实需求，具有实时性强、转化率高的特点。例如，某人在微博上发帖询问某品牌笔记本电脑的性价比，通过对提问和回答的语义进行分析，该品牌可以窥探出消费者犹豫购买的原因，从而有针对性地作出调整。为了让用户形象更生动，还可以直接引用用户的语言表述作为标签，以更好地了解用户的需求。

3. 用户画像的构建流程

构建用户画像需经历3个步骤，依次是数据信息收集、标签内容整合、用户画像绘制。

● 数据信息收集

数据信息收集的方法分为定性方法和定量方法。定性方法包括针对性的用户访谈、座谈会、现场采访等，在访谈时可结合5WHY分析法，借由用户自主表达形成直观感受，适用于小规模研究。定量方法包括问卷调查和大数据环境下的数据采集，适用于对规模较大的用户群体进行细分，同时也常被用于检验或精细化经由定性研究构建的用户画像。需要注意的是，虽然量化数据能够更精准地反映用户特征，但在使用时需要考虑技术难度和成本要求。数据信息是用户画像的重要素材，其内容越丰富，用户画像就越清晰，对用户的了解也就越深入。

● 标签内容整合

对收集到的数据信息进行分类整理并提取关键属性作为标签，从人口属性、信用属性、消费特征、兴趣爱好、社交信息、交互信息等6个方面出发，分类列出具体的标签内容。

● 用户画像绘制

用照片或虚拟形象来代表某一位用户，将整合后的标签一一列在用户的周围。注意标签类别最好以不同颜色或不同形状作区分，同一类别下的标签应尽可能地聚集在一起，确保能够逻辑化地展示用户信息。如此一来，便可直观地看到用户到底“长什么样子”。

图5-3是某汽车品牌对其潜在用户李明（化名）先生所绘制的用户画像。

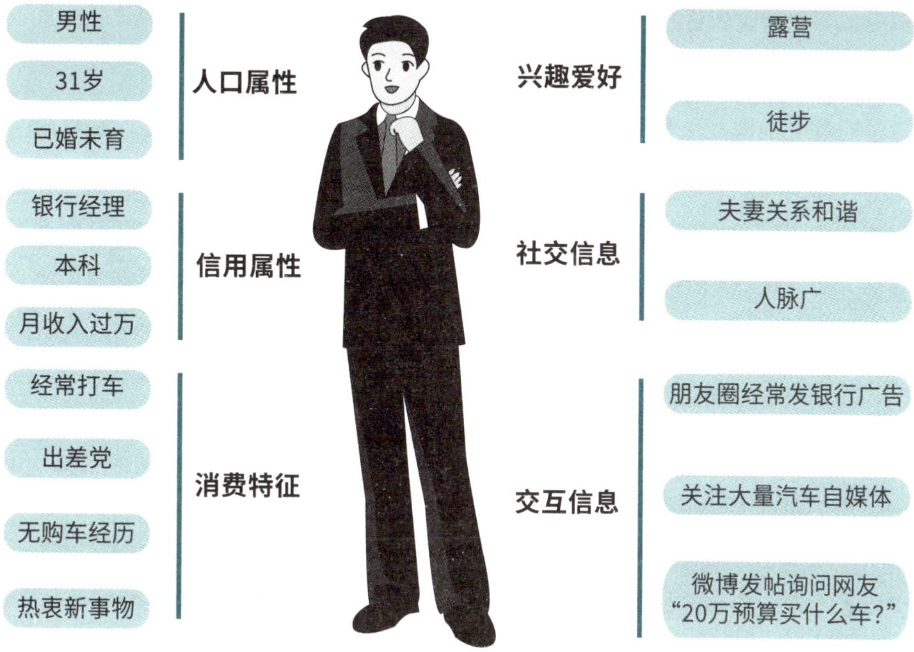

图 5-3 李明的用户画像

上面流程描述的仅是针对某一个特定用户构建用户画像的过程，在实际应用中，用户画像可以是对一类人共性特征的综合呈现。在分类时，可以根据研究主题进行划分，假设要研究某考证培训机构的目标客户，可以按职业进行分类，划分为学生、在职人员、自由职业者等，针对每一类人分别收集大量的样本数据信息，从中挖掘同类研究对象所具备的近似特征，并以概括性的语义作为标签来构建同一类人的用户画像。

研究某个人的用户画像，从细节问题中挖掘用户的痛点，有助于从痛点出发明确需求，从而发现创业机会。研究某类人的用户画像，能够以量化数据作为参考，精确用户特征和类型，便于找到目标客户并进行客户群体的细分，掌握各类客户的消费习惯及偏好，从而有针对性地制定营销策略。

（四）同理心地图

在创业过程中，往往需要通过换位思考来获取并理解用户的感受与考虑，而换位思考往往会用到同理心地图这一工具。

1. 同理心地图概念

同理心地图又称共情图，是由著名视觉思考家、战略设计咨询公司Xplaner的创始人戴夫·格雷（Dave Gray）开发的一项角色构建工具。它不仅可以帮助创业者更好地了解市场需求，还可以提高服务质量和用户体验，从而为创业者赢得更多的商业机会和成功。

同理心地图，又称共情图，是一种简单易用且非常实用的工具，它以用户为中心进行设计，将同理心的概念通过图文形式进行表达，借由不同的感官系统去了解用户的想法和观点，并基于这些信息对用户的痛点和期望展开分析。在了解用户的过程中，可使用同理心地图深入挖掘并优先考虑用户的真实需求。

2. 同理心地图的作用

使用同理心地图，能带来以下6个方面的好处：

- 从研究中总结出关键的见解。
- 能在一个可视化图表中提取信息。
- 帮助我们更好地了解用户。
- 让研究过程更加快速、高效且低成本。
- 根据现有信息和目标对用户进行个性化定制。
- 团队间实现信息共享，有助于达成共识。

3. 同理心地图的实际应用

同理心地图具备特定的图示和结构，在同理心地图中，正中央是研究对象的照片或虚拟形象，若已经构建了用户画像，也可以直接将其置于正中央。围绕该对象，在四周构建表格，共分为6个板块，如图5-4所示。

（1）看见（see）

即了解用户看到或关注的内容。例如，产品外观、对服务的要求、市场环境等。

（2）说和做（say and do）

即用户在使用产品或体验服务的过程中所说的话与所做的事，要倾听用户的评价，关注其对服务所作出的反应。语言、态度、行为、表现、习惯等，均属于该板块。

（3）听见（hear）

即用户从亲朋好友、工作伙伴或其他与用户体验相关的人那里听见了什么，这些其他人的话语或评价可作为对产品或服务的客观评价。例如，一位朋友曾说“某个品牌的衣服质量很好”“春节期间可能会有线下大促销”，这些信息可记录于该板块。

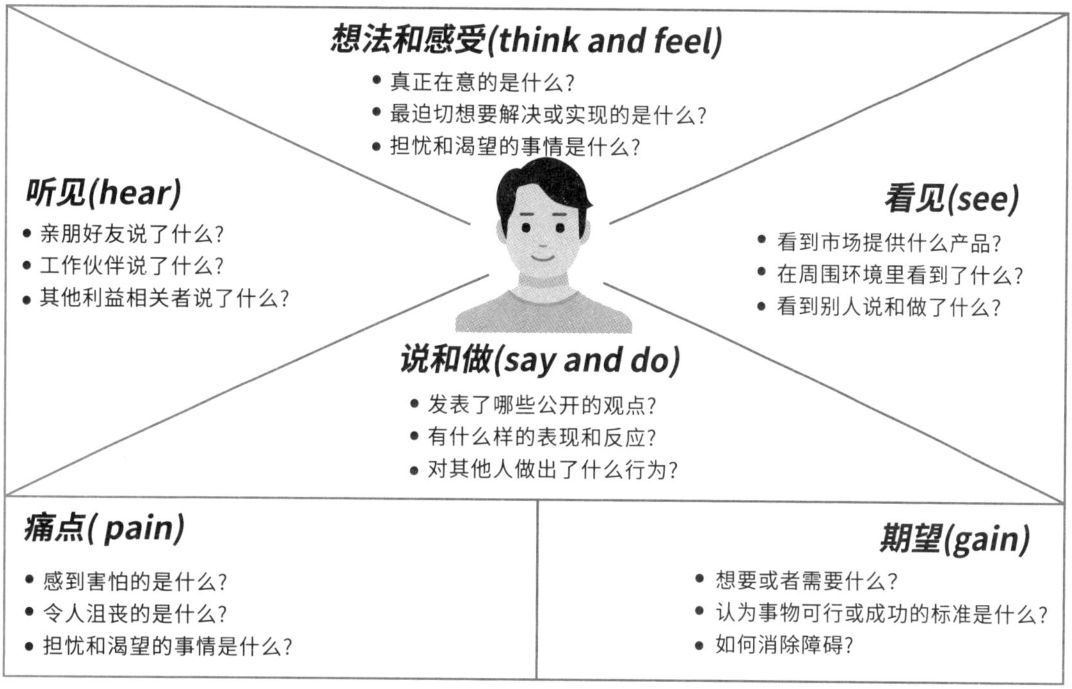

图 5-4　同理心地图框架

（4）想法和感受（think and feel）

通过观察用户的情绪状态，了解其最担忧和最渴望的是什么，将用户内心真实的想法与感受呈现出来。例如，某人谈及某产品时表现得非常兴奋，由此可以推测其对产品的喜爱程度，进而推测这个人可能已经是该产品的忠实用户，又或者具备潜在消费需求。

（5）痛点（pain）

需讨论与推理后，了解用户在担忧什么、害怕什么，挖掘用户的痛苦之处。例如，某位顾客每次进店前都会问近期是否有折扣，那么他所担忧的可能是自己买完后商品会降价。

（6）期望（gain）

即用户的期望所在，需了解用户想要什么、需要什么，这个板块的内容通常是根据痛点推理出来的，用户的期望也可以被简单理解为用户的需求。例如，某顾客进行团购消费时希望能享受到与平常一样的优质服务。

扫码看慕课

同理心地图

在同理心地图中，前3个板块是显性的，即可以直接通过观察、访谈等方式得出信息，根据用户的具体情境完成填写。“想法和感受”板块不仅有显性部分，可能还含有隐性内容，用户的真实想法与体验有时候不会自己主动表露出来，这时候就需要依据用户的其他陈述和表现进一步推理。最后两个板块，也就是同理心地图的下半部分，均属于隐性内容，需要研究者根据上半部分的内容做更进一步的讨论和推理。

学习活动

构建用户画像与同理心地图

● 工具：签字笔、彩色笔、便利贴、工具A5（见[主体工具包]）、工具A6（见[主体工具包]）

● 时长：20 min

● 步骤

1. 各小组挑选出一人，按照组号依次加入下一个小组作为临时组员，扮演所加入小组的创新实践项目用户。

2. 以学习小组为单位进行访谈提问（限时10 min），为新入组的同学构建用户画像，并绘制同理心地图。注意，讨论内容需记录在[主体工具包]中的“工具A5：用户画像”和“工具A6：同理心地图”。

3. 讨论结束后，各组复原，另选出一名参与提问的成员分享讨论过程及成果。

● 小结

以上活动主要是基于各个学习小组的创新实践项目，对用户画像和同理心地图两个工具的使用展开训练。在过程中会挑选成员扮演用户角色，以换位思考的方式去深入洞察用户的痛点和需求。

知识拓展

用户旅程地图

用户旅程地图（customer journey mapping，简称CJM）是另一种了解用户信息的常用工具，主要用于分析用户在整个产品或者服务流程中的体验过程。

用户旅程地图尤其适用于带有一系列事件的场景，描述了一段时间内的过渡阶段，可能涉及多种媒介渠道。用户旅程地图使团队能够研究用户在体验过程中的表现和感受，从而直观地展现出用户的体验过程和场景。

在使用该工具时，通常会关注以下4个问题：

- 用户是怎么开始初次接触的？
- 用户是如何选择产品的？
- 用户是如何达成交易的？
- 双方如何进入长期合作关系？

图5-5是一个常见的用户旅程地图框架，需要从以下6个方面对用户的体验过程进行记录和分析：

- 阶段：将产品或服务的体验过程划分为多个阶段，通常以单独事件作为一个阶段。
- 行为：用户在该阶段可能发生的行为。
- 触点：用户与产品或服务的提供方在该阶段接触的媒介渠道。
- 想法：记录客户在该阶段最直观的想法和感受。
- 痛点：基于用户的想法，分析其可

图5-5　用户旅程地图框架

能存在的痛点。

- 需求：针对痛点分析用户的真实需求。

例如，就听演唱会这项活动而言，可以划分为认知、抢票、取票、进场、观演、离场、评价等阶段。其中，在认知阶段，用户的行为是了解演出信息，可通过微博、购票APP等触点做出这一行为，用户的想法可能是“这是我最爱的歌星，必须要抢到演唱会门票”“他的粉丝太多了，抢票需要卡点，有一定难度”，可见第二个想法是用户的痛点所在，进而分析用户的需求为“更便捷、更稳妥地买到演唱会门票”。

三、第三步：重构问题

（一）为什么要重构问题

在问题探索的开始，我们应用QFT技术，选择了一个问题作为创新实践活动的项目主题，而经过第二步找到问题的本质后，需要结合用户的痛点和需求，对问题进行重构，使其更加清晰和规范。重构问题要以行动为目标，秉持积极的态度，提出“美丽”的问题。

“美丽”的问题应当具备以下特点：

- 开放，即提问时不要限制思维的发散，要寻求更多可能性。
- 积极，即减少否定式的提问，避免在提问中进行消极假设。
- 可实现，即所提出的问题可被切实地回答，且答案具有可行性。
- 有想象力，即通过合理假设激发人的想象力，提升人的创造力。
- 有挑战性，即所提出的问题不是简单就能被解决的，需进行深入思考。
- 有趣，即有时候问题可以跳脱出常规，以趣味性吸引人去实现不可能。

（二）HMW提问法

HMW提问法有助于重构一个“美丽”的问题。**HMW是指使用3个英文单词“How Might We...?”（译为“我们怎样才能……？”）开头的问句进行提问的一种特殊方法。**HMW提问法由宝洁公司在20世纪70年代首次提出，其中的3个英文单词蕴含不同的意义。

- How：拟定解决方案，提高人们对能够解决问题的自信心。
- Might：代表着一种可能，寓意提出的方法可行或不可行。
- We：问题的解决需要团队的力量，所有人基于共同的想法一起努力。

使用HMW提问法，可以帮助想要成为创新者的人以最佳措辞提出兼具创造性思维和建设性的正确问题，能够将用户的痛点和需求反映在问题中，从而极大地激发创造力，有利于提出创造性的解决方案。注意，一个用户可能存在多个痛点，因此针对其所提出的HMW可能不止一条。

提出HMW时应注重技巧。首先，要保持问题的广泛性，提问越宽泛，可能产生的想法就越多。其次，应将HMW集中在期望的结果上，可结合同理心地图所分析的用户期望进行提问，这样能够避免后续只解决问题的表象而没有触及问题的本质。最后，要用积极的语言来表述问题，用词积极可以产生更多的想法，也可以鼓励创造性。例如，应避免使用“减少”“移除”“降低”“防止”等消极的动词，可将其替换为“增加”“创造”“提高”“促进”等积极的动词。图5-6列出了运用HMW提问法的思路和方向。

图 5-6 HMW 提问法的思路和方向

以下列举几个典型的HMW问题：

- 我们怎样才能取得优异的成绩？
- 我们怎样才能增加门店的客流量？
- 我们怎样才能提高团队的工作效率？
- 我们怎样才能更好地规划自己的人生？

四、第四步：呈现问题

（一）什么是可视化

视觉是人们最常用的感官，相较于复杂的、抽象的、需要后天习得和训练的逻辑能力，视觉理解能力对大多数人来说是一项天生的、活跃的、直接的能力。**可视化是充分发挥人的视觉理解能力，采用图形等视觉元素将数据、信息或概念转化为可视形式的过程。**

可视化的常用工具和技术包括图、表、地图、仪表盘、可交互界面等，这些工具和技术可以根据不同的数据类型和目标进行选择和使用，以实现最佳的视觉效果和用户体验。

可视化在当今信息时代中具有重要意义，已被广泛应用于数据分析、科学研究、商业决策、教育等不同领域。可视化的优势包括以下方面：

- 通过图形化的方式呈现数据，有助于发现数据的趋势和关联性。
- 以直观、易理解的方式呈现信息，有助于更好地分析和理解复杂的概念。
- 有效支持信息的获取、问题的发现与解决过程，透过图形更易于获得洞察力。
- 便于与他人共享和交流创意想法，促进团队的沟通、交流、协作和决策过程。

（二）问题画布

问题画布是一种用来呈现问题的通用语言和工具。它根据5W2H模型进行设计，即谁的问题（Who）、什么时候发生（When）、什么地方发生（Where）、问题的紧迫性（How urgent）、问题的重要性（How important）、问题的本质原因（Why）以及问题是什么（What）。

如图5-7所示，问题画布左半边是对问题情境的描述，通过陈述问题发生的时间、地点和对象，可以帮助团队清晰地聚焦问题。右半边是对问题的分析，包括问题的紧迫性、问题的重要性和问题的本质原因。中间则是重构后的HMW问题。总的来说，问题画布的基本逻辑是：问题从哪儿来（左半边）、问题怎么样（右半边）、问题是什么（中间）。

在呈现问题前，必须先经历探索问题、发现问题本质、重构问题的步骤，唯有对问题有足够深入的理解，才能有效填写问题画布中各个板块的内容。

<table>
<tr><th>谁的问题
WHO</th><th>什么时候发生
WHEN</th><th>问题是什么
WHAT</th><th>问题的紧迫性
HOW
URGENT</th><th>问题的本质
原因
WHY</th></tr>
<tr><td rowspan="3">问题发生的对象</td><td>问题发生的时间</td><td rowspan="3">HMW 提问法
重构问题</td><td>解决问题的急迫</td><td rowspan="3">问题的深层次原因（可使用 5WHY 分析法）</td></tr>
<tr><td>什么地方发生
WHERE</td><td>问题的重要性
HOW
IMPORTANT</td></tr>
<tr><td>问题发生的情境</td><td>问题的重要性</td></tr>
<tr><td colspan="2">问题情境描述</td><td>问题重构</td><td colspan="2">问题分析</td></tr>
</table>

图 5-7　问题画布框架

学习活动

重构并呈现问题

● 工具：签字笔、便利贴、工具 A7（见[主体工具包]）、工具 A8（见[主体工具包]）

● 时长：20 min

● 步骤

1. 以学习小组为单位进行讨论（限时 10 min），围绕前面完成的同理心地图，针对该用户的痛点和需求提出 HMW，随后投票选出最令小组成员感兴趣的一条。注意，讨论内容需记录在[主体工具包]中的“工具 A7：HMW 提问法”。

2. 再次讨论（限时 10 min），运用问题画布来呈现学习小组最想研究的 HMW 问题。注意，讨论内容需记录在[主体工具包]中的“工具 A8：问题画布”。

3. 讨论结束后，各组选出一名成员分享讨论过程及成果。

● 小结

以上活动主要是基于各个学习小组的创新实践项目，对问题探索第三步重构问题中的 HMW 提问法和第四步呈现问题中的问题画布两项工具的使用展开训练，经过这两步后，最初探寻的问题已经变得更加清晰，其中优选的 HMW 问题将成为后续学习活动中有待研究的创新主题。

5·2 寻找问题解决方案

一、用创意解决问题

创意是独创且新颖的想法或方法，可以用来解决各种问题。为了充分发挥创造力，可以运用学习过的创造技法来帮助思维的发散，以生成尽可能多的创意。比如，逆向转换法能够从最终的目标出发，倒推找出达成目标的独特方式；头脑风暴法可以推进团队协作和沟通，激励大量想法的产生；检核表法充分考虑每个可能发生的情况，确保决策的全面性和准确性。通过不断实践和尝试，我们能够逐渐掌握并应用这些创造技法，成为一个灵活运用创意解决问题的高效决策者。

二、书面头脑风暴法

书面头脑风暴法是一种基于头脑风暴法演变而来的创新工具，以小型会议的形式进行，目的是产出尽可能多的创意。它与头脑风暴法的不同之处在于，后者是用说的方式进行表达，而书面头脑风暴法则是用写的方式，要求每个参与者把想法写下来依次进行传递，采用以灵感激发灵感的方式，不断进行补充和修改，从而快速产生大量的创意方案。

一般来说，书面头脑风暴会议的流程分为4步：

- 明确参会人员及研究主题。
- 全员围坐在一起，限定一个时间（一般为1～3 min），每个人将自己的一个创意想法写在纸上，写完后依次往右传。
- 收到左边传来的纸张，在上面继续写下一个想法，这个想法可以是全新提出的，也可以是对他人想法的补充或调整，限定的时间与上一步保持一致。

● 视人数和会议总时长，不断重复上一步，直至产生足够多的创意方案。

产出的方案总数 = 参与讨论的人数 × 传递轮次 ×
每轮每人提出的方案数量

例如，某次书面头脑风暴会议共有6人参加，规定传递10轮，每轮每人在限时3 min内提出2个创新想法，那么在30 min内，预计可获得120个（6×10×2）创意方案。

书面头脑风暴法以接龙的方式产出尽可能多的创意想法或问题解决方案，在自由开放的气氛下激起创意的连锁反应，让不同人之间的思维实现碰撞，收获意想不到的成果。

学习活动

针对产品或服务提出解决方案

● 工具：签字笔、便利贴、工具A9（见[主体工具包]）、工具A10（见[主体工具包]）

● 时长：30 min

● 步骤

1. 以学习小组为单位，召开一场15 min的书面头脑风暴会议，研究主题为各个小组之前选出的HMW问题，每人每轮在限时1 min内提出1个创新想法，记录在[主体工具包]中的“工具A9：书面头脑风暴法”。具体轮次由教师主持和把控。

2. 小组内每个人用5 min依次对组内每个人的创意方案进行投票，投票时不仅要关注方案的创新性，还要考虑方案是否切实可行；若认为不可实现，则不予投票。

3. 小组讨论10 min，从获票方案中区分出基本方案和创新方案，将其记录在[主体工具包]中的“工具A10：列举解决方案”。

注意：（1）基本方案指的是无论问题是否存在，与其关联的产品或服务都必须具备的基础功能。若书面头脑风暴法提出的基本方案不全面，则可在本次讨论中进行补充。（2）创新方案指的是围绕HMW问题所提出的具有创新性的方案，这些方案很可能是市场上竞争对手的同类产品或服务所不具备或鲜见的功能。

● 小结

书面头脑风暴法是一种操作性较强的创造技法，简单的纸和笔，搭配充满创意的大脑，即可产出尽可能多的创意方案。本次活动正是让大家体验一次书面头脑风暴法的过程，同时也为创新实践项目寻求解决方案，有望从中产出有价值的创新成果。

5.3 原型制作

一、什么是原型

问题探索的根本目的是提出有效的解决方案，而解决方案仅凭文字描述是不够的，原型才是最便捷的创意呈现方式。

原型是指利用图像、视频、模型等方式呈现的解决方案，其目的是可视化呈现创意想法并验证假设的可行性。简而言之，就是将抽象的想法、需求转化为具象存在的过程。原型可以直观地将创意呈现给团队中的其他成员或早期用户，用于验证产品的合理性，通过高效、低成本的方式来表达、测试并验证产品。因此，原型常被用于产品的早期测试，可招募用户体验原型，收集他们的初步反馈。根据反馈内容，项目团队能够快速对原型进行修改或调整，避免开发成本的浪费。

一般来说，原型具有以下3个作用：

- 理解：利用同理心建立简单易懂的原型，将内在想法外化，让成员更直观地思考。
- 探索：进行用户测试，快速获取用户反馈，提高反馈质量。
- 沟通：降低与同事、客户、设计师、工程师等互动方的沟通成本。

二、原型的常见类型

（一）图像原型

图像原型分为电子图像原型和纸质图像原型。

电子图像原型（图5-8）是将草图、框线图、流程图等以电子载体的形式来展示产品的功能、用途以及使用方式，常用的软件工具包括Axure RP，JustinMind，Keynote等。而纸质图像原型（图5-9）和电子图像原型类似，是通过折纸、剪切画、手绘画等形式来展示解决方案。相较于电子图像原型，纸质图像原型的优势在于无论是产品经理、设计师、投资者还是最终用户，都可以随时随地画出原型。

图像原型不需要特别详细和完整，只要开发者能清晰地与他人分享问题解决方案即可。例如，开发无人驾驶的算法，可以用流程图对算法的操作过程和逻辑进行可视化呈现。

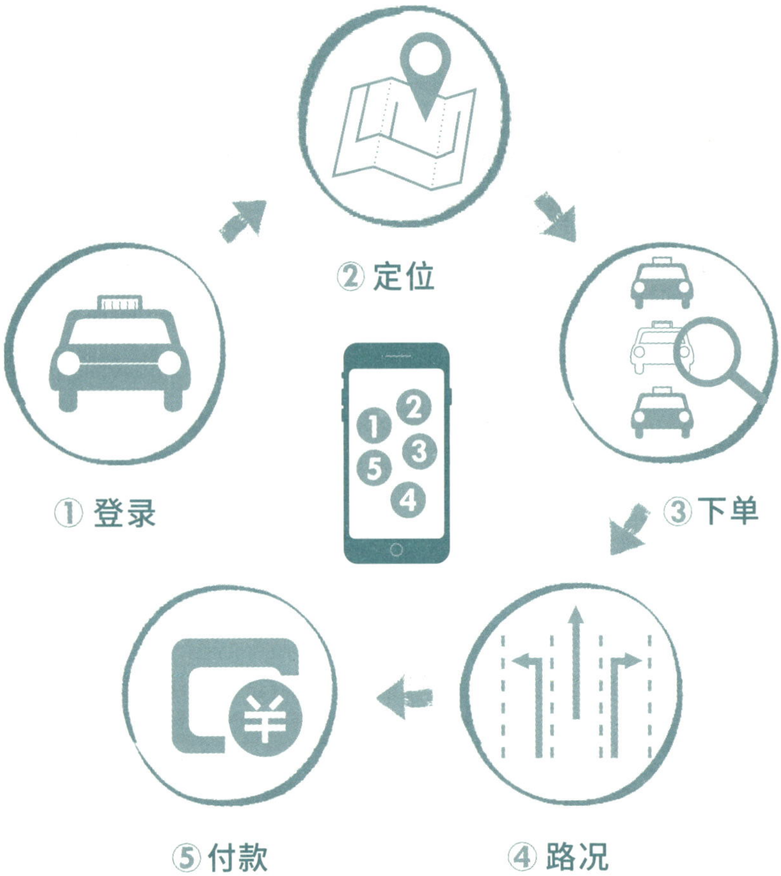

图 5-8　电子图像原型示例

图 5-9　纸质图像原型示例

学习活动

绘制纸质图像原型

- 工具：签字笔、彩色笔、工具A11（见[主体工具包]）
- 时长：15 min
- 步骤

1. 以学习小组为单位，进行15 min讨论，根据之前总结的解决方案（包括基本方案和创新方案），采用手绘的方式在[主体工具包]中的“工具A11：原型”中画出小组创新实践项目相关产品或服务的纸质图像原型。

2. 讨论结束后，各组上台展示原型，人数、形式不限。

- 小结

通过最简单的手绘原型，可以把停留在文字层面的创意想法转化为“现实”，让产品被看见。本活动不仅考验大家对本小组创新实践项目的熟悉程度，更需要学生发挥创意，绘制出易懂、贴切、美观的纸质图像原型。

（二）视频原型

视频原型，即以视频的方式介绍产品预期的功能、结构、用途及使用方式、使用效果等，演示用户如何与产品交互的原型方案。

1987年，苹果公司构想出未来的个人计算机发展愿景——The Knowledge Navigator，用短短几分钟的视频回答了未来23年后计算机技术会是什么样的问题。视频中展现了一位教授通过与电子设备自然地对话和触控操作，完成了从文献检索到数据统计等复杂的操作任务，在过程中展示了许多关于未来智能设备与用户界面的想象，包括语音助手、触摸式电脑、视频通话等（图5-10）。今天回过头来看这个视频，发现当时的这些设想分别对应了后来的Siri、iPad、FaceTime。在某种程度上，这个视频实际上就是一个原型。

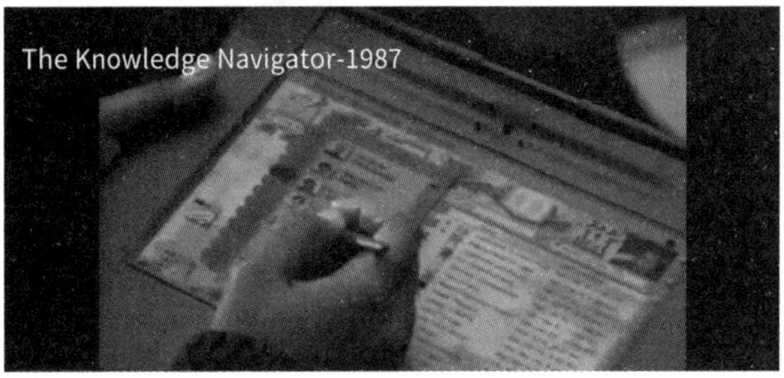

图5-10　The Knowledge Navigator 视频截图

创业者可以将视频原型发布到各种媒介平台，以获取用户反馈并验证自己的商业假设。只要视频的表现形式足够新颖，能够抓住用户的痛点和产品的卖点，就可以在各大平台吸引足够多的目光，同时也将凝聚更多的客户建议和想法，助力产品优化。

（三）拼凑式原型

拼凑式原型指的是利用现成的工具或手段来完成产品的功能演示，如图5-11所示。在创业初期，由于资源或成本有限，通常不需要开发出一个完整的产品，可利用现有的素材进行拼凑，只要能切实证明产品结构的可行性即可。与投入大量资源进行产品开发相比，借用现有的工具做出一个最简单的产品原型，可以更高效地利用有限资源，节约成本。

例如，售楼部往往会放置一个缩小比例的楼盘模型，这便是一个精致的拼凑式原型。当然，如果手头上只有美工刀、胶带、绳子、废纸板、旧报纸等，也可以尝试为创新实践项目中的产品或服务制作一个简易版原型。

图 5-11　拼凑式原型示例

学习活动

挑战棉花糖游戏

- 工具：无夹心棉花糖、条状意大利面、透明胶、棉线、剪刀、卷尺
- 时长：20 min
- 步骤

1. 以学习小组为单位，每组领取20根意大利面、一段1 m长的透明胶、一段1 m长的棉线和1颗棉花糖。

2. 要求各个小组利用所领取的道具（不能借助其他物品，桌面或地面只作支撑使用）合作搭建一座高塔，塔的顶端需要放置1颗棉花糖。

3. 搭建过程限时18 min，限时内完成且棉花糖塔直立3 s不倒的可申请进行测量，最后看哪一座棉花糖塔的有效高度最高。

- 小结

搭建棉花糖塔实际上就是在构建一个拼凑式原型。在搭建过程中，也许会遇到塔身倾倒、意大利面被压断、透明胶或棉线等固定素材不够等问题，需要我们不断试错，总结经验，快速迭代。整个活动过程和创业非常相似，活动的目标是把塔立起来，而创业者的目标则是让企业活下去，途中遇到困难不能轻言放弃，只有坚持下去才有机会品尝到成功的滋味，那将是棉花糖般的甜蜜。

扫码看慕课

原型制作

课后作业

▌本章介绍了多个工具，它们之间具备一定的逻辑关系，请你重新梳理各个工具的使用顺序，并尝试分析它们的作用。

▌作为一名大学生，你是否了解与自己学科相关的行业当前普遍存在的问题？尝试探索这些问题，并与行业内人士交流看法和观点。

▌在课堂上，我们以角色扮演的形式对用户进行了访谈，请各小组在课外再寻找一名真正的用户，分别用一张A4纸为其构建用户画像和同理心地图，并尝试完成[附加工具包]中的“工具B5：用户旅程地图”。

▌以学习小组为单位，制作4页精美的PPT分别展示：小组创新实践项目的QFT问题构想技巧；真实用户的用户画像（注：可对A4纸版本拍照或用软件制图）；真实用户的同理心地图（注：可对A4纸版本拍照或用软件制图）；项目HMW问题及原型（注：可对纸质图像原型拍照或用软件制图）。

行动建议

▌立身百行，以学为基，学习可以增智长才、厚德明志。“玉不琢，不成器；人不学，不知义。”学习其实就是一个不断发现自我的过程，它扩大了人的精神空间与思想容量，让我们的视野更加开阔，境界更加升华，心灵更加纯洁。所有的知识、智慧、才干、本领都是通过勤奋学习得来的。**正如习近平总书记强调的：“青年人正处于学习的黄金时期，应该把学习作为首要任务，作为一种责任、一种精神追求、一种生活方式，树立梦想从学习开始、事业靠本领成就的观念，让勤奋学习成为青春远航的动力，让增长本领成为青春搏击的能量。”**[①]

▌探索并解决问题的过程，其实也是学习的重要环节，不仅能让我们发现未知事物，还有机会实现创新创造。正如本章开头介绍的“果蔬卫士”案例，我们要向项目团队学习，通过持续地提问与学习，发现创新创业的机遇，并积极参与创新创业大赛等各项双创实践活动，不断拓宽自己的视野，增加自己的知识储备，提升个人创新创业能力和综合素质。

① 习近平. 习近平谈治国理政：第1卷［M］.2版.北京：外文出版社，2018：51.

延伸阅读

双创案例

别光有想法，要建立原型！

格雷是NewsGator Technologies公司的创始人，该公司是一家企业社会化计算软件供应商。格雷创造的NewsGator插件，也称“Outlook新闻聚合器”，是一款可以让你在 Outlook 中收看新闻和发表博客的插件。

在互联网科技不发达的时候，能在Outlook上实现收发新闻和博客等功能的插件不多。其中有款插件的外观和风格与Outlook相似，但是有着完全不同的快捷键，这导致格雷在使用这款插件时，想要删除一些东西却不小心把它们转发出去了。在适应这款插件的过程中，一个想法突然出现在格雷的脑海里：“为什么不能像读邮件那样直接在Outlook里阅读内容呢？”是的，我们怎样才能像读邮件那样直接在Outlook里阅读内容？

为了解决这一问题，格雷以最快的速度构建了工具原型，这个工具的用途是实现在Outlook中直接显示订阅内容。格雷把想法以图像原型的形式呈现并截图发表在了博客上。一夜之间，评论铺天盖地，都是对这个想法的积极回应。

格雷受到反馈的鼓舞，花了一整晚的时间来处理原型，并马上将“Outlook新闻聚合器”0.1版发布在博客上。第二天他发布了0.2版，鼓励那些不敢抢先尝鲜的人们。在接下来的时间里，格雷平均每5天会更新一个“0.1版”。让人意外的是，在格雷产生想法后的第60天，“Outlook新闻聚合器”1.0版就此诞生了。

在早期开发过程中，格雷公开讨论了可能加入的新功能，以及这些功能应该如何运作。格雷还在博客上坦诚地询问了一些技术问题。尽管会有现成的解决方案，不过，格雷还是试着在受众中找些人来先行体验，从而确定如何做得更好。

经过几个月的产品迭代，格雷的团队终于揭开了“Outlook新闻聚合器”2.0版及其在线平台的神秘面纱，让用户实现在多台计算机和在线聚合应用间同步。对格雷来说，这是一次雄心勃勃的产品发布，多种产品（手机版、电子邮件客户端以及Web服务）同时问世，还有一项单独提供的优质内容服务。“Outlook新闻聚合器”及其在线平台发布之前，就已经有百余名公测用户使用过这个平台了。从格雷的想法出现到制作出原型，再到产品的迭代，最后实现每月获取巨额的收入，整个过程只用了不到一年的时间。

如果格雷只是拥有想法，而没有积极地构建原型，那么他可能永远也不会获得成功。因此，有了想法就要马上开始构建原型，只有具备可运行的早期产品，才能更好地传达想法。[①]

思考：

1. 格雷在使用其他品牌的插件时遇到了什么痛点？他提出了什么需求？

2. 为了解决问题，格雷做了哪些工作？他与NewsGator取得成功的秘诀有哪些？

双创视野

你听说过以动物命名的企业吗？

在投融资行业，有一种企业被称为“独角兽企业”，它指的是估值在10亿美元，成立时间不到10年，且还没上市的企业。独角兽企业一般也指这个行业中最牛的创业型企业，在一定程度上而言，独角兽企业的数量代表的是全球的创新、创业指数水平。2024年4月，胡润研究院发布了《2024全球独角兽榜》，截至2023年12月31日，全球独角兽企业总数达1 453家，其中中国有340家，位居第二，仅次于美国。在全球前十名独角兽企业中，中国占4家，分别位列第1、4、5、10名，美国同样占4家，澳大利亚和马耳他各占1家。其中，由张一鸣创办的字节跳动排名第一，第二名是马斯克创办的SpaceX，由于近几年人工智能技术发展迅猛，由马斯克联合多家共同创办的OpenAI一跃跻身至第三名（表5-2）。从以上数据来看，现在中国的创新、创业指数已经处于全球领先水平。

① 资料来源：《财经天下》周刊。

表 5-2　2024 全球独角兽榜前十名

	排名变化	企业	价值（亿元人民币）	价值变化（亿元人民币）	国家	行业	成立年份
1–	0	字节跳动	15 600	1 420	中国	社交媒体	2012
2–	0	SpaceX	12 800	3 050	美国	航天	2002
3*	14	OpenAI	7 100	5 680	美国	人工智能	2015
4 ↓	–1	蚂蚁集团	5 700	–2 840	中国	金融科技	2014
5 ↓	–1	Shein	4 600	0	中国	电子商务	2012
6 ↓	–1	Stripe	4 300	780	美国	金融科技	2010
7–	0	Databricks	3 050	850	美国	大数据	2013
8*	8	Canva	2 800	1 280	澳大利亚	软件服务	2012
9*	8	币安	2 400	990	马耳他	区块链	2017
10 ↓	–4	微众银行	2 350	0	中国	金融科技	2014

谈及独角兽企业，就不得不提到瞪羚企业、雏鹰企业和牛羚企业。

瞪羚企业是指创业后跨过“死亡谷”，以科技创新或商业模式创新为支撑进入高速成长期的中小企业。按照硅谷的解释，瞪羚企业就是高成长型企业，它们具有与“瞪羚”共同的特征——个头不大、跑得快、跳得高。这些企业不仅年增长速度能轻易超越数倍、十倍乃至百倍、千倍以上，还能迅速实现IPO（Initial Public Offering，译为“首次公开募股”）。一个地区的瞪羚企业数量越多，表明该地区的创新活力越强，发展速度越快。瞪羚企业一般涉及新兴工业、新一代信息技术、生物健康、人工智能、金融科技、节能环保、消费升级等领域。

雏鹰企业是指注册时间不超过10年，具有较强的创新能力，在某一细分领域取得突破，未来具有较高发展潜力，得到市场认可的创新型企业。

牛羚企业是指具有自主知识产权，连续2年销售收入年均增长30%以上，且最近一个会计年度达500万元人民币以上的企业。这类企业像牛羚一样有强大的生命力，克服重重困难，顽强、野蛮地生长。

以上各种企业类型都用动物的名字生动形象地表达了企业的现状与发展特

点。近年来，中国的双创指数、发展趋势与双创企业数量，已经在世界范围内领先。对于有创新创业梦想的年轻人来说，只有提前了解当今时代趋势并明确自身的发展方向，才能做出正确的人生选择。

6

用户测试与产品开发

创新时事

任何创新，都不可能一蹴而就，医学创新同样如此。无论是新药，还是新的医疗器械，不仅研发艰难，而且在最终用于人体之前，都需要经过严格的多轮试验和评估。在科学家座谈会上，习近平总书记对广大科学家和科技工作者提出明确要求："坚持面向世界科技前沿、面向经济主战场、面向国家重大需求、面向人民生命健康，不断向科学技术广度和深度进军。"①

一朵精妙无比的"莲花"，被医生妙手植入了一位患儿的心脏。这朵"双头并蒂莲"是华中科技大学同济医学院附属协和医院心外科董念国教授团队自主研发的新型细胞化心脏瓣膜替代物。在国家"863"计划、国家自然科学基金等多个重大项目的支持下，董念国教授带领团队历时20余年锲而不舍地投身科研，终于研发出这朵珍贵的"莲花"。13岁、16岁、24岁……一个个年轻的生命，因为这一创新成果而重获新生。这也启示我们，只有甘坐冷板凳，保持"咬定青山不放松"的定力，专注攀登科技创新高峰，才能实现更多创新突破，推动中国各项科学事业实现与国际先进水平"并跑"乃至"领跑"。

学习目标

- 描述用户测试、产品开发的概念，列举相应的方法。
- 懂得如何分析并解读用户测试结果，发现产品存在的问题并提出改进建议。
- 能够区分瀑布式开发法与迭代式开发法，比较两种产品开发方法的流程。

① 习近平.论把握新发展阶段、贯彻新发展理念、构建新发展格局［M］.北京：中央文献出版社，2021：391.

本章概览

在如今竞争激烈的市场中，成功的产品开发不仅需要创新思维，还需要高效的、保证质量的测试过程。不同类型的测试可以检验产品是否符合用户的需求和期待。真实的用户反馈意见，有助于后续的产品优化过程，最终推出让用户满意的产品。

本章系统介绍了用户测试与产品开发的基本概念与方法。在创新过程中，可通过用户测试检验方案是否可行，获取用户反馈后再进行产品开发与快速迭代，实现产品的真正落地。

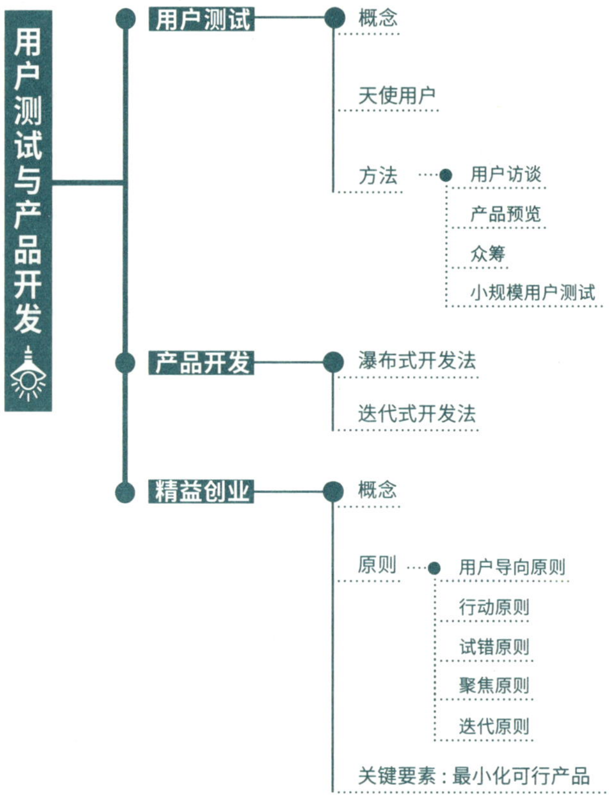

i人e事

苜玉春丰——助力农民致富，推动乡村振兴

项目简介：紫花苜蓿被誉为“饲草之王”，在我国奶牛养殖中至关重要。“苜玉春丰”项目团队研发出“紫花苜蓿田夏季套作青贮玉米技术”。该技术在春季收获高产高质苜蓿干草，夏季套作玉米，成功规避了雨季收获风险，破解了饲草产业难题，有助于促进饲草产量提升，提高农田固沙效率，带动农民致富，建设美丽乡村。该项目团队获得了中国国际大学生创新大赛（2023）“青年红色筑梦之旅”赛道全国金奖。

在粮食安全的新形势下，保障牛马羊爱吃的“香饽饽”，就是端稳“奶罐子”和“肉案子”。但是我国饲草种植起步晚、生产条件复杂，急需专业从事饲草种植技术推广服务的队伍。面对饲草产业挑战，“苜玉春丰”项目团队历经10余年，经过反复多次的实验和测试，创新性地研发出“紫花苜蓿田夏季套作青贮玉米技术”。该技术在春季收获高产高质苜蓿干草，夏季套作玉米，成功规避了苜蓿雨季收获风险，破解了饲草产业难题。此外，该技术因地制宜，为不同立地条件的地区开发了不同的种植模式，形成了技术规程并实现全程机械化，克服了农民不会操作的困难。区分季节套作玉米可灵活利用籽粒或全株青贮，兼顾主粮作物生产，扩大苜蓿种植范围，突破品类和范围的束缚，带来更高的经济效益。

由中国农业大学硕博研究生组成的“苜玉春丰”团队以科技小院模式服务农户，致力于乡村振兴建设。他们紧紧围绕“紫花苜蓿田夏季套作青贮玉米技术”，在河北、宁夏等地开展小范围的技术服务试点，获取反馈后再对相应的产品和服务做出改进。此后，全程机械化种植模式也逐渐被应用于11个省份，现已成为农业农村部引领性技术。随着该项技术的不断成熟，其推广范围扩大至全国，争取了政府政策性种植补贴，力争成为绿色、生态、高效种植的引领者，为农业可持续发展贡献力量。正是因为“苜玉春丰”项目创造了巨大的社会效益和经济效益，该项目团队在中国国际大学生创新大赛（2023）“青年红色筑梦之旅”赛道中勇夺全国金奖。①

① 资料来源：中国农业大学官网。

思考：

1.“苜玉春丰”项目团队在研发新技术的过程中，历经反复多次的实验与测试，你认为这么做有必要吗？

2.新技术往往存在一定的改进空间，你认为科研团队应当如何完善和优化新技术，以更好地满足用户需求？

6·1 用户测试

通过原型制作形成产品的雏形后，初创企业可以将其交给天使用户进行测试，寻找不足之处并加以改进。

一、什么是用户测试

在很多时候，开发者觉得完美的产品，顾客不一定会喜欢。所以，除了从自身的角度出发审视产品外，开发者还需要站在用户的角度进行思考。

用户测试是一种评估产品或服务的方法，它通过邀请真实用户参与，让他们在真实使用情境中观察、操作，反馈和评价产品或服务的可用性、易用性以及主观感受和需求满足情况。简而言之，用户测试就是将产品原型交付用户使用，并由用户提出修改建议的过程。测试内容包括：产品界面是否友好、操作是否流畅、功能是否达到用户使用要求等。用户测试可以让开发者清楚用户对产品的真实想法，进而根据用户的反馈进行有针对性地完善。

二、什么是天使用户

参与用户测试的不是所有的目标用户，而是天使用户。**天使用户是在产品或服务开发初期，为了获得反馈和支持而被邀请参与测试或使用的一小群特定用户。**他们通常能够接受不太完美，甚至有些缺陷的早期产品，并且愿意和企业一起试用、验证和反馈，还有可能参与到产品研发过程中，与企业共同完善产品。

天使用户的共性是热爱产品，他们从口碑树立、产品改进等角度促进产品从小众走向大众。实际上，他们就像天使投资人一样，对很多产品和企业有着至关重要的作用。

知识拓展

科技让AI更贴近生活

国内智能门锁领先品牌——鹿客（LOCKIN）公司的产品总监认为，一款能够直击用户痛点问题的智能看护AI摄像机，必须是技术创新和产品体验双轮驱动的产物。

鹿客在与国内人工智能领域领跑者之一的旷视科技（MEGVII）公司共同推出智能看护AI摄像机之前，进行了大量的线上、线下调研走访。研发者了解到，老人家庭对于一款智能看护AI摄像机最关心的需求是AI跌倒检测。

在产品功能的去留问题上，旷视科技大胆创新，勇于为产品做减法。例如，在讨论AI挥手检测功能、哭声检测功能、异光感知功能是否应该被保留时，旷视科技和鹿客曾反复讨论和迭代，甚至一度僵持不下。在进行最后的决策时，研发者聚焦用户的实际使用场景，在老人居家环境中，经过用户测试体验，挥手动作唤醒摄像机的行为不仅不常用，还会受限于场景等因素，识别效果可能不理想。因此，旷视科技决定“砍掉”这项功能。相比于为产品做“加法”，通过用户测试得出反馈并勇于做“减法”，是一件更需要勇气和智慧的事情。

三、用户测试的方法

如何测试产品，并有效地获取用户的反馈是一门复杂的学问。下面介绍4种常见的用户测试方法：用户访谈、产品预览、众筹、小规模用户测试。

- **用户访谈**

用户访谈是访谈者与被访者进行互动，探讨特定主题或问题，以深入挖掘被访者的想法、行为、偏好、感受等信息。在创业过程中，没有严格的定理、定律，只有各种不同的意见和假设，而初创企业验证各种假设是否正确的重要途径，就是与真实的用户进行沟通，向用户解释产品功能，询问用户对产品不同部分的重要性是如何排序的，然后根据收集的信息对产品进行调整。

用户访谈可通过线上或者线下进行。在线上，访谈者通过微博、微信、论坛等渠道与天使用户进行互动交流，获取广大用户的需求信息。在线下，访谈者通过与天使用户面对面交流，以最直接的方式获得用户反馈。

学习活动

请选择一个你最喜欢或最常用的手机APP，与身边的同学两人一组，互相访谈，了解他们对这款APP的看法和建议，并记录下来。

● **产品预览**

产品预览是指在产品开发过程中，对于即将发布或推出的产品向用户或利益相关方提前展示或演示的过程。产品预览常见于互联网领域，企业通过引导用户在线预览产品，获取用户的评价意见、使用习惯等反馈，以帮助自身完善产品或定价策略。一般来说，产品预览可能仅是一个网络页面，但它可以让访客或潜在用户了解产品概况，并通过用户的点击获得反馈意见。

产品预览既是介绍产品特性的一种营销手段，也是用户测试的有效方法，初创企业可以借此了解产品能否达到市场预期，从而进行内部调整。例如，增加一个单独的页面来显示不同产品的价格，向访客展示可选的价格套餐等信息。用户的点击情况可以帮助企业完善定价策略，使产品更有竞争力。

知识拓展

大疆无人机的创新特性和功能预览

2023年7月25日，大疆创新公司推出了全新的航拍无人机DJI Air 3，为用户提供了丰富的功能，提高了创作效率。为了更好地介绍该产品的特点与优势，大疆创新公司在官网上提供了Air 3的新硬件、新功能的介绍视频与使用视频，同时提供了3D模型预览等功能，以及相应的价格套餐。

首先，Air 3配备了全新的3倍中长焦镜头，可以捕捉主体与环境的位置关系，从而创造出独特的画面效果。其次，这款航拍机是Air系列首次搭载双主摄相机系统，结合了1/1.3英寸（约1.95 cm）CMOS广角相机和3倍中长焦相机，两个相机使用相同的传感器，支持双原生ISO系统，可以拍摄高质量的视频和4 800万像素的照片。再次，Air 3配备了全向视觉感知系统和APAS 5.0高级飞行辅助系统，能够检测周围的障碍物，确保飞行安全；此外，Air 3还具备多种智能玩法，如焦点跟随功能、2.7K竖拍和夜景模式等，能够帮助用户更好地进行创作和分享。最后，Air 3有多个价格套餐可供选择，每种套餐都配备不同的产品套装。通过展示这些数据，访客能够更好地了解产品，并做出购买决策。

● 众筹

众筹是指通过网络平台，向大众集资来支持项目、产品或活动的一种方式。

目前，市面上的众筹网站为初创企业进行用户测试提供了很好的平台。初创企业通过发起众筹的方式，根据人们的支持情况判断人们对产品的态度。此外，众筹还可以帮助初创企业接触到对产品有浓厚兴趣的天使用户，他们的口口相传以及持续的意见反馈对产品的成功至关重要。

知识拓展

长城汽车发布众筹坦克300V计划

2023年3月，长城汽车公司举办了名为“LET’S TANK 坦克联盟”的用户活动，在活动中发布了共创活动坦克300 V计划，并推出众筹方式的坦克300高性能版本车型。该计划于3月30日晚开启，众筹数量共1 000份，每人限购1份，单价2万元，这场众筹从开始到结束仅用时6 s。这是坦克车型首次尝试官方众筹计划，众筹车型将在坦克300边境限定版的基础上，配置3.0T双涡轮增压V6引擎，预计售价超过30万元。如果该项目成功立项，新车开发将在2024年第二季度完成。参与众筹的用户将成为产品合伙人，享有尝鲜权、共创权、膨胀权等多种权益。

长城汽车选择众筹，既能深入了解消费者的需求和偏好，又能在产品开发过程中获得消费者的积极参与和支持。这种用户共创的模式不仅体现了企业对消费者的尊重和关注，也能够为企业带来更多的商机和创新思路。

长城汽车选择众筹来决定是否开发某个车型是一种创新的用户营销模式，它能够更好地满足消费者的需求，提高产品的市场竞争力，实现双赢的局面。在新时代，这种用户共创的模式将成为企业与消费者之间互动的重要方式，引领用户营销模式的变革。

- 小规模用户测试

小规模用户测试是指在产品开发或改进的早期阶段，为了评估产品的可用性、易用性等用户体验以及发现潜在问题，而在少量用户中进行的测试活动。

小规模用户测试的目的是通过用户反馈和评价来改进产品的设计与功能。

知识拓展

小米MIUI：小规模用户测试的探索之路

小米公司通过小规模用户测试的方式，让小米用户有机会在小米社区申请小米手机的开发版公测或内测资格，以便用户能够在第一时间体验到最新的系统和功能。在过去，小米的MIUI内测资格分为稳定版内测、开发版内测和公测3种，其中稳定版内测最接近正式版，而开发版内测则能够第一时间体验到最新的更新，但可能存在较多的bug（故障）。小米公司决定对这种模式进行改变。

2022年4月，小米社区发布了一则“MIUI系统版本调整公告”，宣布将对MIUI开发模式进行升级。官方表示，从基于Android 13的MIUI开始，小米公司将聚焦开发版和正式版两个版本，而且开发版和正式版之间将逐步实现无需清除数据的版本间切换。MIUI开发版将继续每周更新，而正式版则根据用户的使用情况发布更新。升级后，小米公司将通过开发版测试新功能、收集用户反馈，与用户一起改进MIUI。这些成果最终将通过正式版面向所有用户发布。同时在公告中，小米公司还表示新功能和优化将首先作为开发版发布，并在功能和稳定性可靠后再作为正式版发布。新的开发版将招募更多积极参与共建的用户，内测分数也将随开发版做出调整，并加入小米社区成长体系。小米公司将向一直支持MIUI开发版内测的用户颁发“开发版内测纪念虚拟勋章”。

6·2 产品开发

通过用户测试获取用户反馈意见后，初创企业可以开始着手进行产品开发。产品开发有多种方法——瀑布式开发法、迭代式开发法、螺旋式开发法、敏捷开发法，本节重点介绍以产品为中心的瀑布式开发法和以用户为中心的迭代式开发法。

一、瀑布式开发法

瀑布式开发法是一种传统的产品开发方法。它分为6个阶段（如图6-1所示）：（1）需求；（2）设计；（3）开发；（4）集成；（5）测试；（6）部署。应用瀑布式开发法进行产品开发时，开发团队只有在前一阶段的任务完成之后，才能进入下一阶段的工作，因此它被形象地称为“瀑布”。

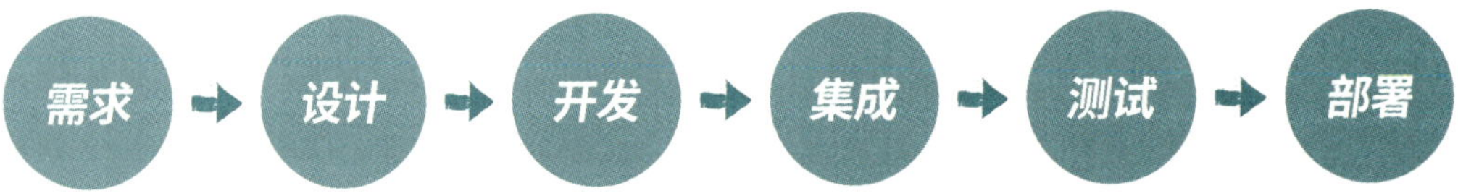

图6-1　瀑布式产品开发法的流程

采用传统的瀑布式开发法时，开发者往往在需求调研完全结束，进行预算、规划后，才正式开始开发工作。在确定性高的环境下，这种产品开发方法可以取得一定的效果。但对于那些在充满不确定性环境中生存与发展的初创企业而言，这种方法存在明显的不足。假如初创企业对用户需求不能做出准确判断，花了几个月甚至更长时间开发了一款自认为完美的产品，当产品呈现在用户面前时，很可能并不是用户想要的产品。可此时初创企业已经投入了大量的时间和高额的经济成本，如果推广效果不佳，就会有很大的损失。

知识拓展

微软的瀑布式开发法

长期以来，微软公司作为一家软件开发商的口碑并不理想，人们对其软件产品的不满主要源于较长的更新周期。微软的主要产品如Office、Windows、SQL Server和Exchange Server的更新周期长达3年左右，这主要是因为微软采用了瀑布式开发法。

其中一个失败的例子是Visual Studio。相较于其他软件3年的更新周期，Visual Studio的版本更新速度稍快，大约为2年。这2年通常分为几个阶段：4～6个月的规划和设计阶段，1～2个月的代码编写阶段，4个月的测试阶段。如果需要较大的需求变更，则需要再进行1～2个月的代码编写和4个月的第二轮测试。如果没有大的调整，就进入为期4个月的稳定期，直至产品最终发布。可见，即使需求发生变更，代码编写的时间仅为4个月，而软件测试阶段所需时间则是编写时间的2倍左右，这种安排颠倒了优先级别。

例如，用户在安装Visual Studio的Beta版本并进行了1个月的测试后，发现并提交了一个bug。从开发者的角度来看，这个bug应该被修复。然而，由于软件开发即将进入完成阶段，如果这个bug比较严重，则可能只有等到下一个版本的开发阶段才能被修复，这显然会对软件的最终质量产生影响。

通过具体案例可以发现，瀑布式开发法在实际操作中容易出现较大的问题，因此，微软需要寻求更加灵活和高效的方法来解决这些问题。

二、迭代式开发法

相较于瀑布式开发法，迭代式开发法更适合初创企业开发产品。某个实验或测试可以帮助团队验证或者否定某个商业假设，而迭代式开发法则是指开发团队为了达到某个特定目标（将产品和市场需求匹配起来）而连续进行多个实验或测试的过程（如图6-2所示）。

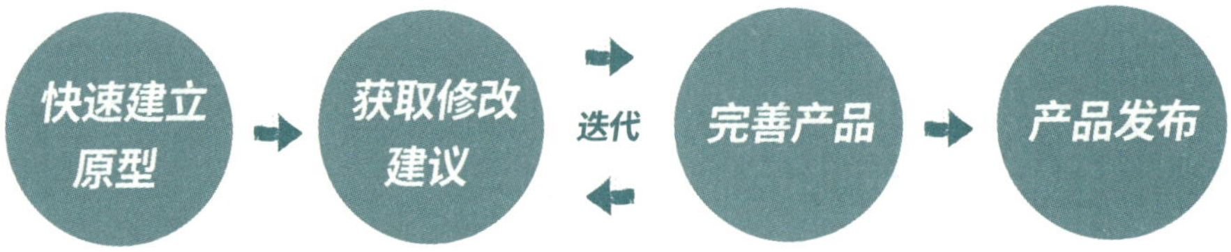

图6-2 迭代式开发法的流程

与瀑布式开发法不同，迭代式开发法认为每个阶段都要经过若干次循环才能完成。每次循环不求完美，但求不断发现新问题，迅速求解，获取和积累新知识，从而帮助企业获得核心认知。循环过程中的某次迭代需要完成系统的一部分功能或业务逻辑，然后将未成熟的产品交付给天使用户，通过他们的反馈来进一步细化需求，从而进入新一轮的迭代。例如谷歌公司的开发战略，就是这种“永远测试版（Beta版）”的迭代策略，没有完美的软件开发，永远在更新或改善功能，永远都可以更好。

传统的创业者觉得通过重复试错来学习是件令人难堪的事。他们认为，线性的项目推进说明一切进展顺利，反之就是失败。而迭代式开发法中的后退是一种很自然的、有价值的探索和学习手段，它鼓励我们反复尝试，直至达到特定目标再进入下一阶段。

学习活动

飞行大挑战

- 工具：A4白纸、彩色笔
- 时长：20 min
- 步骤

1. 以学习小组为单位，每组领取5张A4白纸与1盒彩色笔，并讨论：什么形状的纸飞机可能飞得更远、更稳定？在纸飞机的设计中是否可以加入其他材料以增强飞行效果？

2. 尝试多种不同的方法来折纸飞机，可以用彩色笔为其添加装饰。

3. 每组试飞3次折好的纸飞机，记录下3次飞行距离的平均值。

4. 各组分析自己的纸飞机性能，并用5 min讨论如何改进。可尝试多次改进纸飞机的折法、重点部分的细节调整等，以增强飞行效果。

5. 改进完成后，再次组织进行飞行测试（3次飞行的距离取平均值），检验改进效果，同时比拼哪个小组的纸飞机飞得最远。

● 小结

以上活动模拟了迭代式开发法的流程，先快速建立原型，再通过不断地测试获得反馈，随后多次、快速地改进产品。需要注意的是，对于创新项目中的产品而言，不应局限于讨论与修改的时间和次数，而应持续不断地进行迭代，使其更加贴近用户需求。

6·3 精益创业

一、什么是精益创业

在产品迭代的过程中，常常提到“精益创业”一词。精益创业是一种创业方法论，旨在帮助创业公司以最低的成本和最短的时间验证其业务模式与产品市场的适用性。

哈佛商学院驻校企业家埃里克·莱斯在《精益创业：新创企业的成长思维》一书中提出了lean startup（译为“精益创业”）的核心思想，即**先向市场推出一个极简的原型产品，然后在不断地试验和学习中，以最小的成本和有效的方式验证产品是否符合用户需求，灵活调整方向**。如果该产品不符合市场需求，则最好能“快速地失败、廉价地失败”，而不要“昂贵地失败”；反之，如果产品被用户认可，也应该不断学习，挖掘用户需求，迭代优化产品。

二、精益创业的原则

精益创业不同于传统创业，它强调拥抱不确定性，通过不断积累认知达到快速解决问题的目的。精益创业需遵循以下5项原则：

- **用户导向原则**

精益创业的核心是以用户为中心，建立以用户为导向的产品和服务。通过深入了解用户，明确用户的真正需求，并不断与用户进行沟通和反馈，创业者不断迭代和改进产品。

- **行动原则**

实践是检验真理的唯一标准。行动原则鼓励创业者快速行动，以尽早验证他们的商业模式。在精益创业中，行动比计划更重要，通过快速行动，可以更早地发现问题和机会，避免浪费时间和资源。

- **试错原则**

不为试错而试错，试错的最终目的是明确方向。试错原则认为创业过程中充满了不确定性，试错是正常的。通过持续试错和学习，创业者可以不断改进和优化产品或服务。创业者需要持续尝试和调整，以找到最适合市场的商业模式。

- **聚焦原则**

聚焦原则要求创业者保持专注，聚焦关键的业务领域。创业资源有限，将资源集中在最重要的地方可以提高效率和效果。创业者聚焦关键要素，可以更好地满足用户需求，使产品在市场中占有竞争优势。

- **迭代原则**

迭代原则强调持续学习和改进的重要性。创业是一个不断迭代的过程，每次迭代都应该朝着更好的方向前进，应该是一个循环往复的升级过程，量变逐渐带来质变。通过不断试错和学习，创业者可以逐步优化和改善产品或服务。迭代是持续创新和进步的关键。

知识拓展

5G-Advanced与迭代思维

随着技术的快速提升，5G发展即将进入一个崭新的阶段。2021年8月，中国移动公司与华为公司等产业伙伴在线上举行了《5G-Advanced网络技术演进白皮书（2021）：面向万物智联新时代》发布会。该白皮书正式确定5G演进名称为5G-Advanced，并首次详细分析和阐述了5G-Advanced的网络演进架构和技术发展方向，为5G技术演进指明了方向，推动了5G-Advanced产业的持续健康发展。

在5G-Advanced网络演进过程中，核心网的演进具有重要作用。因此，根据实际业务需求推动5G核心网技术发展和架构演进，将帮助运营商提升投资回报率，助力行业用户更好地利用5G网络实现数字化转型。5G-Advanced网络需要持续从架构和技术层面进行演进，以满足多样化业务需求和提升网络能力。在网络架构方面，5G-Advanced

网络将遵循云原生、边缘网络和网络即服务的理念，进一步增强基于电信云NFV的云化能力，并将分布式网络架构与边缘业务相结合，以满足不同行业的定制化需求，不断增强网络能力并最终实现云网融合和算网一体化，以满足快速部署和按需迭代的网络功能需求。在网络技术方面，5G-Advanced网络将不断增强智慧化、融合化和使能化3个方面的能力，引入智能化，从网络功能到网管协作各层面，提高服务能力和服务质量，实现多种接入方式和网络融合，为行业用户提供定制化的网络，以满足未来用户复杂多样化的网络需求。

三、精益创业的关键要素

精益创业要求先推出一个极简的原型产品，它是最终面向市场的产品的基础版本，被称为最小化可行产品，英文简写为MVP（minimum viable product）。MVP是精益创业中的一个关键要素，**是指在产品开发过程中，最小化地满足基本功能和特性的产品版本。**MVP要求投入最少的时间和精力，通过最简化的产品版本测试最终产品的可行性。

MVP一般有以下4个特点：

- 能体现项目创意
- 能测试和演示
- 功能极简
- 开发成本最低，甚至是零成本

知识拓展

MVP是一个过程

MVP不仅是最小化可行产品，它还是一个过程，一个不断优化的过程。如图6-3所示，在第一个流程中，如果依次做出车轮、底盘、车身，到最终组装成一辆汽车，整个过程并不能称为迭代，应当看作一个循序渐进的研发或生产过程。而在第二个流程中，每一轮迭代都必须交付一个可用的最小化功能集合，这个功能集合可以满足用户的基本需求，即出行交通工具。可能每一轮迭代的产品都并不完善，但至少是能被使用的。这要求研发团队从满足一个具体的用户需求出发，根据需求依次发明出滑板、滑板车、自行车、摩托车，最后才是汽车。可见在第二个过程中，每一代产品都能满足用户需求，每一轮迭代在速度、舒适度、外形等方面均有所提升。

利用MVP，可以让研发团队把注意力放在早期用户最关心的功能上，再根据用户反馈进行调整。此外，MVP的真正目的在于最小化投入，即能够减少产品设计阶段所做的无用功，降低潜在的风险。由于只关注产品的核心功能，因此借助MVP能够快速争取到早期用户，让企业看到产品的潜力和未来的发展方向，并通过不断地迭代，满足用户逐步显现的需求。

本书第5章和第6章所讲述的内容，从问题探索与原型制作到用户测试与产品开发，就是创新项目验证商业基本假设的过程：通过聚焦最核心的用户，到定义最小功能集合的产品——MVP，再到数据收集与测试反馈，最后到快速学习和迭代，不断实现对认知的深化，从而以更小的成本开发出满足用户真实需求的产品。

图 6-3　迭代式产品开发流程

课后作业

▌回顾本章的学习，作为一名大学生，瀑布式开发法和迭代式开发法对你的学习与工作是否有所启发？

▌结合本章内容，你能否将用户测试与产品开发的相关知识运用到自身所学专业领域？具体应该怎么做？

▌根据本章内容，请各学习小组讨论之前产出的产品或服务原型，思考优化方向，将成果记录于[主体工具包]中的“工具A12：迭代”。

▌以学习小组为单位，制作一页精美的PPT，展示迭代后的产品或服务原型。（注：迭代后的原型不限类型，可以绘制纸质图像原型或制作拼凑式原型后拍照，也可以用软件制作图像、视频等。）

行动建议

▌为纵深推进大众创业、万众创新，激发创新创业主体活力，中华人民共和国人力资源和社会保障部等八部门于2022年11月发布的《关于实施重点群体创业推进行动的通知》指出，要坚持创业带动就业，聚焦高校毕业生、农民工、就业困难人员等重点群体，优化创业环境，提升创业创新能力，完善政策扶持和孵化服务，最大限度释放创业动力，为实现高质量充分就业提供有力支撑。这一文件突出体现了创新创业的重要性以及创新创业对于人才的需求。

▌在本章中，用户测试能够帮助我们了解用户的需求与建议，正如“苜玉春丰”项目，不仅在产品研发阶段进行了测试，还在河北、宁夏等地进行试点，基于测试结果和用户反馈不断地优化产品与服务。同时，通过积极参与产品开发，我们可以提高创新能力、拓宽视野、转变思维方式。这不仅有助于个人的职业发展，也有利于推动创新创业繁荣，促进创业带动就业。作为当代大学生，我们可从以下3点出发，为创新创业事业贡献自己的力量。

（1）努力学习专业知识，打下坚实的学术基础，为创新创业之路奠定牢固的基石。

（2）探索创新创业课程，培养创新思维和创业技能，为未来的创业之旅做好准备。

（3）参与创新创业实践，将理论知识与实际操作相结合，锻炼实践能力和创业智慧，为创新创业的成功积累宝贵经验。

延伸阅读

双创案例

潘远志——横空出世的天才少年

青春应该是什么样子？或许是坐在教室里为考试而苦恼，或者是对未来感到迷茫。而有些年轻人已早早地展现出非凡的天赋和领袖风范。比如16岁就申请了第一项发明专利，20岁就成了福布斯中国U30排行榜上的名人——西安交通大学未来技术学院的博士生潘远志。在第十三届“挑战杯”中国大学生创业计划竞赛全国决赛开幕式暨大学生青创报国汇报会上，他分享了自己的科创报国故事。

潘远志出生于2001年，年轻的他已经有着6年的创业经历。他15岁时考入西安交通大学少年班，在机缘巧合下参加了一次创业夏令营，遇到了来自不同学校的创业伙伴，通过与他们交流，潘远志逐渐接触到创业，并开始组建团队开展一些小项目。后来，他接触到医疗器械领域，并对此产生了浓厚的兴趣。他在实验室研究现代纳米技术和传统针灸相结合的技术，并成功申请了第一份发明专利，创办了自己的第一家公司。在班主任的帮助下，潘远志通过学校的创业大赛赢得了项目启动资金，并成功完成了技术实验和用户试验，赚到了人生中的“第一桶金”。

在2019年，潘远志意识到芯片行业的巨大发展潜力，因此开始专注于芯片散热板这个细分领域。在半导体、集成电路和光子产业的快速发展中，芯片散热技术尤为重要。无论是手机还是电脑，处理器在高温下容易出现缓慢、卡顿等问题，使用高品质的散热板可以提高性能。潘远志与团队一起攻克高端散热材料方面的技术难题，通过创新的生产工艺，例如，将铜膜镀在比食用盐还要小的钻石颗粒表面上，成功提高了散热板的导热性能，广泛应用于5G通信、激光器、高功率LED等领域。经过用户测试，他们的产品比国外同类产品的导热性能高出22%，完全实现了国产替代，而且价格只有国外产品的1/10 ~ 1/3。团队技术成熟后，潘远志创立了博志金钻科技公司。该公司目前拥有一座超过10 000 m^2的标准厂房，内设万级洁净室，并获得了20多项发明专利授权，估值接近4亿元。他们生产的芯片散热基板可以延长高功率芯片的寿命，并保持可靠的性能，这是团队最引以为傲的成就。

潘远志表示：“作为00后创业者，我们需要在挑战中不断挑战自我。”博志金钻科技公司是他18岁时创立的，很多人问他是否因年少轻狂才敢于创业。潘远志回答道：“今天，大家看到的是能够自信谈论的潘远志，但我始终记得第一次向投资人和行业前辈介绍项目时的无助。我常常告诉自己，人们最大的恐惧就是恐惧本身，当我们直面恐惧并找到解决办法时，就是我们成长的时刻。”

面对百年未有之大变局和诸多关键问题，如芯片等“卡脖子”挑战，潘远志坚定地给自己设定了成长目标，即坚持创新并实现国产替代，真正实现科技自主与掌控，用奋斗来展现青春爱国的价值！

思考：

1. 你认为潘远志及其团队是如何进行用户测试与产品开发的？

2. 潘远志是如何通过创业实现人生价值的？在他的身上有哪些值得我们学习的优秀品质？

双创视野

创业管理领域的经典效应

成功的创业，离不开创业理论的支持。我们在创业过程中如果合理运用这些创业理论，就可能会收获意想不到的效果。下面介绍著名的可应用于创业管理领域的经典效应。

1. 彼得原理

彼得原理是美国学者劳伦斯·彼得（Laurence Peter）根据千百个有关组织中不能胜任的失败实例的分析而归纳出来的。具体内容是：在一个等级制度中，每个职工趋向于上升到他所不能胜任的地位。彼得指出，每个职工由于在原有职位上工作成绩能够胜任或表现得好，因此会被提升到更高一级职位；其后，如果继续胜任则将进一步晋升，直至到达他所不能胜任的职位。彼得原理有时也被称为“向上爬”理论。

2. 酒与污水定律

如果把一杯酒倒进一桶污水中，你得到的是一桶污水；如果把一杯污水倒进一桶酒中，你得到的还是一桶污水。几乎在任何组织里，都存在几个难搞的人物，他们似乎具备把事情弄糟的能力。破坏者为什么能产生如此大的影响？其中一个重要原因在于，破坏总比建设容易。在创业初期，由于团队有待磨合，制度还未完善，因此如果存在破坏者，就很可能为创业项目带来致命的打击。

3. 马太效应

马太效应由美国社会学家罗伯特 · 莫顿（Robert K. Merton）提出，用以概括一种社会心理现象，即相对于那些不知名的研究者，声名显赫的科学家通常得到更多的声望，即使他们的成就相似。马太效应后来被用于描述社会生活领域中普遍存在的两极分化现象，简而言之，即好的越好、坏的越坏，多的越多、少的越少。在创业过程中，由于不同人的学识背景和认知经验有所差别，矛盾必然无法避免，因而管理者应避免矛盾双方走向极端。

4. 水桶效应

一个水桶想盛满水，那么组成水桶的每块木板必须一样平齐且无破损，如果有一块木板不齐或者某块木板有破洞，这个水桶就无法盛满水。这说明，一个水桶能盛多少水，并不取决于最长的那块木板，而是取决于最短的那块木板。构成组织的各部分往往良莠不齐，而短板决定整个组织的水平，管理者应考虑去除短板或取长补短。

5. 非零和效应

零和是博弈论的一个概念，指参与博弈的各方在严格竞争下，一方的收益必然导致另一方的损失，博弈各方的收益和损失相加总和永远为“零”。而非零和效应与零和效应相对，指博弈各方的收益和损失相加总和不为“零”。简而言之，即博弈参与者之间不存在“你之得即我之失”的简单关系，他们之间存在共同利益，只有相互合作才能赢得各自利益或者避免各自损失。因此，非零和效应又被称为双赢效应，强调既“利己”又不“损人”，能够通过谈判、合作达到皆大欢喜的结果。

6. 手表定律

手表定律是指拥有两块以上的手表并不能帮人更准确地判断时间，反而会制造混乱，让个体对时间失去判断。手表定律所指的深层含义在于，每个人都不能同时挑选两种不同的行为准则或者价值观念，否则个体的行为将陷于混乱。因此在一个企业内，大家的理念和想法保持一致非常重要，并且要有相应的制度约束。

7. 华盛顿合作定律

华盛顿合作定律类似“三个和尚”的故事，指的是一个人敷衍了事，两个人互相推诿，三个人则永无成事之日。这说明人与人的合作不是人力的简单相加，而是要复杂和微妙得多。这一定律反映了真诚合作的重要性：人多不一定好办事，合得来的人们才能心往一处想，劲往一处使。

8. 不值得定律

不值得定律反映人们的一种心理，即一个人如果从事的是一份自认为不值得做的事情，他往往会持有冷嘲热讽、敷衍了事的态度，这样的人获得成功的概率小，即使成功也不会获得多大的成就感。对创业者来说，企业的目标和愿景应当与个人的理想与追求具有一定的相似性，否则将无法全心全意地投入创业活动中。

9. 波特定理

由英国行为学家莱曼·波特（Lyman W. Porter）提出。该定理在管理学领域强调的是在批评他人之前，应该先提出他们的优点，避免只关注别人的失误，这种批评方式更有助于被批评者接受批评并改正错误。对创业团队而言，开展批评与自我批评活动是必要的，能有效推动集体进步，但作为团队负责人，不能总盯着成员的不足之处，而是要正反结合地评价一个人，如发现错误，重点在于找到出错的原因。

10. 奥卡姆剃刀定律

由14世纪英国逻辑学家威廉·奥卡姆（William of Ockham）提出。这个原理称为“简单有效原理”，即“避重趋轻、删繁就简”。在创业过程中，效率往往是推进项目的关键，重点不在于创业者想得有多全面，而在于所想之事能否被真正付诸实践。

上述经典效应在方法上各有特点，没有绝对的优劣之分，重点在于怎么看待和运用它们。希望这些理论所涉及的知识，能够启发新时代创业者的一些思考，给予更多理论上的帮助，激发创业者更多的前进动力。

7

商业模式与价值提升

创新时事

人工智能在农业领域的应用非常广泛，涉及感知、决策、控制、作业等，农业AI对话机器人是其中一种应用。习近平总书记指出，人工智能是新一轮科技革命和产业变革的重要驱动力量，要促进人工智能同经济社会发展深度融合，推动我国新一代人工智能健康发展。[①]当最前沿的技术与最古老的产业相遇，会激荡出怎样的变革？2023年，国内首款农业AI对话机器人发布，诸如“土豆出现烂根怎么办”“某地西瓜的市场行情怎么样”“帮我找个杨梅采购商”，这些问题都将得到回答。可以预期，以人工智能为代表的新一代信息技术将深刻影响农业发展。

传统农业的特点是靠天吃饭，而我国的智慧农业发端于物联网设备和与其对应的农业信息化系统，通过监测和改善生长环境，农业生产更稳定可控。如今，叠加新一代信息技术，农业数据要素将持续发挥作用。相信随着科技的不断发展，农业领域的商业模式将呈现多元化、数字化、智能化等趋势。

学习目标

▌能够从不同维度阐释商业模式的内涵，评估商业模式在当今商业活动中的重要性。

▌熟练运用商业模式画布分析某家企业的商业模式，或为某一项目构建商业模式。

▌区分4种主流的商业模式类型，列举其中的细化分类并绘制式样。

▌罗列通过创意构思优化商业模式的5种策略。

① 习近平在中共中央政治局第九次集体学习时强调　加强领导做好规划明确任务夯实基础　推动我国新一代人工智能健康发展[N].人民日报，2018-11-01（1）.

本章概览

当今的市场是充满竞争的市场，初创企业若想要在市场中占据一席之地，创业者应当熟悉自己的经营模式和竞争优势，并尝试通过挖掘“人无我有”的亮点来开辟新的赛道。随着时代的发展，多元化、专业化、精细化的商业模式成为一家企业不断发展和应对竞争的优势。

本章围绕管理学领域商业模式的相关理论体系，依次概述商业模式，介绍最流行的商业模式工具、4种主流的商业模式类型，并通过多个案例探索如何利用商业模式助力企业提升价值、增强竞争力。

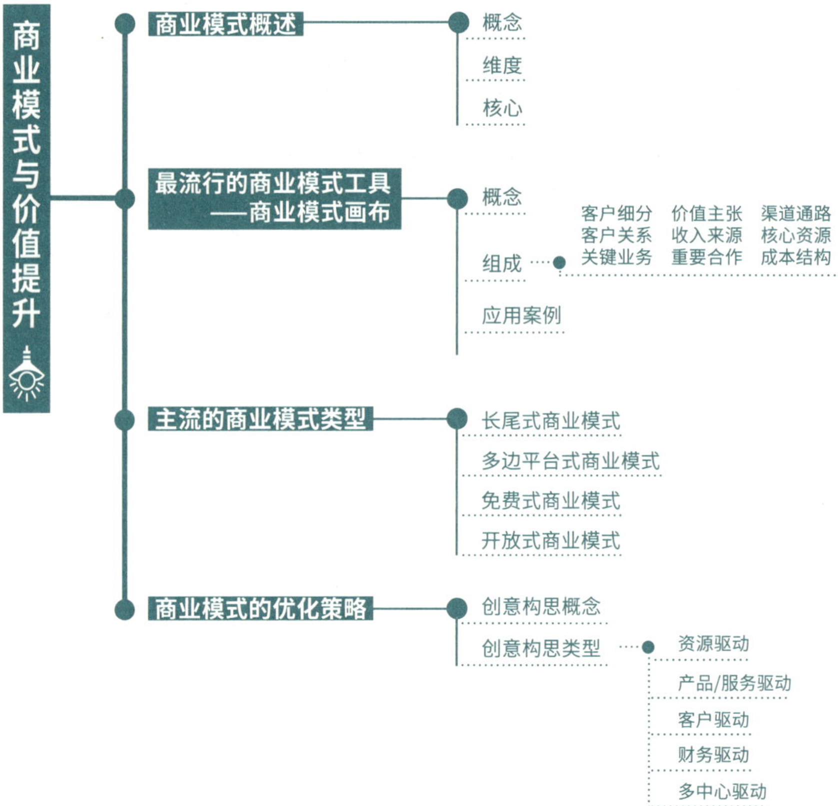

i人e事

烯格赛斯——石墨烯包覆粉体技术引领者

项目介绍："烯格赛斯"团队首创了石墨烯制备与融合同步进行的粉末包覆方法，降低了制备成本，扩展了产品下游应用范围，挖掘了产业潜力，可赋能增材制造行业、粉末冶金行业、储能材料行业，颠覆性地提升材料性能，解决了多个行业"卡脖子"问题。该项目获得了第七届中国国际"互联网+"大学生创新创业大赛高教主赛道全国金奖。

石墨烯是极为优异的导电、导热材料。自诞生以来，科学界不断尝试以其为增强项来颠覆性地提升材料性能。同时，政府也推出诸多政策来扶持石墨烯产业的发展，但市面上的石墨烯产品大多华而不实。

由于石墨烯制备技术存在难点，以及传统制备方式成本高昂，因此具有一定的市场局限，石墨烯在下游应用方面的适用场景寥寥无几。来自西安交通大学的"烯格赛斯"项目团队提出了一种低成本、环保高效的包覆粉体技术，以此来可控剥离石墨球，同步实现石墨烯制备与原位包裹粉体。该项技术降低了石墨烯成品的制造成本，扩展了适用范围，使得行业发展前景更为广阔，挖掘了巨大的经济发展潜力。

在谈及项目设立背景时，该项目创始人直言道："项目的诞生都是基于对行业需求的探索以及对商业模式如何在石墨烯行业起推动作用的好奇心。"

在第七届中国国际"互联网+"大学生创新创业大赛中，基于以上技术和应用的"烯格赛斯——石墨烯包覆粉体技术引领者"项目，凭借其在新型材料领域的商业贡献与技术贡献，一举摘得高教主赛道全国金奖殊荣。[①]

思考：

1. 你认为石墨烯技术革新会对其下游产业带来哪些影响？

2. "烯格赛斯——石墨烯包覆粉体技术引领者"项目创始人提到了"商业模式"一词，你认为什么是商业模式？商业模式对于初创企业而言意味着什么？

① 资料来源：石墨烯网。

7·1 商业模式概述

现代管理学家彼得·德鲁克曾说过：“当今企业之间的竞争，不是产品之间的竞争，而是商业模式之间的竞争。”“商业模式”一词最早出现于1957年美国数学家理查德·贝尔曼（Richard E. Bellman）等人的文章中，但当时这一术语更接近用于仿真的“商业（博弈）模型”，与今天广义上的“商业模式”概念有所区别。到了20世纪90年代，随着个人电脑的普及和互联网的兴起，催生了大量采用与传统企业截然不同的运作模式的新型企业（如发展电子商务的亚马逊），旧的商业理论难以解释其运作模式，企业家、投资者和分析师迫切需要一个新的概念和工具来描述和解释企业创造价值、传递价值和获取价值的基本原理。自此，“商业模式”一词开始频繁出现在商业媒体和商业计划书中。尽管商业模式的表述已经流行，但真正将其从一个流行语上升为严谨的分析工具和理论框架，则要归功于亚历山大·奥斯特瓦德和伊夫·皮尼厄两位学者及其在2010年出版的著作《商业模式新生代》。

一、什么是商业模式

商业模式是一个企业获得利润的途径或方式，也是企业为了满足客户需求所进行的设计和活动。其形成逻辑是：通过创造性的资源整合获取机会，并传递更明确的市场需求可能性。

扫码看慕课

什么是商业模式

在本质上，商业模式就是为客户创造并传递价值，使客户感受并享受企业为其创造价值的系统逻辑。

二、商业模式的维度

为深入了解商业模式，我们一般把它分为如图7-1所示的4个维度进行架构。

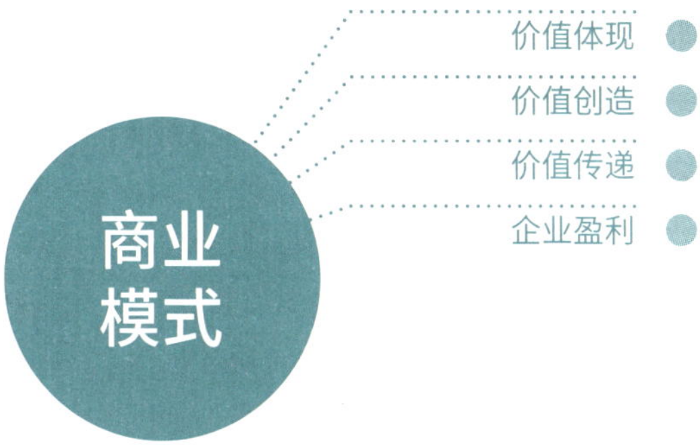

图 7-1　商业模式的 4 个维度

- 价值体现：企业拟为客户创造并传递的价值。
- 价值创造：企业构建的平台、资源和流程等。
- 价值传递：通过相关平台、渠道，将企业价值传达给目标客户群体的过程。即使企业有巨大价值，如果不能够将自身的价值传递出去，那么也是无用的。
- 企业盈利：企业获取利润的方式或途径。

扫码看慕课

商业模式的 4 个维度

三、商业模式的核心

● 客户

企业之间的竞争目标，归根结底是更好地满足客户的需求，企业商业模式就是为此而构建的。对一个企业而言，要做符合社会需求的事情，要做能帮助客户解决问题的产品。

● 价值

经济价值与社会价值是衡量企业实力的关键指标。企业谋求资本价值最大化的同时，也要做到承担社会责任。提升社会价值是提升企业综合竞争力的有效手段。

● 利润

利润是企业存续的关键。合理的商业模式要兼顾企业的发展与盈利，确保企业能够长时间的稳定经营。

7·2 最流行的商业模式工具——商业模式画布

一、什么是商业模式画布

商业模式画布是由亚历山大·奥斯特瓦德（Alexander Osterwalder）和伊夫·皮尼厄（Yves Pigneur），与超过470名参与者共同开发的一个简单易用的商业模式设计工具。他们将商业模式画布定义为：**一种用来描述商业模式、可视化商业模式、评估商业模式以及改变商业模式的通用语言。**

二、商业模式画布的组成

商业模式画布由9个模块组成，分别是**客户细分、价值主张、渠道通路、客户关系、收入来源、核心资源、关键业务、重要合作和成本结构**。按照以上顺序解读商业模式画布，便可展示企业创造价值的商业逻辑。商业模式画布对于创业者的重要性在于：能够有效地帮助使用者催生创意、降低猜测，确保创业者找准目标用户，合理地解决问题。

图7-2是商业模式画布模板。

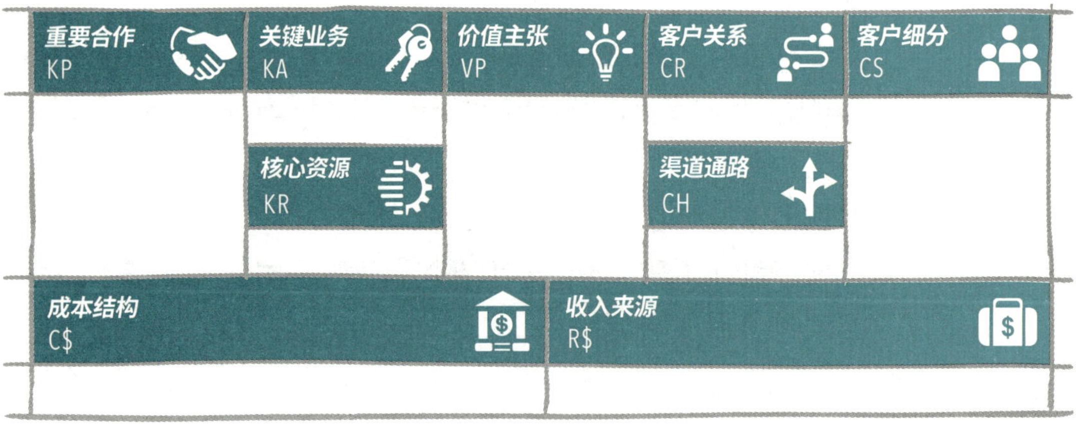

图7-2　商业模式画布模板

按照商业逻辑顺序，下面依次介绍商业模式画布 9 个模块的内容。

- **客户细分**（customer segments，CS）

客户细分是指企业或机构所服务的一类或多类客户分类群体。企业可以按地域、年龄、性别、收入、职业、受教育程度和生活方式等对客户进行细分。为了满足客户的需求，企业要清楚是为哪一类客户群体提供产品或服务的。

- **价值主张**（value propositions，VP）

价值主张是指客户从企业提供的产品或服务中期望得到的收益。价值主张是商业模式中最重要的环节，它值得创业者花更多的时间去思考和设计。

- **渠道通路**（channels，CH）

渠道通路要求创业者思考把产品或服务转移到客户细分群体的具体路径是什么，以回答“如何沟通、接触客户细分群体从而传递价值主张”这一问题。

- **客户关系**（customer relationships，CR）

把产品传递给消费者的同时，创业者还要明确如何与客户建立关系。驱动创业者做好客户关系的动机包括：获得客户、维护客户关系、进一步提升销量。

- **收入来源**（revenue streams，R$）

收入来源是指从不同客户细分群体中获取的收入。收入的方式有：资产销售、使用收费、租赁收费、授权收费、广告收费和中介收费等。在奥斯特瓦德和皮尼厄的《商业模式新生代》一书中，特别采用“$”符号替代英文缩写中的“S”，以强调与金钱有关。

- **核心资源**（key resources，KR）

核心资源是让商业模式有效运作所必需的最重要的资源，这是商业模式的基础。核心资源可以分为有形资源、无形资源和人力资源。

- **关键业务**（key activities，KA）

关键业务是指为了确保商业模式的可行性，企业必须做的最重要的事情，包括生产制造、产品研发和市场营销等。创业者可以运用一种商业模式优化工具——价值链模型，帮助自己认清这些最重要的事情是什么。

- **重要合作**（key partnerships，KP）

重要合作是指商业模式有效运作所需的供应商与合作伙伴的网络。重要合作有以下几类：战略联盟关系（可能出现在竞争者或非竞争者之间）、共同开发的合资关系、可靠的供求关系、竞争者之间的竞合关系。

- **成本结构**（cost structure，C$）

成本结构是指运营一个商业模式引发的所有成本。与收入来源类似，该模块的英文缩写也采用了“$”符号。一般来说，成本可分为固定成本和可变成本。固定成本是企业运营过程中独立于销售量而存在的成本，如租金、折旧、管理人员工资等；可变成本是企业运营过程中随着销售量的变化而发生变动的成本，如原材料、运输费用、销售人员工资等。

扫码看慕课

轻松了解商业模式画布

图7-3是商业模式画布中9个模块的关键要点。

图7-3 商业模式画布中9个模块的关键要点

学习活动

通过抽签的方式，各组选择商业模式画布中的一个模块，为其设计一个简单的肢体动作来指代该模块，设计好后各组派代表上台演示动作。

要求各组记清9个模块所对应的动作，每组派一名成员上台。由教师随机念出商业模式画布的模块名称，台上的同学需在3 s内做出反应，表演相应的动作，台下组员不能提示，但可以监督其他组台上的同学所做动作是否符合要求。看看哪位同学能坚持到最后！

三、应用案例——解读瑞幸咖啡的商业模式画布

瑞幸咖啡是中国的咖啡连锁品牌，其经营模式分为线上销售和线下门店销售两种。在线上，瑞幸咖啡公司通过自有APP和第三方平台进行销售，用户可以通过手机应用程序直接下单购买产品；在线下，则是通过开设门店进行实体销售。截至2023年10月，瑞幸咖啡的门店数已超过13 000家，用户数超过1.7亿人。

图7-4是瑞幸咖啡的商业模式画布。

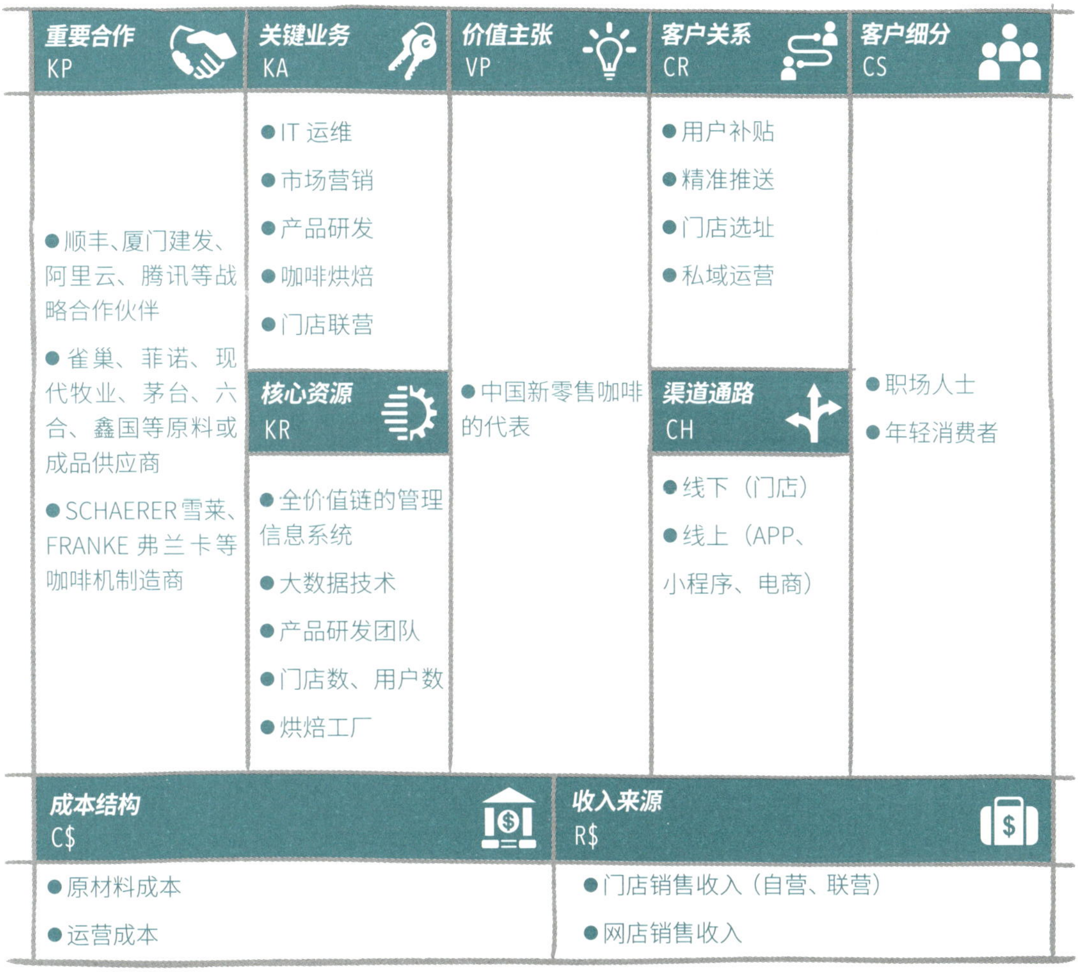

图7-4 瑞幸咖啡的商业模式画布

知识拓展

企业价值链

价值链（value chain）是哈佛大学商学院教授、著名战略管理大师迈克尔·波特（Michael E. Porter）于1985年提出的概念。

波特认为，每一家企业都是在设计、生产、销售、发送和辅助其产品的过程中进行种种活动的集合体，而所有这些活动都可以用一条价值链来表明。简而言之，价值链是企业通过一系列活动获取利润以创造价值的动态过程。

图7-5是波特的价值链模型。从图中可见，价值链由两大类活动组成：

第一类活动，包括材料供应、生产作业、成品储运、市场营销、售后服务。这些活动都与商品实体的加工流转直接相关，称为基础活动。

第二类活动，包括企业基础设施（财务、计划等）、人力资源管理、研究与开发、采购管理。这些活动伴随着基础活动的产生而产生，称为支持活动。

波特的价值链模型揭示，企业与企业之间的竞争，不只是某个环节的竞争，而是整条价值链的竞争，整条价值链的综合竞争力决定了企业的竞争力。通过对价值链的分析，可以获得一家企业全面的内部活动信息。从商业模式的角度来看，价值链模型中的内容有助于了解企业每个环节的价值并与竞争对手进行比较，能够有效支撑商业模式的构建过程，或对现有的商业模式进行优化，帮助企业创造更多价值。作为学习者，应用价值链模型对一家企业进行全面分析，也能更好地了解其商业模式。

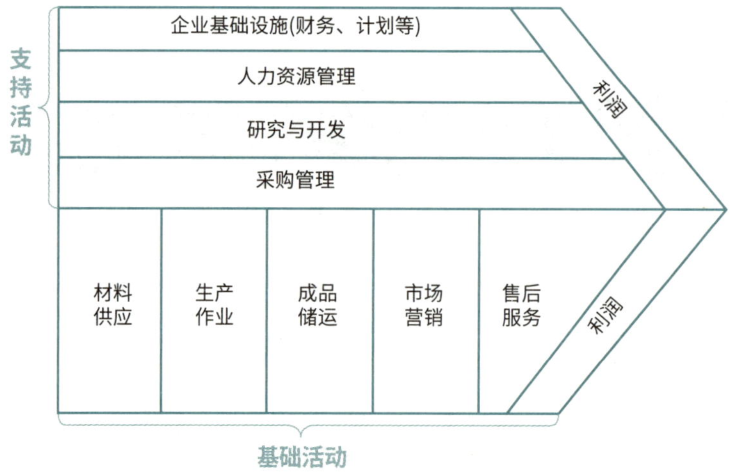

图7-5 波特的价值链模型

7·3 主流的商业模式类型

一、长尾式商业模式

（一）什么是长尾式商业模式

一般而言，企业为了更好地控制成本，会向市场提供大量的同质化产品。**长尾式商业模式是指企业向不同的细分市场提供差异化产品，每种产品都只少量生产，简单而言，就是多样少量的商业模式。**该模式有两个核心点：第一点是多样、少量，非常多的品种，但每种的量非常少；第二点是多样的产品满足不同的细分市场，而每一个细分市场的需求量都不高。

扫码看慕课

长尾式商业模式

长尾式商业模式的设计思想可追溯至19世纪末20世纪初意大利经济学家维尔弗雷多·帕累托（Vilfredo Pareto）发现的二八定律。他认为，**在任何一组东西中，最重要的部分占比较少，约20%，其余次要的部分却占到了80%。**因此，关注长尾部分的商品销售，只要能向不同的细分市场销售出足够多的产品，企业同样有利可图（如图7-6所示）。

（二）应用案例——解读名创优品的商业模式画布

名创优品是一个国际零售品牌，主要销售各类日常消费品，致力于打造“年轻人都爱逛”的生活好物集合店。名创优品以“优质、创意、低价”为品牌定位，其产品种类丰富，涵盖了家居用品、文具、电子产品配件、化妆品、食品等多个领域。2020年10月15日，名创优品正式在美国纽约证券交易所敲钟上市。截至2023年9月，名创优品的全球门店数已突破6 000家，其中海外门店数2 300多家。

图7-7是名创优品的商业模式画布。

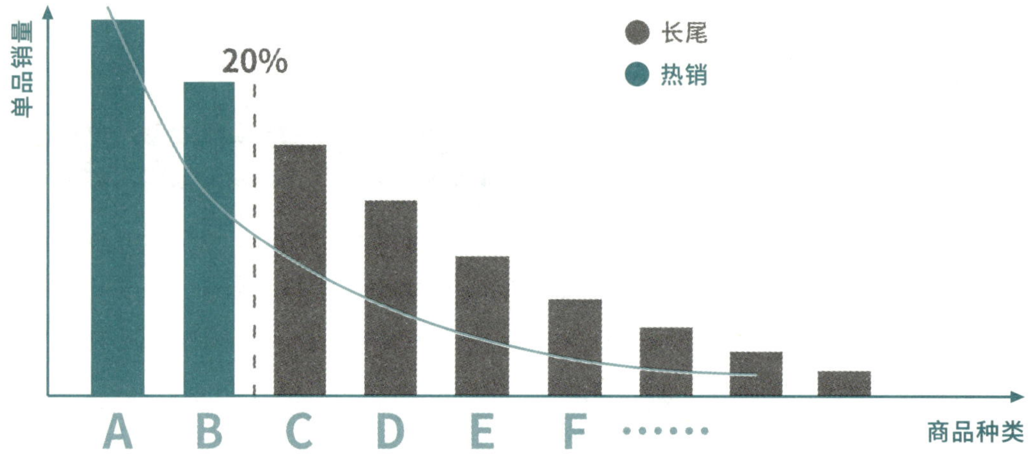

图7-6　二八定律示意

图7-7　名创优品的商业模式画布

由画布可以看出，名创优品在构筑销售链时采用了典型的长尾式商业模式思维，不专攻某种产品，而是提供大量的种类单品，以达到满足庞大类别客户需求的效果，使每位顾客都可以在店里找到自己所需要的单品，从而满足不同的细分市场，成功在相对需求量并不高的细分市场中站稳脚跟。

（三）长尾式商业模式的式样

扫码看慕课

用式样解读长尾式商业模式

商业模式的式样，指的是在描述商业模式时类似商业模式的集合，它们之间的模块都有共通点。比如在同一类型的商业模式中，不同公司的具体表现各不相同，但是它们在商业模式画布中的某些模块可能存在共通之处。假如把这些相似的内容提炼出来，放在同一个商业模式画布中，就构成了同一类型商业模式的式样。学习商业模式的式样，能够帮助创业者更好地了解某一类型的商业模式。

在长尾式商业模式中，市场上有着大量不同需求的客户群体，企业可以专注于多个客户细分群体，为他们提供宽泛的产品或服务。图 7-8 为长尾式商业模式画布式样。

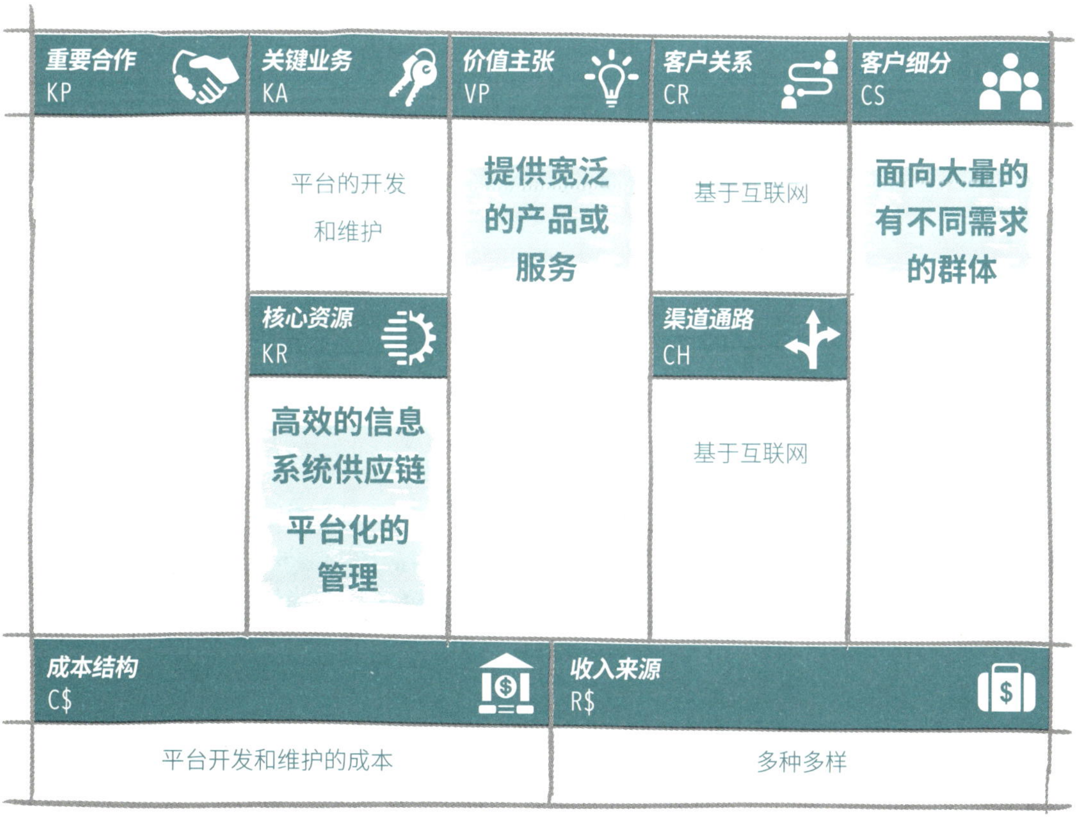

图 7-8　长尾式商业模式画布式样

二、多边平台式商业模式

（一）什么是多边平台式商业模式

多边平台式商业模式是指将两个或更多有明显区别但又相互依赖的客户群体集合在一起，通过促进客户群体间的互动来创造价值的商业模式。只有多个相关客户群体同时存在，多边平台式商业模式才具有价值。

（二）应用案例——解读抖音的商业模式画布

抖音是由字节跳动公司孵化的一款音乐创意短视频社交软件，于2016年9月20日上线。根据2023年12月应用分析机构DataAI发布的报告显示，抖音的累计应用内购收入已经突破100亿美元（约合人民币717.6亿元）。在日活跃用户数量方面，抖音在全球范围内的日活跃用户数已经接近10亿。

扫码看慕课

多边平台式商业模式

图7-9是抖音的商业模式画布。

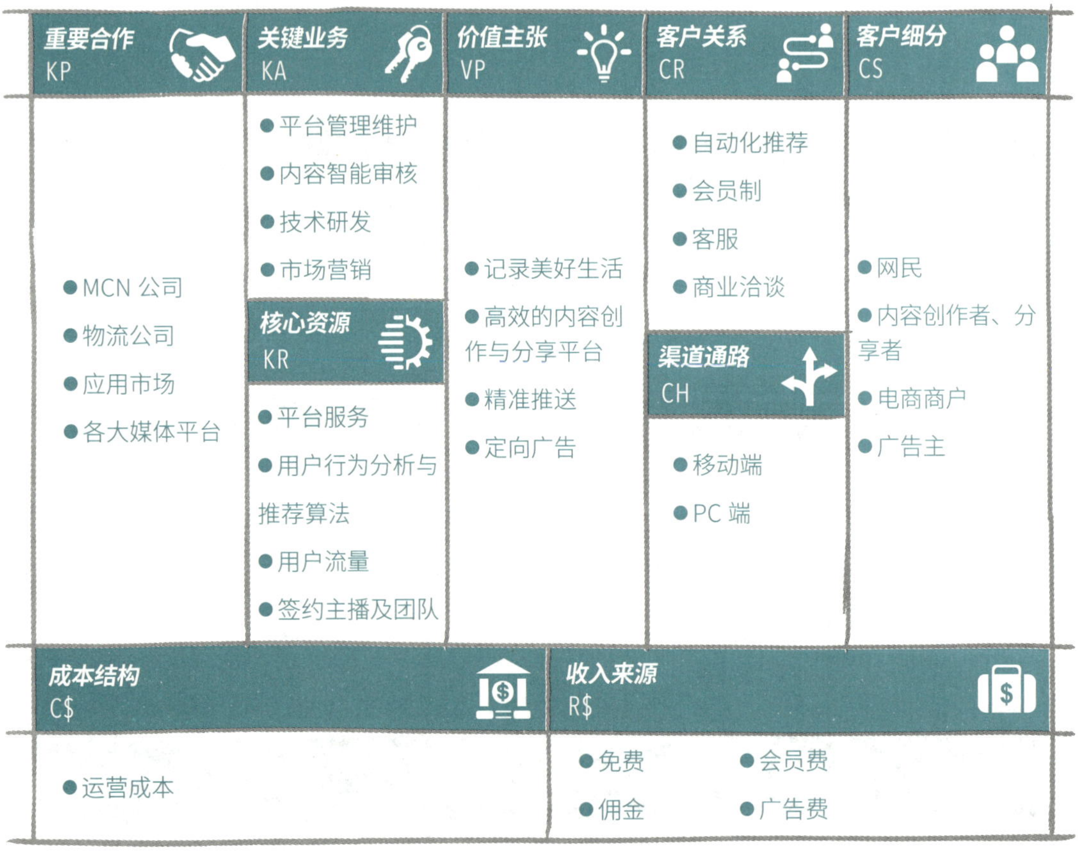

图7-9 抖音的商业模式画布

由商业模式画布可以看出，抖音的商业模式重点在于价值主张和客户细分。只有当一个平台能够使不同的群体获益时，它才能使得客户群体的关系更为紧密，从而增强群体用户黏性，帮助企业降低成本，获得更多利润。

扫码看慕课

用式样解读多边平台式商业模式

（三）多边平台式商业模式的式样

多边平台所创造的价值通常体现在3个方面：一是吸引不同的客户群体；二是将客户群体进行匹配；三是通过平台提供的交易渠道降低客户群体之间的交易成本。图7-10为多边平台式商业模式画布式样。

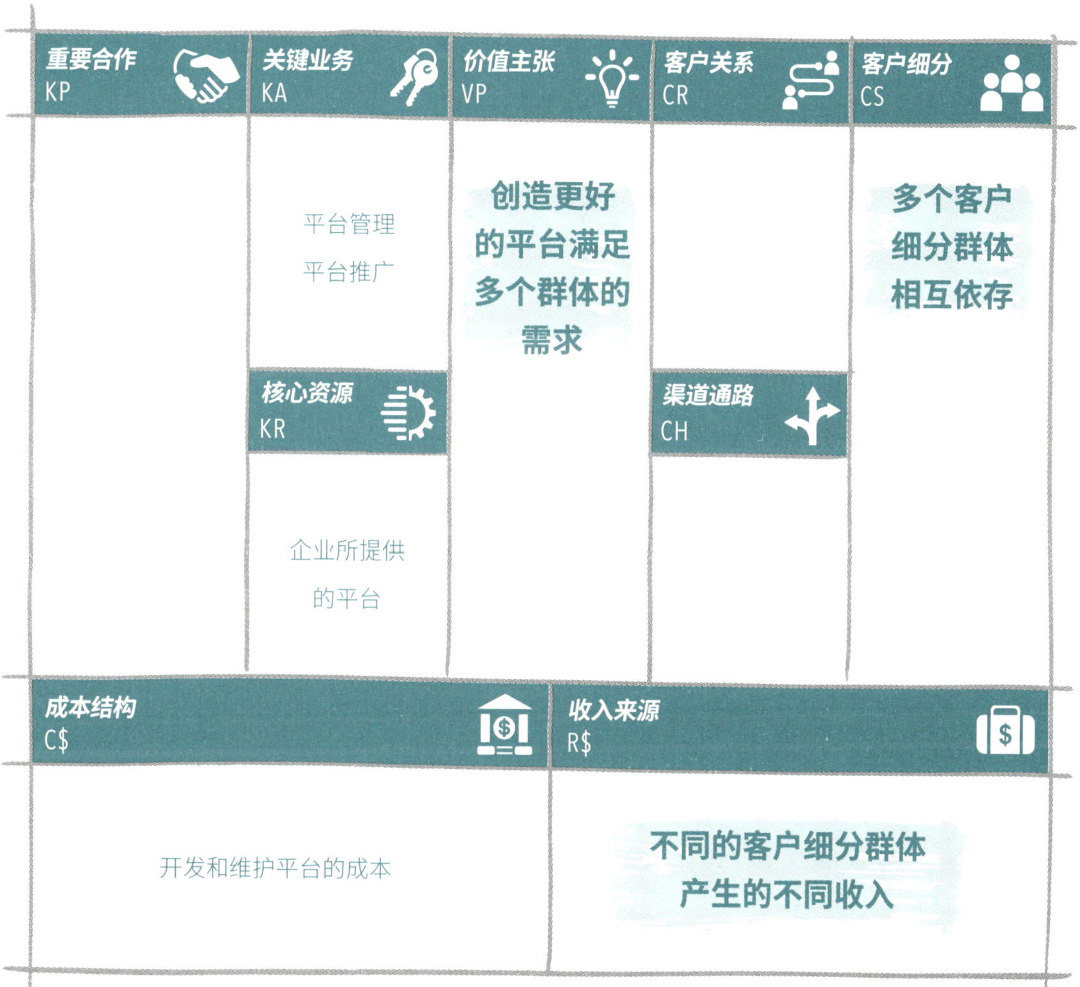

图 7-10　多边平台式商业模式画布式样

三、免费式商业模式

（一）什么是免费式商业模式

免费式商业模式包括3种形式：免费增收、免费平台、诱导式。

- **免费增收**

即大量基础用户受益于没有任何附加条件的免费产品或服务，而企业则通过另外的增值服务来获益的服务模式。例如，全民K歌等移动KTV软件，普通用户均可在上面录歌、发歌，但若是VIP用户，则还可以享受调音、装扮、下载、免广告等特权。

- **免费平台**

即通过免费手段销售产品或服务，建立庞大的消费群体，然后再通过配套的增值服务、广告费用等方式获益。这里要解读3个关键词：一是免费，即所提供的主要产品或服务是免费的；二是收益，即以配套的增值服务或广告费用等方式获益；三是平台，免费平台首先是多边平台式商业模式，其特别之处在于免费。例如外卖平台，用户平时使用其服务是免费的，平台主要通过广告费用、商家服务费等方式获益。

- **诱导式**

即通过低价甚至是免费的初始产品或服务，来促进相关产品或服务未来重复购买的商业模式。例如，市面上很多自来水过滤器，其滤芯必须与同品牌的机器相匹配，如此一来，用户后续只有多次反复购买滤芯，才能正常使用产品。

知识拓展

免费经济理论

美国《连线》杂志前主编克里斯·安德森（Chris Anderson）是免费经济理论的提出者，他著有《免费：商业的未来》《长尾理论》等。2009年，他在著作《免费：商业的未来》中阐述了免费经济理论的主要观点，即数字产品迟早会变为免费商品。

安德森认为，我们无法阻止免费，我们也会接受免费；而免费会使另一种商品更贵，那么商机就是在更高层次。免费的本质是交叉补贴，可以用付费产品补贴免费产品，或用日后的付费补贴当前的免费，或由付费人群给免费人群提供补贴。支撑免费经济理论的一个经典案例是打印机：打印机设备生产公司常常以低价向消费者出售机器，而打印所需的墨盒却需要日后重复消费，且产品具有排他性。被颠覆、被改写、被创造，是互联网时代的标签。任何事物经数字化或互联网化后，将会具备免费的可能。

免费经济是互联网时代商业的未来。对企业来说，免费经济是一种生存法则，可以颠覆旧有的发展模式，并创造全新的商业模式。

（二）免费式商业模式的式样

扫码看慕课

免费增收商业模式

● 免费增收商业模式

免费增收商业模式的核心模块是客户细分、价值主张和核心资源。该商业模式存续的关键在于大量的用户群体，并能以免费的服务吸引客户。图7-11为免费增收商业模式画布式样。

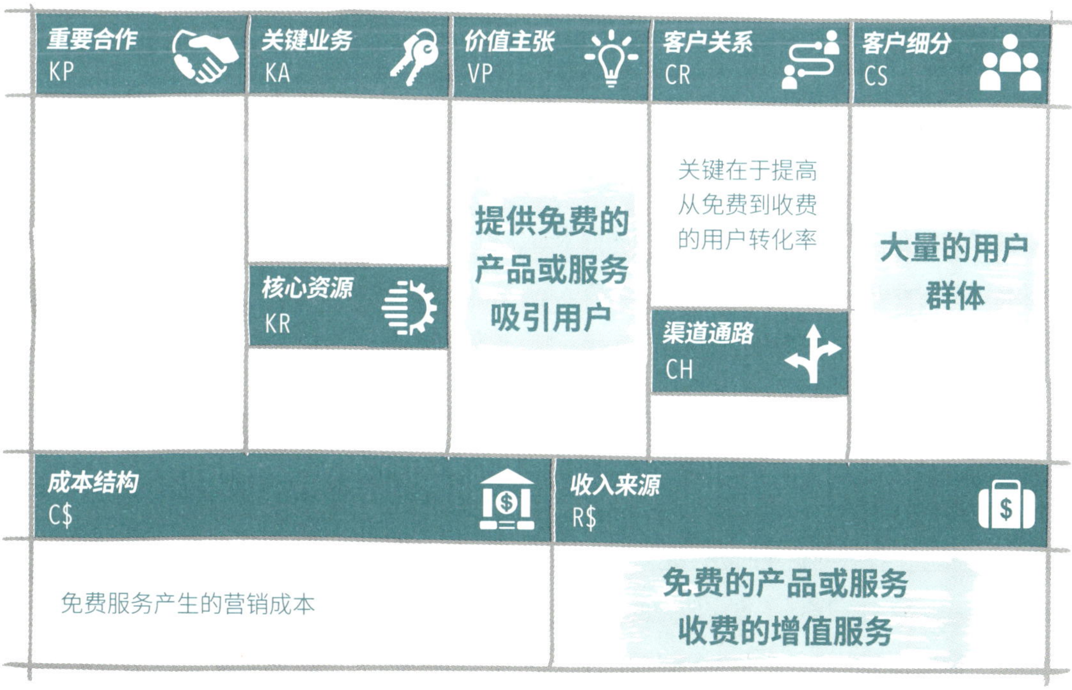

图 7-11　免费增收商业模式画布式样

● 免费平台商业模式

扫码看慕课

免费平台商业模式

免费平台商业模式的核心重点在于价值主张、客户细分和收入来源间的稳定联系。企业通过向广大的免费客户提供免费产品和服务，获得庞大的客户量后再为广告商提供巨大的流量平台，从而构成正向循环的收入来源。图7-12为免费平台商业模式画布式样。

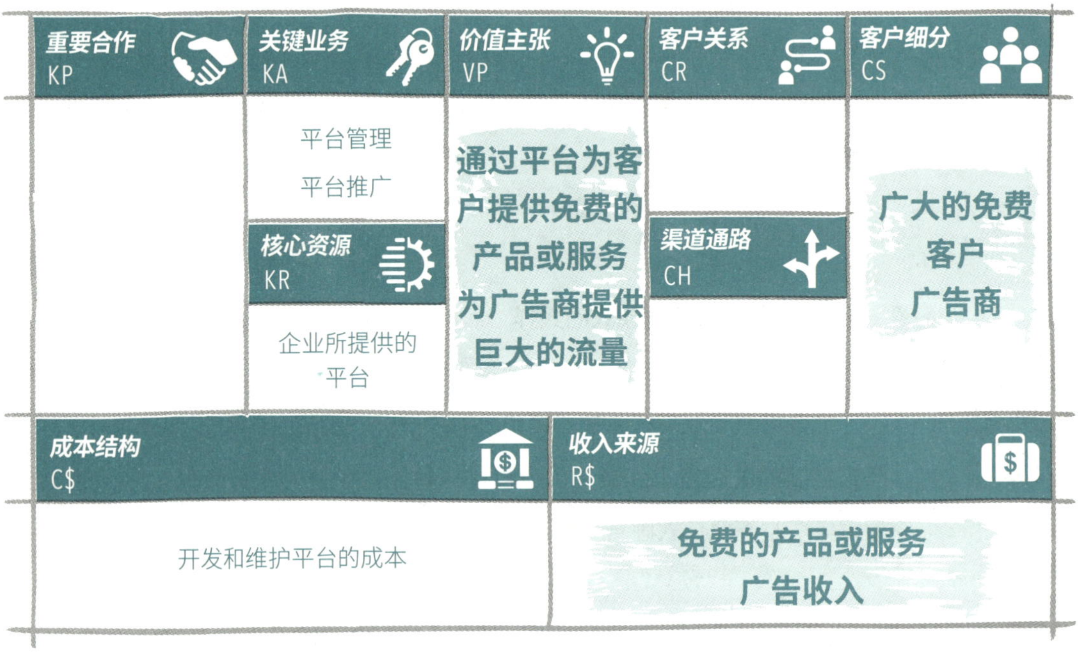

图7-12 免费平台商业模式画布式样

● 诱导式商业模式

扫码看慕课

诱导式商业模式

诱导式商业模式以重复购买后续产品或服务、用户转换成本高为特点。在专业化经营主业的同时，深入挖掘业务与收入的关联性，发现市场规模更大的一系列后续重复的业务和收入来源，即可突破增长瓶颈。图7-13为诱导式商业模式画布式样。

（三）3种免费式商业模式对比

在传统商业模式中，企业往往提供成本较高的价值主张，且仅提供给付费客户。而现在，互联网企业的数字化产品生产边际成本得到了极大的降低，广大消费者一般更乐于接受不直接收费的商业模式。3种免费式商业模式分别用不同的方法解决了传统商业模式的固有问题，如表7-1所示。

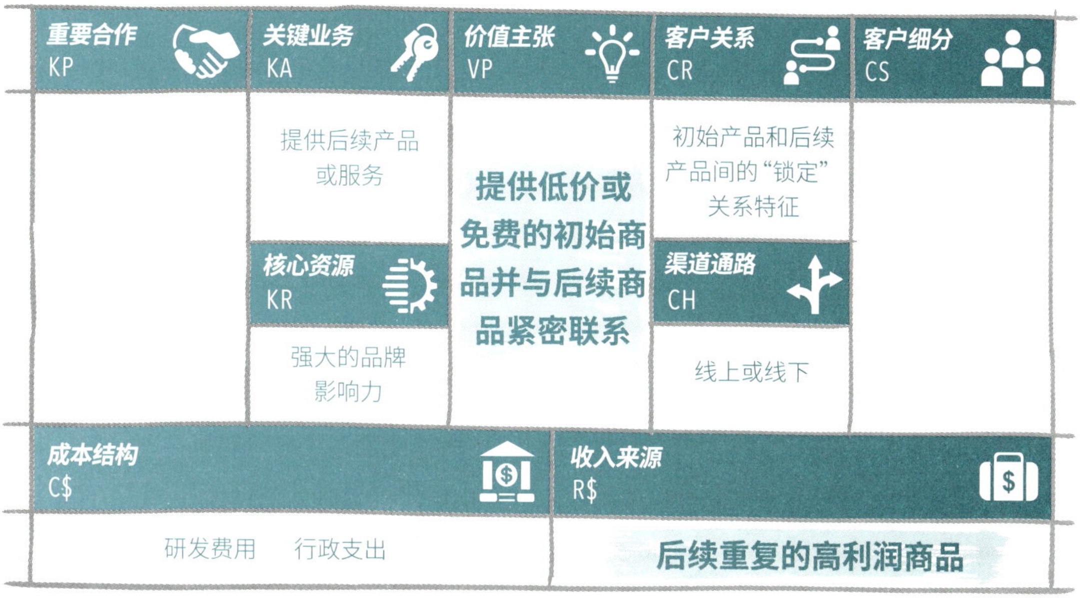

图 7-13　诱导式商业模式画布式样

表 7-1　免费式商业模式对比

商业模式	免费增收商业模式	免费平台商业模式	诱导式商业模式
特点	提供免费的商品，通过增值业务盈利	提供免费的大众化平台，通过平台获得客户流量和广告费	提供价格低廉或免费的商品，通过相关产品盈利

四、开放式商业模式

（一）什么是开放式商业模式

开放式商业模式通过与外部伙伴的系统性合作来创造和捕捉价值。

所谓开放，既可以从外到内，将外部创意引入企业内部；也可以从内到外，将企业内部闲置的创意和专利提供给外部伙伴。这种模式的优势是可以让创业者取长补短，即开发产品时不一定要从“零”开始，可以吸收其他组织的创新成果并从中获益。

（二）应用案例

● **从外到内的开放——华为公司**

华为公司全心投身开放式创新，其创始人任正非用“一杯咖啡吸收宇宙能量”来诠释公司的创新思路。公司顶层形成了一个充分开放的组织，称为“科技外交家”，他们每年必须拿出至少1/3的时间到全世界的大学、高端论坛去喝咖啡，获取信息。华为通过主动开放、吸收信息的方式，帮助其获得最新的信息，从而做出科学的决策。

● **从内到外的开放——利乐公司**

利乐（Tetra Pak）公司成立于20世纪50年代，拥有全面系统的包装解决方案，在液态及半液态食品的包装和加工领域取得了5 000多项专利技术。以前，牛奶运输要采用成本高、装瓶麻烦、所占空间大的玻璃瓶包装，后来有了利乐研发出的无菌、防潮、密封且防紫外线的纸包装后，才使牛奶的保质期延长到6个月。这意味着伊利、蒙牛等公司每售出一袋“利乐枕”牛奶，利乐都能从中收取一部分专利费。利乐凭借先进的技术，占据相关专利赛道，拥有全球约77%的市场份额，每年赚取专利费近百亿元。

（三）开放式商业模式的式样

● **从外到内的开放式商业模式画布式样**

扫码看慕课

开放式——从外到内的商业模式

在从外到内的开放式商业模式画布式样中，其核心资源是具有连接外部创新优势的特定资源，关键业务是让对内部有用的外部资源和内部业务整合，重要合作是外部创新伙伴，成本结构是连接外部资源的成本。图7-14为该类型商业模式画布式样。

● **从内到外的开放式商业模式画布式样**

扫码看慕课

开放式——从内到外的商业模式

在从内到外的开放式商业模式画布式样中，客户细分是需要创新的企业，为他们提供研发成果的过程就是企业的价值主张，主要的渠道通路由互联网平台和线下交易组成，这种商业模式的收入来源是通过闲置资源获得额外收入，核心资源是闲置的无形资产（最直观的就是企业的内部专利）。图7-15为该类型商业模式画布式样。

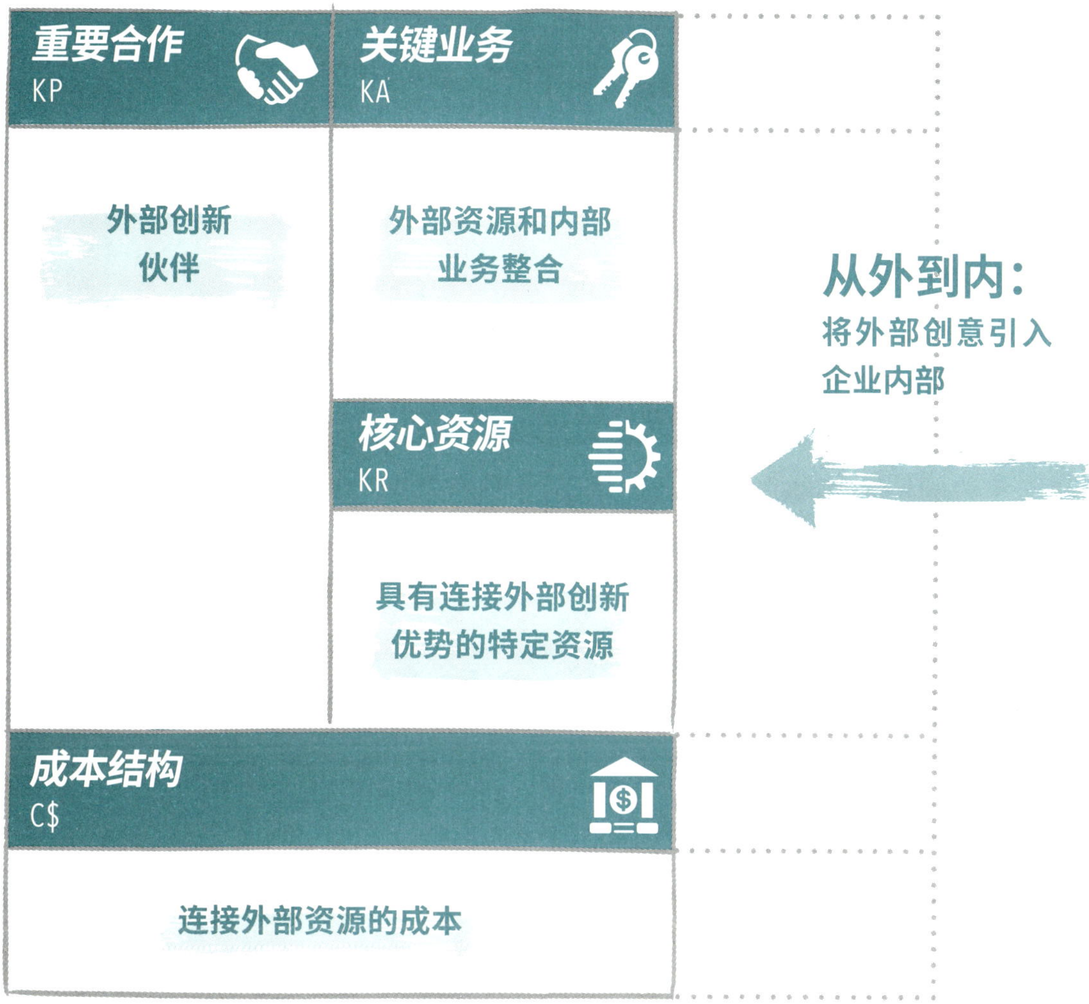

图 7-14 从外到内的开放式商业模式画布式样

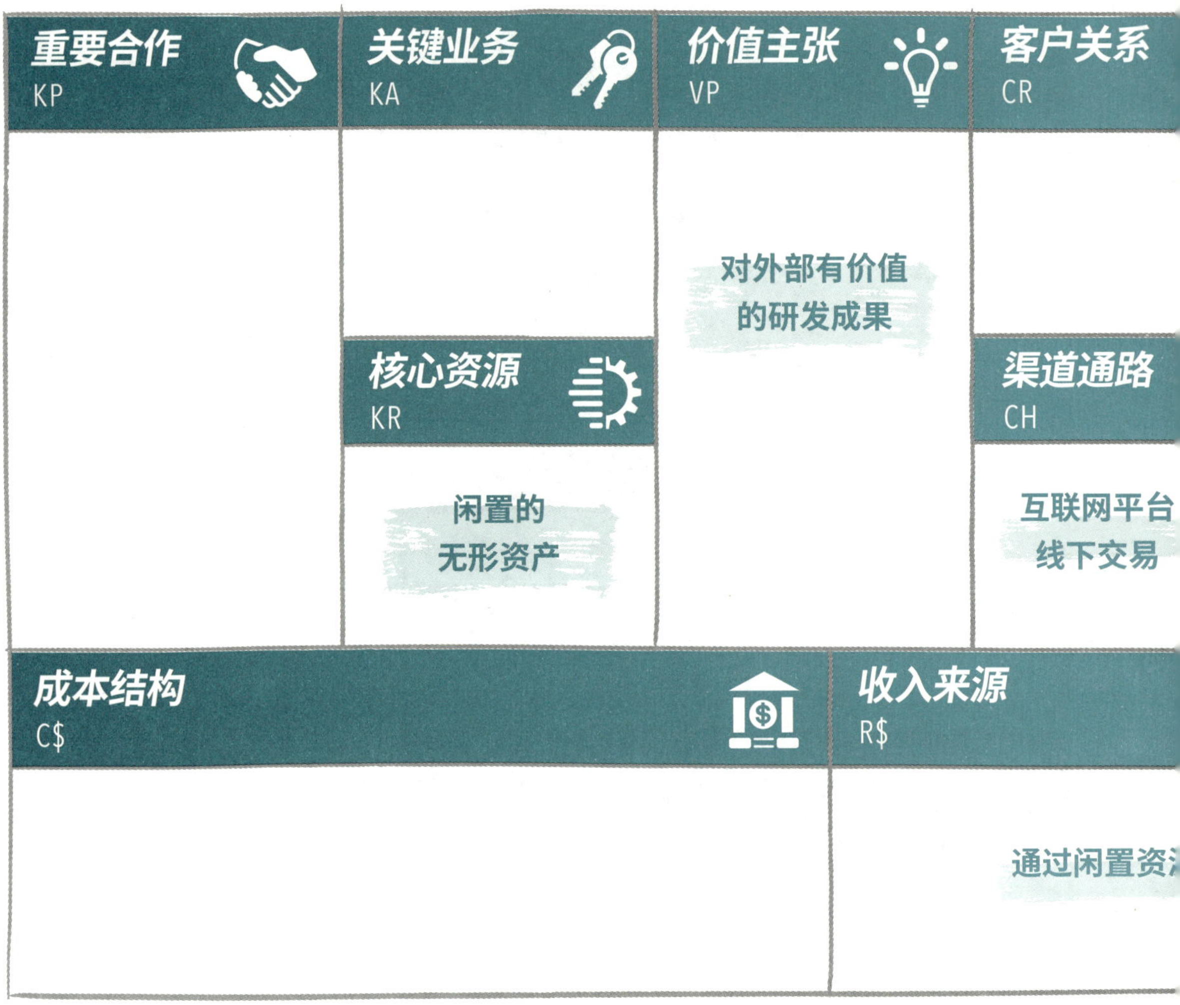

图7-15　从内到外的开放式商业模式画布式样

学习活动

构建小组创新项目的商业模式画布

- 工具：彩色笔、便利贴、A3纸
- 时长：30 min
- 步骤

1. 以学习小组为单位进行讨论（限时20 min），结合实际并发挥创意，在一张A3纸上用彩色笔构建小组创新项目的商业模式画布。

注：可先在便利贴上记录关键词或打底稿。

2. 讨论结束后，各小组选出一名成员分享讨论过程及成果。

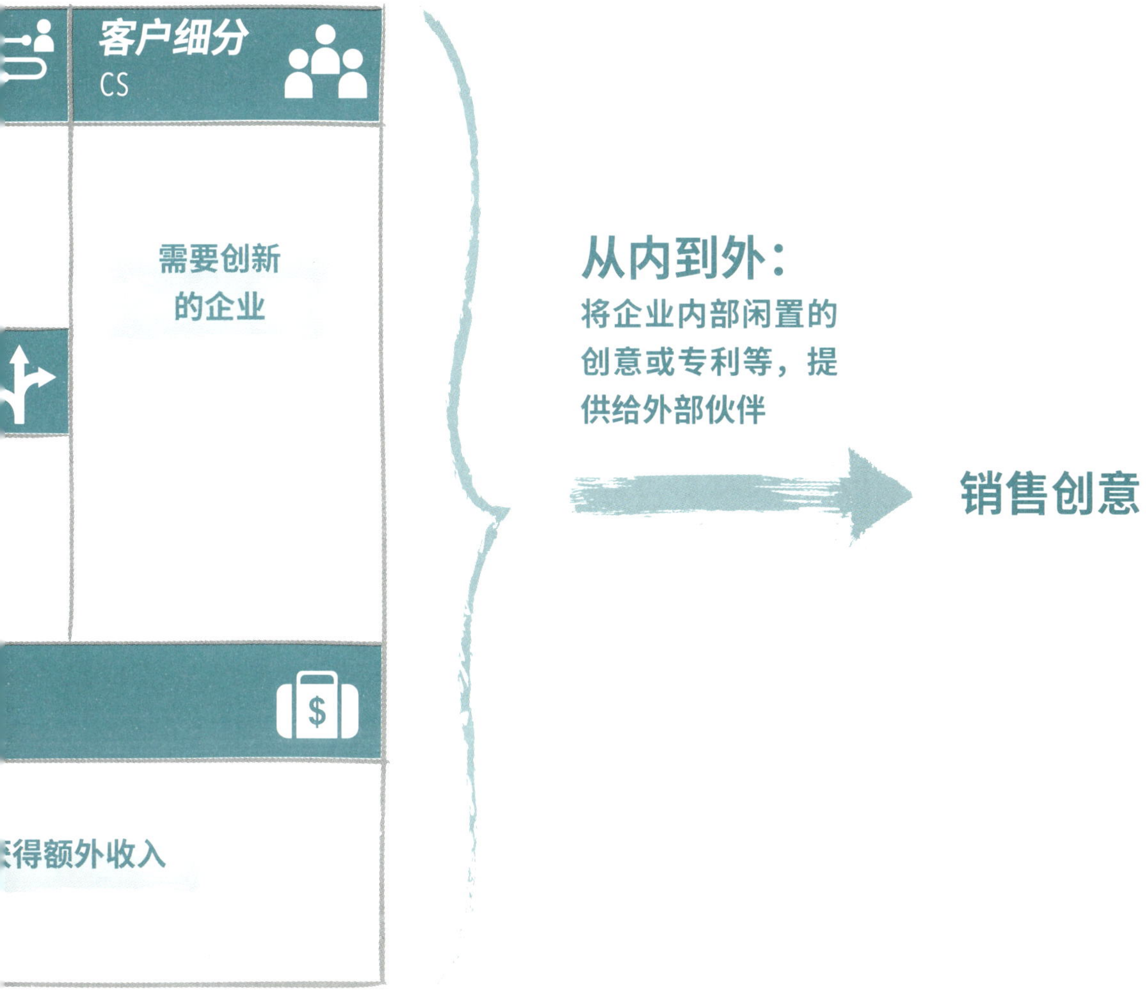

● 小结

本活动要求同学们既要全方位地熟悉学习小组创新实践项目的内容，又要掌握商业模式画布工具的用法。在自行尝试构建商业模式画布后，整个创新项目的商业逻辑将变得更加清晰，有助于推动创新实践项目真正落地，创造更多价值。

7·4 商业模式的优化策略

一、什么是创意构思

设计新的商业模式或对现有商业模式创新需要先产生大量商业模式创意，然后从中筛选出最好的创意，这个发散和收敛的过程被称作创意构思。

二、创意构思类型

创意构思包括资源驱动、产品/服务驱动、客户驱动、财务驱动和多中心驱动。

● **资源驱动**

资源驱动是指基于一个组织现有的基础设施或合作关系的拓展，去改变现有的商业模式。对创业者而言，要懂得分析和思考目前团队有哪些核心资源、有怎样的关键业务、和谁有重要合作。

美团的商业模式就是以资源驱动的。作为中国领先的生活服务平台，美团通过技术连接消费者和商家，提供多样化的生活服务，包括餐饮外卖、旅游预订、电影票务、交通出行等，通过促进资源优化配置持续改善商业模式，扩大收入来源。图7-16为资源驱动的商业模式画布示例。

● **产品/服务驱动**

产品/服务驱动是指通过建立新的价值主张来影响商业模式的其他模块，从而形成更有竞争力的商业模式。

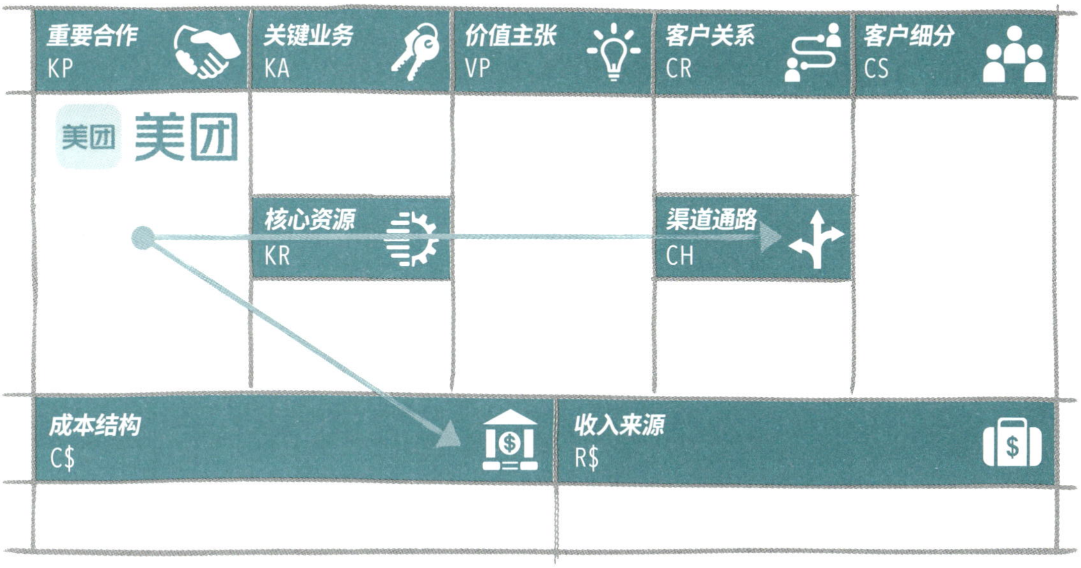

图 7-16　资源驱动的商业模式画布示例（美团）

京东公司刚开始上线时吸引人眼球的地方一个是正品，另一个是低价。之后，京东发现消费者在网购的时候，希望自己在网上订购的商品能够更快、更好地送到手中，于是它选择打造自己的物流体系，实现了服务创新。图7-17为产品/服务驱动的商业模式画布示例。

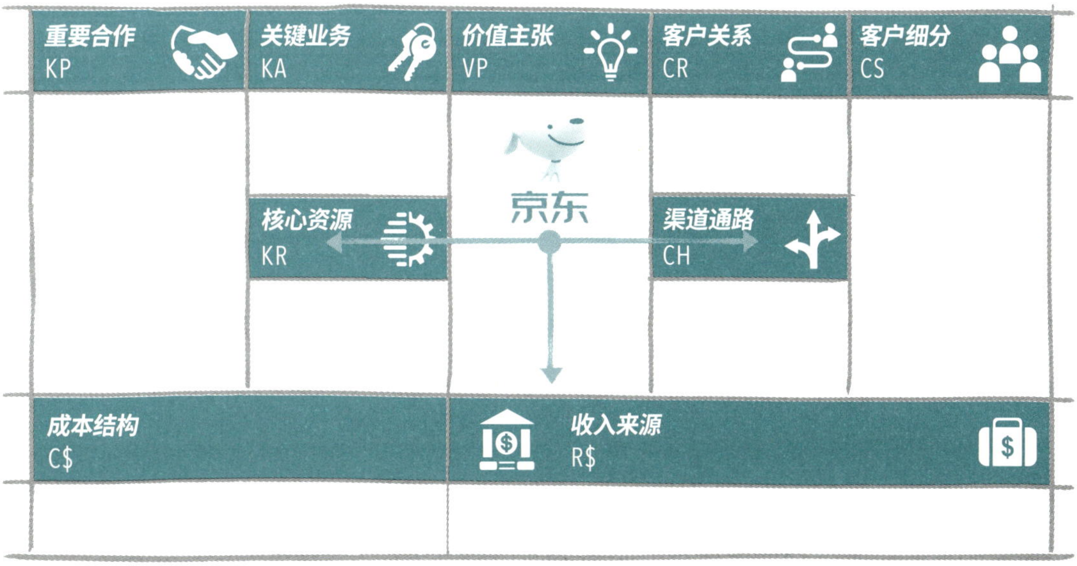

图 7-17　产品 / 服务驱动的商业模式画布示例（京东）

● 客户驱动

客户驱动是指基于客户的需求，降低客户获取产品或服务的成本，或提高其便利性。

早在2008年，星巴克公司在官方网站上开辟了一个客户交流的社区。当时在业界看来，这是一个非常大胆的行为，但也正是因为这一点，星巴克公司能够紧紧地抓住客户的需求改变自己，使其产品更受欢迎。图7-18为客户驱动的商业模式画布示例。

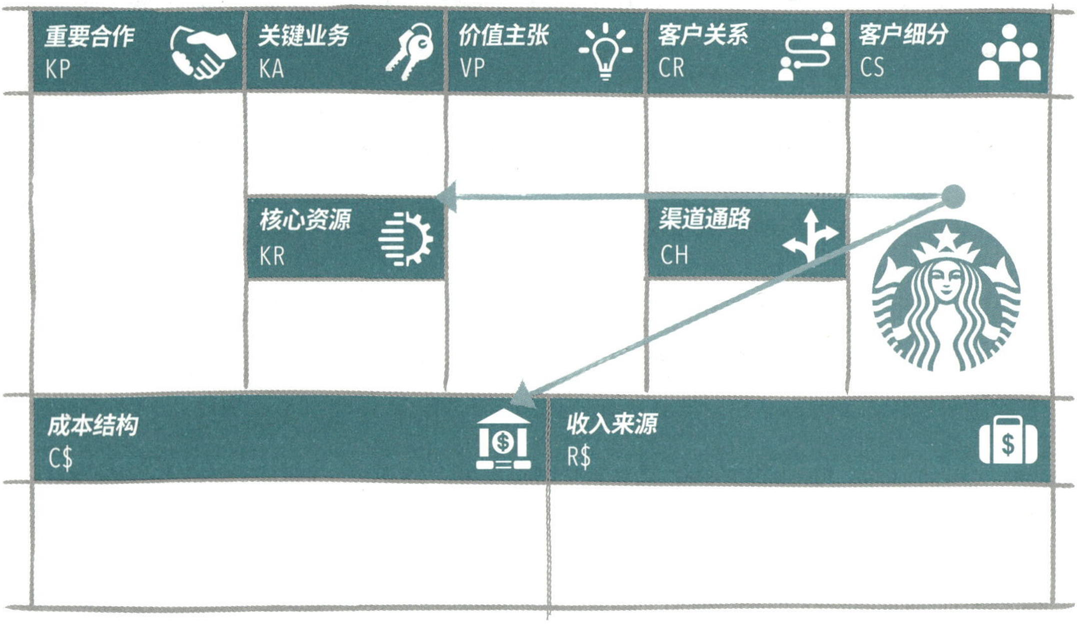

图7-18　客户驱动的商业模式画布示例（星巴克）

● 财务驱动

财务驱动是指由收入来源、定价机制或成本结构来驱动商业模式的改变。

虽然惠普打印机的产品质量享誉世界，但其真实售价却比同性能的打印机要低，其中就运用到了财务驱动。图7-19为财务驱动的商业模式画布示例。

● 多中心驱动

多中心驱动是指由多个集中点驱动，并且会显著影响商业模式的其他模块。

当当作为国内知名的综合性网上购物商城，是典型的多中心驱动的商业模式代表。这一网站于1999年成立，早期主要以销售图书为主，2005年开通时

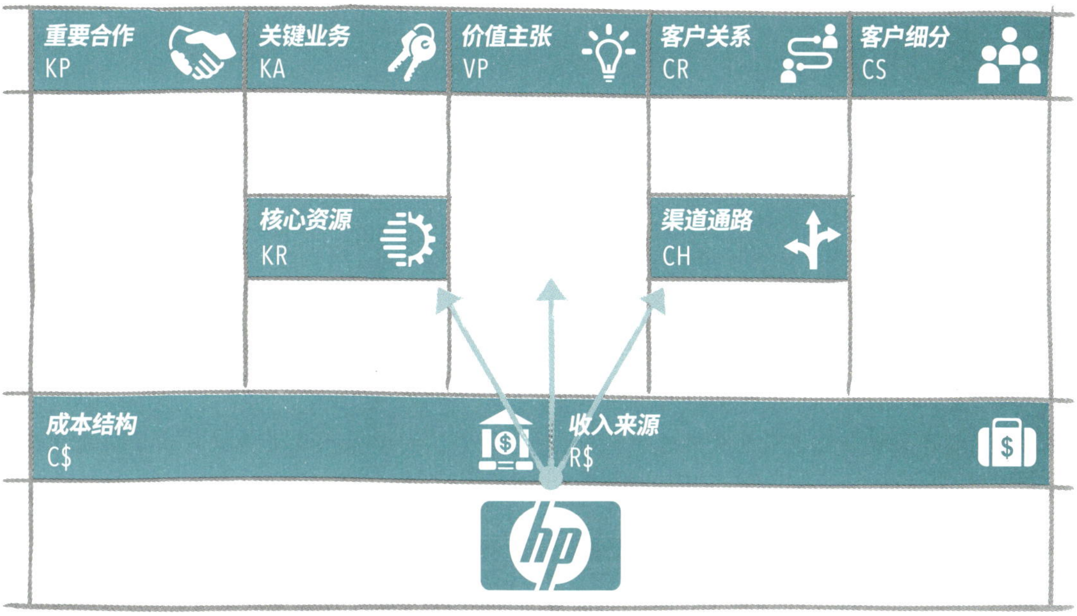

图 7-19　财务驱动的商业模式画布示例（惠普打印机）

尚百货频道，随后还推出了自有的家居品牌“当当优品”，以及电子阅读器、当当云阅读等图书配套产品。业务多元化之后，当当的价值主张有所改变，客户细分群体也进一步扩大。图 7-20 为多中心驱动的商业模式画布示例。

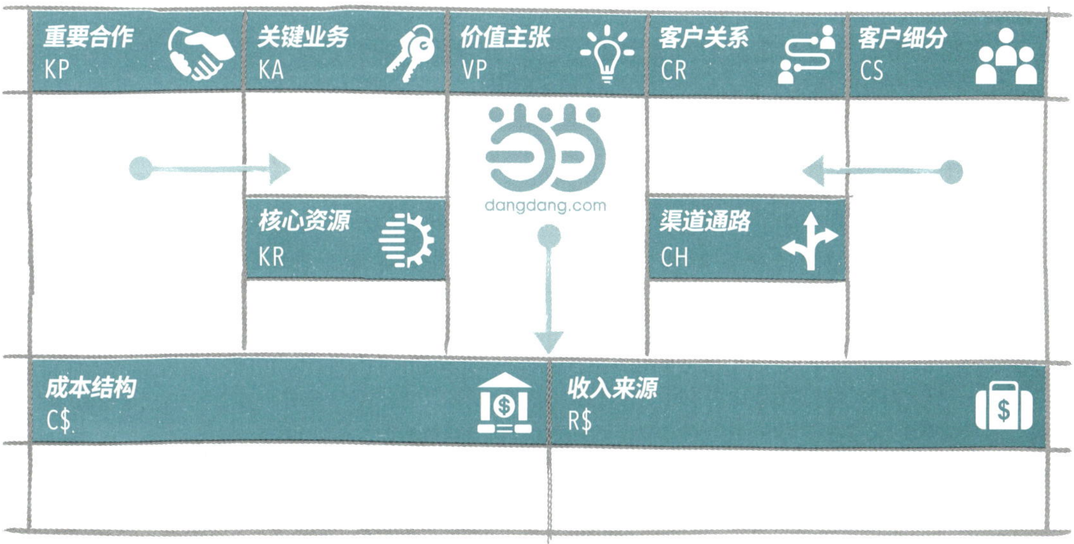

图 7-20　多中心驱动的商业模式画布示例（当当网）

知识拓展

“车路云一体化”的新基建商业模式创新

当前全国各地的智慧交通建设正如火如荼，并展现出两个重要特点：其一是互联网科技巨头踊跃参与；其二是自动驾驶、车路协同等新型高科技企业已经拥有卓越的实践结果。

国内已经落地的智慧交通项目中，蘑菇车联公司作为“车路云”一体化方案的提出与践行者，创造性地在其“车路云一体化”实践中把项目的建设范围进行了上下游延伸，在建设智能道路基础设施的基础上，开始涉猎自动驾驶车辆的运营服务，以及实时统一的城市交通管理与市民车主共享智慧出行服务，形成了一个全业务覆盖、全产业链融合、全生命周期服务的创新性商业模式。

以湖南省衡阳市的智慧交通项目为例，其建设内容涵盖了城市道路基础设施建设智能化升级、公共服务领域自动驾驶运营服务和智慧交通大脑。其中，城市道路基础设施建设属于新基建范畴，而自动驾驶在城市公共服务领域的应用则是借助自动驾驶无人化作业的优势来推动环卫、安防、公交、物流等劳动密集领域“降本增效”，构建商业闭环。

这种创新型商业模式打通了前期设计、中期建设与后期运营的全产业链条，有利于分阶段来提升商业运营能力，实现可持续发展，赋能新基建，为社会发展增效。

当前，新基建已经成为经济发展的重中之重。2024年7月，财政部等六部门联合印发的《市政基础设施资产管理办法（试行）》发布了47条规定，涉及市政基础设施的分类、配置管理、维护和使用管理、处置、监督等多个方面。新型基础设施建设进一步推动了新质生产力的发展，市场上逐渐出现了各种新基建领域的创新商业模式。能够打通产业链条，扩展并延伸传统项目业务链条，利于产业各方通力协作，实现商业价值与社会效益最大化的商业模式，或许会成为未来新基建商业模式的创新样板。

个人商业模式画布

个人商业模式画布的概念正是来自企业商业模式画布的启发，同样是从9个模块出发，分析的是个人职业发展的必备要素和思考路径。在个人商业模式画布中，各个模块的内容更换为与企业商业模式画布有所区分的个人方面要素，如图7-21所示。

个人商业模式画布的适用场景包括改进工作内容、定制或优化职业发展、打造个人商业品牌等。使用步骤包括：

1.填写画布

在梳理画布的过程中，可以借助9个模块，更加系统地梳理自己当前所处的工作状态和流程，用更直观的视角发现新的洞见。

2.分析画布

个人商业模式画布本身就是整合和聚焦的工具，除了在9个模块中写下自己的答案，我们还需要进一步分析各项要素，进行职业诊断，在发现问题后逐个击破。

扫码看慕课

个人商业模式画布

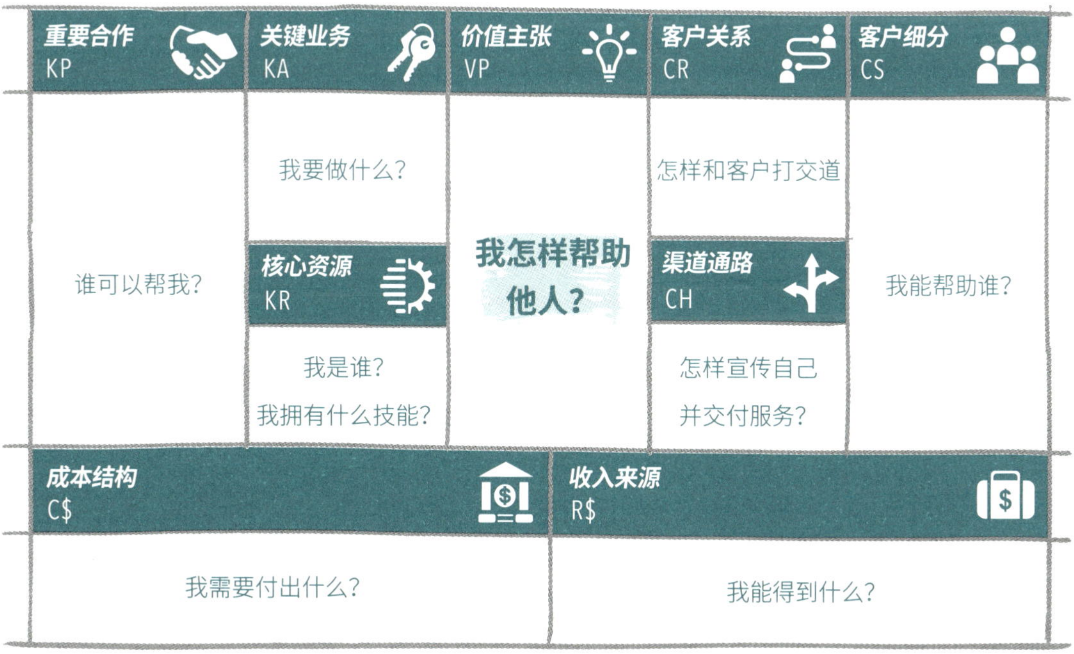

图 7-21　个人商业模式画布的 9 个模块

3.发现问题

在个人商业模式画布中圈出感到最不满意的模块，这便是当前存在的问题。

4.思考原因

围绕问题思考原因，为下一步寻求解决方案做准备。

5.调整要素

重新审视9个模块，以之前圈出的问题为导向，看看自己在哪些模块做出调整后能够有助于解决问题。根据实际的可行性对各个模块的内容做出相应调整，并以此作为后续努力的目标和方向。

课后作业

▌回顾本章的学习，你已经了解了商业模式的内容以及不同类型的商业模式，身边的哪些企业符合你已学到的商业模式类型？

▌结合商业模式画布的应用，你是否体会到了商业模式画布中9个模块的逻辑所在？

▌充分理解个人商业模式画布的作用，尝试将商业模式画布与人生规划结合起来。

▌请各学习小组进一步梳理课堂上讨论完成的小组创新实践项目的商业模式画布，将迭代后的版本记录在[主体工具包]中的“工具A13：商业模式画布”上。制作一页精美的PPT来展示该商业模式画布。

▌结合个人商业模式画布的相关知识点，尝试分析自己的人生模块并绘制属于自己的人生规划画布，将成果记录在[附加工具包]中的“工具B6：个人商业模式画布”上。

行动建议

▌青年是社会上最富活力、最具创造性的群体，理应走在创新创造前列。党的十八大以来，习近平总书记在许多场合都勉励和支持青年“勇于创新创造”，为广大青年把握机遇、勇担使命指明了方向。结合本章内容，同学们可以灵活运用商业模式的系统化思维，帮助自己更好地进行思考与创新，具体为大家提供以下4点建议：

1. 通过新闻、访谈等方式调研身边的企业或创业项目，养成运用商业模式画布的9个模块分析商业模式的思维习惯，逐步培养形成商业化思维。

2. 对比当前已有的商业模式，思考某个或某类企业的商业模式是否存在创新的可能性，并从不同的模块出发，寻求不一样的商业模式创新方向。

3. 对于创新发明，思考其是否适用于市场经济环境，能否匹配消费者的需求，从价值主张、客户细分、收入来源等角度分析由产品到商品的可行性。

4. 阶段性地利用个人商业模式画布进行生涯规划和成长自省，从整体和部分思考自己目前的不足之处，丈量自己与目标的距离，迭代更新长期或短期计划。

大学生作为未来市场经济的参与主体，应该不断提升自己，养成商业化思考的习惯，将创新创业精神与个人创造力相结合，为祖国的经济发展贡献自己的力量。正如本章开头介绍的“烯格赛斯”案例一样，我们应向这群敢于创新、敢于尝试的青年学习，在创新的过程中不妨以商业模式为着眼点，努力挖掘出行业的风口和机遇。

延伸阅读

双创案例

比亚迪：商业模式创新引领新能源汽车产业变革

随着全球环保意识的不断增强和对气候变化问题的日益重视，电动汽车市场迎来了前所未有的发展机遇。在这个充满潜力的新兴领域中，中国企业比亚迪（BYD）公司凭借其强大的技术研发能力和创新的商业模式，已经成为推动电动汽车革命的关键企业之一。作为新能源汽车行业的领跑者，比亚迪公司通过其独特的商业模式实现了快速成长，并在推动整个行业向前发展方面发挥了重要作用。比亚迪公司不仅在技术创新上持续领先，还在产业链整合、市场化战略以及合作伙伴关系建设等方面展现了卓越的前瞻性和执行力。

- **全产业链布局，实现自给自足**

比亚迪公司通过全产业链布局，实现了从三电系统到零部件制造，再到整车组装的一体化生产。这种模式不仅有效降低了生产成本，提高了生产效率，而且加快了技术创新的步伐，使得比亚迪公司能够快速响应市场变化，满足消费者对新能源汽车科技和性能的不断追求。全产业链的整合还为比亚迪公司提供了强大的市场竞争力，使其在新能源汽车领域保持领先地位。

- **全市场化战略，扩大行业影响力**

面对全球新能源汽车市场的竞争，比亚迪公司采取了全市场化战略，不仅将电池业务对外开放，还积极参与全球供应链的建设。通过“7+4”战略布局（7代表七大常规领域，即私家车、城市公交、出租车、道路客运、城市商品物流、城市建筑物流、环卫车；4代表四大特殊领域，即在仓储、矿山、机场、港口领域推出一批专用车产品），比亚迪公司全面覆盖了从公共交通到特种车辆的多个市场领域，有效扩大了其在行业中的影响力和市场份额。

- **多元化战略合作，推动全球布局**

比亚迪公司积极与国内外企业进行战略合作，通过在欧洲、日本、韩国等地建立生产基地，实现了原材料的就近采购和产品的本地化销售，有效降低了成本并提高了市场响应速度。此外，比亚迪公司不仅与中国运载火箭技术研究院在新能源整车、零部件、云轨、商业航天等领域展开合作，而且与百度自动驾驶平台Apollo、大道用车等在无人驾驶技术方面建立了伙伴关系。这些合作不仅促进了技术交流与资源整合，还有效推动了新能源产业的整体发展。

● **金融工具创新，助力市场营销**

比亚迪通过金融工具的创新，为新能源汽车的推广提供了有力支持。通过融资性租赁、经营性租赁和买方信贷等多种金融模式，比亚迪公司为不同需求的客户提供了灵活的解决方案，特别是针对新能源出租车和公交车市场的营销策略，有效推动了新能源汽车的市场接受度和普及率。

尽管比亚迪公司在新能源汽车领域取得了显著成就，但面对诸如特斯拉公司、蔚来汽车、小米汽车等强劲的竞争对手，比亚迪公司仍需应对一系列挑战。电池技术的续航能力和安全性问题，提高消费者对新能源汽车的认可度，以及应对日益激烈的市场竞争，这些问题都要求比亚迪公司不断进行技术创新和市场战略的调整。2024年3月28日，小米公司的第一台汽车Xiaomi SU7正式上市，成为真正意义上第一家自己造车的手机厂商，这意味着未来汽车市场最大的竞争很可能由造车技术和造车能力转向系统研发和软件体验板块。在未来，比亚迪公司仍需通过不断地自我革新和优化，使其在全球新能源汽车产业中继续保持领先地位。

思考：

1. 比亚迪公司在商业模式上有哪些独特的创新点，这些创新点是如何助力其在新能源汽车领域取得领先地位的？

2. 在绿色发展的背景下，你认为未来新能源汽车企业的商业模式需要有哪些创新？

双创视野

如何解决商业模式实施过程中产生的问题？

前面介绍了商业模式画布的构建方法及商业模式创新的关键点。当然，对于商业模式的研究和分析不能只停留在纸面上，还有很多关于实施的内容值得一提，因为这些内容关乎商业模式能否真正带来成功。

接下来，我们将讨论如何解决商业模式实施过程中产生的问题。首先，可以在商业模式画布中融入美国管理顾问杰伊·加尔布雷思（Jay R.

Galbraith）提出的星形模型（star model）。该模型指出了一些创业者在实施商业模式的过程中可能考虑的组织设计问题。加尔布雷思指出，公司要平衡好5个区域：战略、结构、流程、激励、人员。我们把商业模式置于星形模型的中心作为平衡5个区域的“重心”，如图7-22所示。

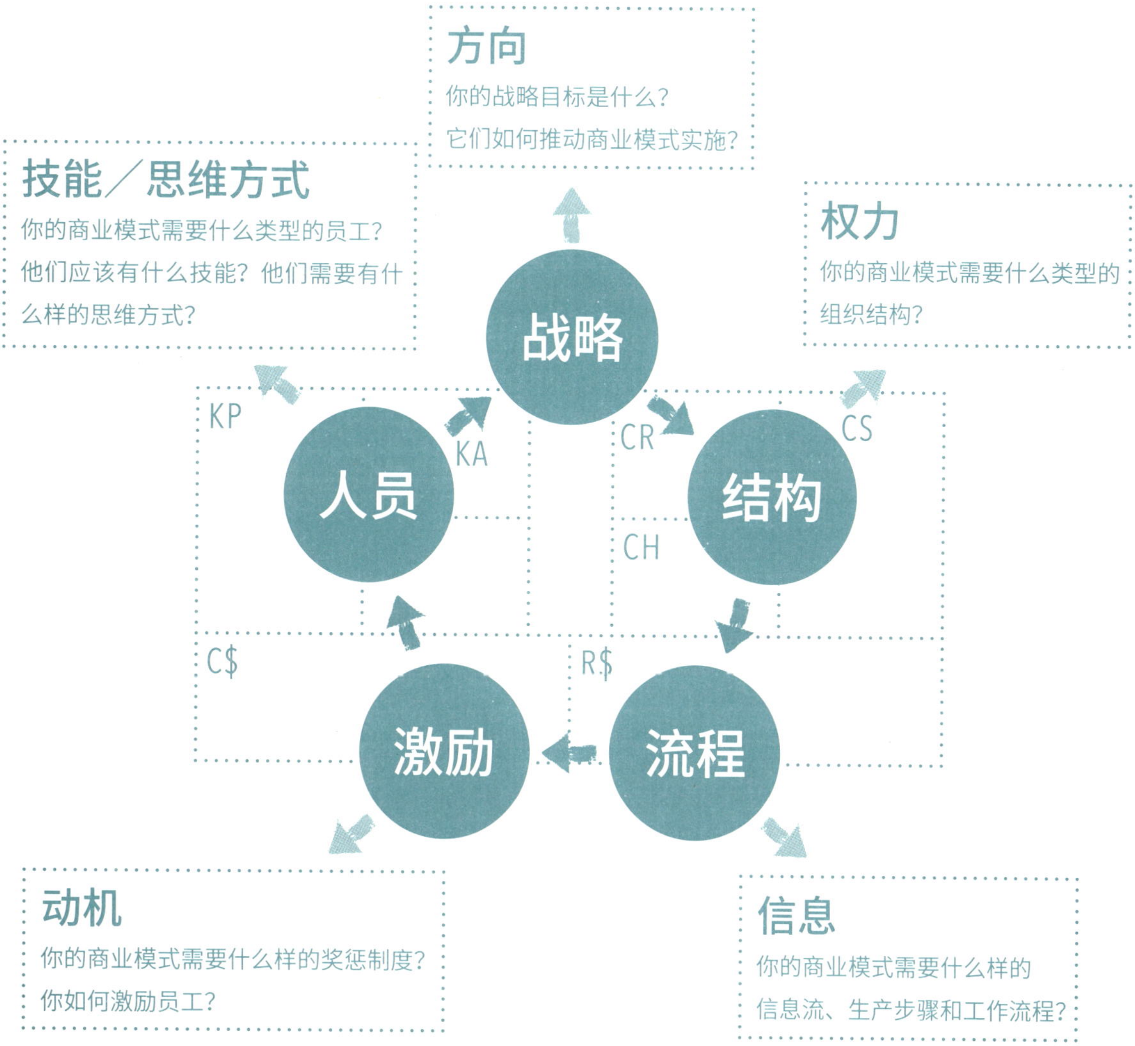

图 7-22　星形模型与商业模式的结合

● 战略：如果想在新的细分市场取得份额增长，就要将其反映到你的商业模式中，并具体到新的客户细分、渠道通路或关键业务。

● 结构：最佳组织结构是由商业模式决定的。你的商业模式需要一个集权还是分权的组织结构？

● 流程：每个商业模式都有不同的流程。

● 激励：不同的商业模式需要不同的奖惩制度，合理的激励机制能激发员工的工作动力。

● 人员：特定的商业模式需要有特定思维方式的人员。

8

价值呈现与汇报技巧

创新时事

创新是国力所依。科技发展水平深刻反映着一个国家的综合国力和核心竞争力。习近平总书记指出："健全新型举国体制，强化国家战略科技力量……以国家战略需求为导向，集聚力量进行原创性引领性科技攻关，坚决打赢关键核心技术攻坚战。"[①]

上海，创新发展的先行者。2023年，一场凝结上海科技创新实践的"科技创新成果展"上线。该展览在上海市张江科学城的未来公园举行，C919大型客机、长征六号甲运载火箭、中国空间站梦天实验舱、首艘国产大型邮轮"爱达·魔都号"、通用人形机器人GR-1、"书生通用大模型体系"……一大批各具特色、亮点纷呈的展品熠熠生辉。这些上海科技创新的"闪亮名片"，充分彰显着上海加快向具有全球影响力的科技创新中心进军、以科技现代化支撑中国式现代化的使命与担当。

创新成果的展示是一门学问，它能彰显项目实力、扩大影响力、提升竞争力。上海的这次科技创新成果展不仅集中展示了上海在提升科技创新策源能力和推进国际科技创新中心建设方面取得的重大成果，而且通过搭建开放式的交流平台，加强了国际科技交流与合作，有力推动了上海乃至全球范围内的科技创新事业发展。

学习目标

- 阐述商业计划书的概念，分析其用途和构成，评估商业计划书的价值所在。
- 能基于一般框架创作一份内容翔实、结构完整的商业计划书。
- 厘清创业项目与商业计划书各部分之间的关系，准确呈现项目内容和要点。
- 总结现场汇报与答辩的相关技巧，清晰、完整且富有创意地对外展示项目。

① 习近平.高举中国特色社会主义伟大旗帜　为全面建设社会主义现代化国家而团结奋斗：在中国共产党第二十次全国代表大会上的报告[M].北京：人民出版社，2022:35.

本章概览

一个优秀的项目要想走上成功之路，拥有一份优秀的商业计划书是关键一环。优秀的商业计划书可以涵盖项目所有的关键之处，并将其清晰、准确地呈现给投资人，是创业者获得成功的“敲门砖”。

本章系统介绍商业计划书的概念、用途和构成，以此展现商业计划书的价值及其对创业项目的重要性，引导学生做好现场汇报与答辩准备，走出自己的创新创业之路。

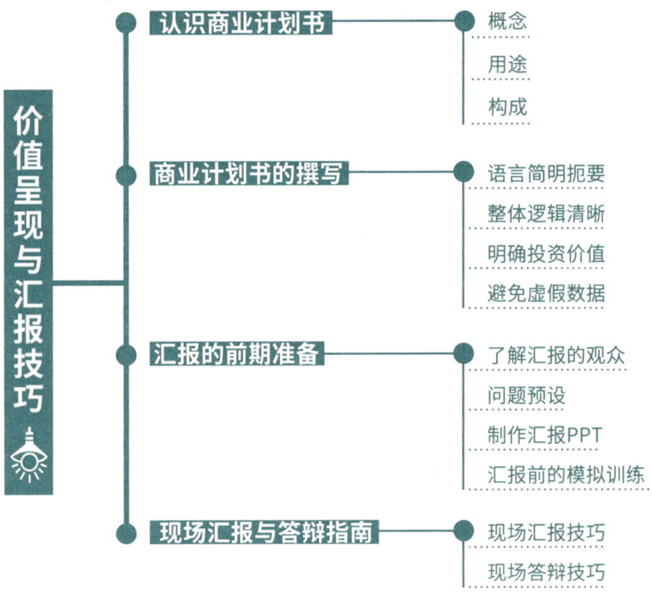

i人e事

Ai笑少年
——青少年正畸点亮乡村微笑

项目介绍："Ai笑少年——青少年正畸点亮乡村微笑"项目团队整合四川大学华西口腔医学院5 000多个优质病例的大数据库，以AI算法定出正畸方案，并在传统正畸的基础上，研发出国内首个粘接导板，有效降低了基层医生的牙齿正畸难度。该项目所形成的AI赋能的"医学+软件、硬件、模式"联动解决方案，实现了华西口腔优势医疗技术助力基层青少年口腔健康，打造新时代中国"科技自信、医疗自信、民族自信"的最美微笑。该项目获得了第八届中国国际"互联网+"大学生创新创业大赛全国金奖。

一口健康整齐的牙齿，是反映一个国家居民身心健康、文明水平的重要标志。然而，在四川省"三州"地区，许多孩子无法及时接受口腔正畸治疗或接受了错误的口腔正畸治疗。为了破解基层青少年正畸困局，四川大学华西口腔医学院2022级口腔正畸学博士研究生尹一佳带领"Ai笑少年"项目团队选择以AI赋能，降低基层正畸治疗门槛，助力基层正畸医疗。这便是"Ai笑少年"项目的整体概述。在团队与组织结构方面，该项目集合了口腔正畸学、计算机科学等多学科交叉人才。核心内容是AI赋能的医学以及"3个一"联动解决方案，即"一个软件让方案由难变易、一套硬件让操作化繁为简、一种模式让帮扶可持续进行"。其主要产品有2个：AI正畸诊断设计软件、AI+精准导航正畸器械。除了以上内容，为了参加第八届中国国际"互联网+"大学生创新创业大赛，"Ai笑少年"项目的商业计划书中还包括融资方案、财务分析等一系列内容，其中的关键内容在项目路演中被很好地展示出来。

2022年，第八届中国国际"互联网+"大学生创新创业大赛全国总决赛在重庆大学通过线上举行。经过激烈角逐，"Ai笑少年——青少年正畸点亮乡村微笑"项目在"青年红色筑梦之旅"赛道荣获全国金奖。该项目完整且优秀的商业计划书，以及精彩的现场路演和答辩，给评委和观众留下了十分深刻的印象。

思考：

1.基于以上案例并在搜集更多信息后分析："Ai笑少年"项目团队是从哪几个方面介绍项目的？

2.AI技术从研发到应用经历了一个艰难的过程，正如创业一样，从形成创业想法到项目落地，也要历经重重困难。你认为在创业项目的孵化过程中，最关键的要素是什么？

8·1 认识商业计划书

一、什么是商业计划书

创投公司和投资人了解创业项目的途径一般有两种：一种是与创业者之间的交谈，另一种是商业计划书。

所谓商业计划书（business plan，简称BP），指的是企业或项目团队为实现招商融资或其他发展目标，基于前期对项目开展的科学调研、分析和资料搜集整理，按照一定的格式和内容要求所编撰的一份书面材料，计划书中需全面展示项目及企业的当前发展状况、未来发展潜力及投融资等事项。

资本方可以根据商业计划书，对企业或项目做全面的分析、评估，最终决定是否进行投资。可以说，商业计划书就是用以取得风险投资的商业可行性报告。因此，一个好的项目要想走向成功，就离不开一份好的商业计划书。

对于创业者与创业团队自身来讲，商业计划书是从项目的全局入手所做出的规划。在撰写商业计划书的过程中，创业者与创业团队能够更清楚地了解项目目前的发展情况，全面评估其核心竞争力，找到不足之处并加以优化。此外，商业计划书还十分全面地涵盖了创业项目各个部分的关键内容，指明了项目的发展方向。所以，商业计划书对于创业者与创业团队自身而言，更像是一份行动指南，是创业者与创业团队未来规划的一份蓝图。

知识拓展

如何筛选商业计划书？

在真格基金创始人徐小平看来，商业计划书一定要在概念上吸引人，即要有意思、好玩，其内容值得细细品味。若要向他们呈递商业计划书，就要满足其“好奇心”。如果创业项目平平无奇，令投资人感到枯燥，即使在商业计划书中摆出再多的数据，也未必能引起投资人的注意。

新东方教育集团创始人俞敏洪则认为，好的商业计划书必须要找到客户痛点。商业计划书中体现的商业模式，首先应该让投资人眼前一亮，并认为其十分具有潜力。其次，企业发展的思路应是脚踏实地、切实可行的，而不是单纯地“套概念”。再次，创业者本身要靠谱，比如要有想法、有冲劲，那些浮夸又异想天开的人，投资人往往不敢投资给他们。最后，还要看团队，团队结构必须完整，分工要合理，这决定了企业未来发展的下限。

小米公司创始人雷军认为，天使投资人每天都很忙，根本抽不出时间去详细研读每一份商业计划书。如果翻了几页都看不懂创业者想要做什么，这个项目对于投资人而言就太过复杂了。在他看来，风险投资更关心团队和人，创业者需要用两三句话说清楚“想要做什么”，“未来可能产生的价值”。要记住，投资人还关心你和你的项目最终能给他们带来多少收益。

二、商业计划书的用途

商业计划书的用途多种多样，它既可以是投资人进行投资的评定标准，也可以作为创业者与创业团队的行动指南。商业计划书是决定创业成功的重要因素，其主要用途有：

- **帮助项目获取融资**

融资是撰写商业计划书的主要用途之一。一份优秀的商业计划书，将会使投资人更高效地了解投资项目，并且会让投资人对项目充满信心，最终达到为项目筹集资金的目的。商业计划书就是获取项目融资、投资的“敲门砖”。

- **创业者与创业团队的行动指南**

当创业者与创业团队将一份完整的商业计划书视为创业路上的行动指南时，商业计划书将可以让他们了解项目在各个阶段的关键举措，为其指明前进方向，缓解和摆脱创业过程中的压力与迷茫。

- **找到项目的优势与劣势**

通过商业计划书，创业者与创业团队可以更好地发现自身项目的优势与劣势。创业项目的优势决定了项目的上限，这是创业项目与其他项目竞争的本钱；而创业项目的劣势则决定了项目的下限，想要筑起高楼，就更需要打好坚实的地基。

- **与他人之间的沟通工具**

一份商业计划书不仅是为投资人而撰写的，它还可以被呈现在创业团队以及其他潜在的合作伙伴面前。如果可以找到与自己志同道合的合作伙伴加入，创业就会更加充满活力，此外也可以实现多方的共同发展。

三、商业计划书的构成

由于应用场景的不同，商业计划书的构成可能有所不同。但是，当我们将商业计划书作为获取投资的“敲门砖”时就应该意识到，每一个项目在最终获得投资前都需要经过层层筛选，而投资人又面对着数以万计的商业计划书。因此，商业计划书的架构就显得尤为重要，清晰的逻辑框架能够让投资人瞬间抓住想要了解的重点。

一般来说，一份商业计划书的主体部分应该包括十大板块，即执行概要、公司介绍、产品/服务介绍、市场分析、营销策略、团队与组织结构、财务预测、投资分析、风险控制、风险资金的回报与退出，如图8-1所示。

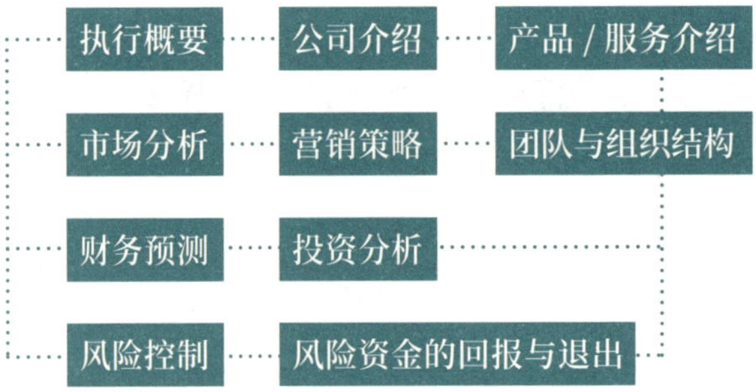

图 8-1 商业计划书的构成

- **执行概要**

商业计划书的执行概要应该包括项目各方面的信息，如产品、技术、概念产品或服务的概述，面临的市场机会和目标市场定位与预测，市场环境和竞争优势，经济状况和盈利能力预测，团队概述，所需资源，可提供的利益等。这部分内容在商业计划书中，通常不会占用过多篇幅，语言要简明扼要、通俗易懂。

知识拓展

金优科技——全国农作物高效光合育种先行者

“金优科技”——全国农作物高效光合育种先行者是在第七届中国国际“互联网+”大学生创新创业大赛中获得全国金奖的项目。以下是该项目在参赛时的执行概要：

随着我国全面建成小康社会，人们对于优质稻米的需求逐年增加，且国内优质稻米市场逐年增加。“金优科技”项目团队通过市场调研发现，当时国内存在着“优质稻不高产”“优质稻市场供不应求”的问题。秉持着让更多人吃上优质稻米的初心，项目团队开拓优质稻穗光合增产新思路，首创高穗光合新技术。历经3年，该项目团队成功选育高光粳优质稻，并主推品种高光粳2号，未来可实现增产9%，达到超级稻水平。与行业龙头公司主推的优质稻相比，高光粳2号的米质更好，价格更低，性价比高，优势明显。该项目团队计划成立公司，提供优质稻种销售和改良服务，并已在全国试种251亩，累计达成订单额60万元，带动就业500余人。在未来，金优科技将成为一家技术性育种公司，通过改良多种作物，助力国家粮食安全与国民健康。

在简短的执行概要中，我们可以清楚地了解许多方面的信息："国内优质稻米市场逐年增加"，这是项目所面临的市场机会和目标市场定位；"高穗光合新技术"，这是项目中运用的自主研发技术；"主推品种高光粳2号"，这是项目的主推产品；与市场主流产品的竞争优势则在于，项目主推产品的米质更好、价格更低、性价比高。此外，在这部分还提到了对企业未来的憧憬，体现出团队对项目充满信心和期待。

● **公司介绍**

商业计划书中的公司介绍，主要是介绍公司的过去、现在以及未来的总体情况。

知识拓展

生态治理革新者——可持续生态治理综合方案

"生态治理革新者——可持续生态治理综合方案"是在第七届中国国际"互联网+"大学生创新创业大赛"青年红色筑梦之旅"赛道创业组中获得全国金奖的项目。

作为一名生态学博士，早在2017年，该项目负责人王丰毅在华东师范大学河口海岸科学研究院读书期间就和同学凭着对生态修复的关注与热爱，开始创业并成立了瑛菲生态科技（上海）有限公司。截至2021年，公司已经在全国范围内完成了429 m^2的总修复面积，其中公益性修复面积达到40%。公司业务发展有两个里程碑：一个是西部内陆盐碱地治理，另一个是东部滨海盐碱地修复。同时，公司与基金会客户、政府客户、企业客户之间的合作关系十分稳定。公司累计带动就业约1 000人，间接带动就业约3 000人。

对于"青年红色筑梦之旅"赛道创业组的参赛项目而言，项目介绍十分重要。在这个项目中，项目介绍包括公司的成立、目前所达成的里程碑、与多方间的合作关系、直接和间接带动就业的能力和规模等。这样的详细介绍可以让更多人了解公司目前的具体情况，也为后续可能的投资人吃下一颗定心丸。虽然投资有风险，但无论是谁，都一定会优先选择一个知根知底且发展稳定的公司。

● **产品/服务介绍**

这部分内容主要涵盖了详细的产品、技术、概念产品或服务的说明，以及如何满足关键客户的需求。此外，还包括与市场上相类似产品之间的横向对比，可以采用竞品分析、产品检测、成果鉴定、专家评价、客户评价、发明专利、重要获奖、权威报道等材料佐证。

知识拓展

黑柔科技——新型柔性显示电路板

“黑柔科技——新型柔性显示电路板”项目与本章导入案例“Ai笑少年”项目一样，都出自同一所大学——四川大学，同样获得了第八届中国国际“互联网+”大学生创新创业大赛全国金奖。

“黑柔科技”的新型柔性显示电路板有效地解决了“三供难题”——“供不了”“供不起”“供不好”，即国内无高品质原料、堆料繁多且成本过高、难以满足5G高频需求这三大难题。而“黑柔科技”的3项核心技术——黑色素氧催化一步规模制备法、高效微观有序结构调控技术、原位沉积一膜法加工工艺，则是这款新型柔性显示电路板的基础。除此之外，该项目还拥有有效散热、超耐弯折、电磁屏蔽、优良介电的优点。与其他国内外产品，如美国杜邦Kapton B、中国瑞华泰黑色电子PI薄膜等相比，该项目有着电磁屏蔽散热更佳、介电损耗更小、耐弯折次数更多的优势。在专利布局上，该项目凭借8项专利进行了“材料+工艺+产品”的多维度布局。

“黑柔科技”的产品介绍包括对于产品、核心技术、专利的介绍，同时也包括与市场上其他竞品之间的横向比较，从而更加凸显项目的优势所在。由此可见，对于项目介绍，最重要的是能突出其亮点，增强信服力，让其他人相信这个项目的确是有价值与潜力的。

● 市场分析

市场分析包括目标市场的定位与分析、市场容量估算和趋势预测、竞争分析和竞争优势、估计的市场份额和销售额以及市场的发展趋势等。可以用PEST分析模型和波特五力模型对市场所处的大环境进行分析。

知识拓展

Deinker——中国办公废纸原地再生的绿色节能先行者

“Deinker——中国办公废纸原地再生的绿色节能先行者”是在第七届中国国际“互联网+”大学生创新创业大赛中获得全国金奖的项目，同时也是本书第4章的导入案例。我们通过这个案例，一起来看看市场分析到底应该怎么做。

对于目标市场的定位，Deinker项目瞄准了整纸脱墨这一市场。项目团队从2019年就开始着手准备“对办公室用纸进行整纸脱墨”这一想法，其间更是花了2年的时间进行市场调研、技术理论预演、确定市场规模，只为查证整纸脱墨的可行性。竞争分析方面，该项目与爱普生公司全球首创的干纤维纸张循环系统进行了多方面的比较，在能耗、体积、价格等多个方面都有着明显的竞争优势，做到了国内市场创新与国际市场领先。

项目的出发点是绿色环保，秉持“绿水青山就是金山银山”的理念，因而整纸脱墨这一市场的潜力是巨大的。除了市场调研、确定市场规模，该项目还进行了国际范围内的竞争分析，通过各个维度的数据比较凸显了项目的竞争优势。

● 营销策略

制订有效的营销策略是确保产品顺利进入市场并保持和提高市场占有率的重要一步，包括：定义项目的顾客群或者所提供的核心价值、附加利益等，制订符合项目市场特点的价格策略，构建通畅合理的营销渠道，制订新颖而富于吸引力的推广策略。

知识拓展

智慧农业——高泥沙水系滴灌首部系统设计与制造

“智慧农业——高泥沙水系滴灌首部系统设计与制造”是在第七届中国国际“互联网+”大学生创新创业大赛中获得全国银奖的项目，我们来一起了解这个项目的营销策略。

“智慧农业”项目的主要产品在经过不断完善、改良后，已经形成了适用于沿黄灌区经济林果的成套节水灌溉技术。在成套实物制作完成后，项目团队在马阴村进行了现场应用，并将应用前后的效果进行了对比。在进一步推广实施方面，不仅在甘肃省兰州市罗九公路生态林、兰州新区绿化带进行了运用，还推广到了更多地区，包括白银市、榆中县等。在实施项目后，这些地区都有着非常显著的用水量减少与产量增加的情况。

“智慧农业”项目的产品十分有针对性，主要是为了解决农业种植户所遇到的设备适应性差、价格昂贵、施肥不均的问题。项目实施的基本意义在于，在解决问题之余，节水增收，这也是农业种植户的心中所想。因此，在推广营销策略方面，该项目不是一味地推销自己的产品，而是通过设备在不同地方的实地应用，以最终的数据对比去证明项目实施的确可以做到节水增收，从而最终达到推广营销的目的。

- **团队与组织结构**

在这部分，可以简要地介绍企业的管理团队、组织架构以及团队能力，包括介绍团队各成员的教育或工作背景、具体分工等。可以突出与企业间的合作关系、产业顾问、创业经历等内容，也可以侧重体现团队成员多元化与组织结构的完整性。

知识拓展

磷跑者——领跑正极材料新时代

“磷跑者——领跑正极材料新时代”是第八届中国国际“互联网+”大学生创新创业大赛的一个项目，同样也获得了全国金奖。我们可以通过这个案例，学习在商业计划书中如何介绍团队与组织结构。

在团队与组织结构部分，该项目首先介绍了校内的指导教师，然后介绍了校外的专家顾问，最后介绍了该项目的团队核心成员。团队核心成员包括化学工程与技术、材料与化工、新能源与低碳等多个专业的交叉型人才，项目负责人李浩东是博士研究生，同时已经全职进入项目所在的东莞赣锋电子有限公司，负责公司的整体运营。

该项目的主攻对象是低成本磷酸铁锂材料制备，因而在技术层面上自然有着一定的壁垒。但是，一支优秀的团队总是攻克难关的基础保障。“磷跑者”项目团队正是这样一支队伍：具备多名优秀交叉型人才，可以做到优势互补，分工合理。同时，团队外部的辅助力量也不可忽视。

● **财务预测**

财务预测主要展示关键的财务假设，如企业何时获得利润、企业盈利需要多少资本、现金流何时达到盈亏平衡。同时应该包含过去几年内的财务数据以及对未来几年的财务预测，并且提供相应的财务报表。

知识拓展

及时图——高精度实时无人机测绘系统开创者

“及时图——高精度实时无人机测绘系统开创者”是在第八届中国国际“互联网+”大学生创新创业大赛中获得全国金奖的项目，同时也是财务预测做得比较优秀的一个经典案例。

在财务预测部分，该项目的盈利能力与发展能力都用数据表明：盈利能力方面，毛利率稳定在55%，预计净利率第四年突破26.5%；发展能力方面，第二年营业利润增长率达134.2%，利润稳定增长。在营业收入和净利润方面，项目则列出了预计未来五年内的营业收入、营业利润、净利润、净利率的柱状图与折线图。除此之外，还配有收入来源的柱状图以及支出构成的饼图。

可以看到，"及时图"项目的财务预测部分是十分全面的，包括盈利能力、发展能力、营业收入和净利润、收入来源和支出构成，各个应该具备的财务预测内容都已经全部具备。同时，以图表的形式展示数据预测，也会让人一目了然。

● **投资分析**

这部分内容应该详细说明融资规划，简述资金的去向，如可用于市场开拓、产能扩大、产品迭代升级等；重点在于要让投资人以具体数字的形式看到其投资回报。

知识拓展

零醛温暖——全国首创地暖地板用无醛高性能胶黏剂

"零醛温暖——全国首创地暖地板用无醛高性能胶黏剂"是在第八届中国国际"互联网+"大学生创新创业大赛中获得全国金奖的项目。通过这个项目可以看到，一份合格的项目投资分析应该是什么样的。

"零醛温暖"项目的注册资本为300万元，已全部实缴。股权结构方面，有75%的股权在创始人陈培进手中，剩下25%的股权则是在其他五人手中。项目计划融资金额为300万元，占股权10%，在投资计划中也写出了资金用途：35%的资金用于产品研发，25%的资金用于市场推广，25%的资金进行生产线建立，剩余15%的资金则被投入公司运营。

可以看到在项目投资分析中，注册资本、股权结构这些都是基本要素。除此之外，我们应该把这部分的重心放在项目的资金用途上。在该项目中，资金用途已被一一列出。

● **风险控制**

在风险控制部分，主要简述政策风险、市场风险、公司人员及财务等风险和问题，并通过分析拟订相应的风险规避计划。

● **风险资金的回报与退出**

商业计划书应该说明明确的投资回报方式。投资人的投资回报方式体现为四种形式：股票上市、股权转让、股权回购和利润分红。体现风险资金的回报方式就是要让投资人明白你的产品、服务或者模式如何转化为投资回报，从而对项目抱有期待。在风险投资的退出部分，应说明具体的退出策略，包括以何种方式退出、什么时候退出。

知识拓展

市场分析的管理工具

在一份商业计划书中，市场分析往往会占据较大篇幅，只有对市场的了解足够深入，才能准确预测创业项目的潜力，也才能为品牌进入市场提供信息支持。PEST分析模型和波特五力模型是市场分析中常用的管理工具，前者主要用于分析宏观环境，后者则是对与企业经营相关的五大竞争力进行剖析。下面对这两种工具作详细介绍。

1.PEST分析模型

PEST分析模型为宏观环境分析提供了基本框架。在使用该模型时，需要分析的内容为政治（political,P）、经济（economic,E）、社会（social,S）和技术（technological,T）四个维度的主要外部环境因素。PEST分析模型的关键是确定在四大维度下，影响企业战略和经营的具体因素。

表8-1列出了在一般情况下，典型的PEST分析模型中四个维度应当包含的内容。

2.波特五力模型

波特五力模型由迈克尔·波特于20世纪80年代初提出，适用于竞争战略的市场分析。利用波特五力模型，可以有效地分析企业目前的竞争环境。波特五力模型对于企业的战略制定产生了全球性的深远影响。

一个行业中的竞争，具体体现在5个方面：供方、买方、潜在进入者、替代品、业

表 8-1　PEST 分析模型内容

政治（含法律）	经济	社会	技术
●环保制度	●经济增长	●收入分布	●政府研究经费支出
●税收政策	●利率与货币政策	●人口统计，人口增长率与年龄分布	●产业技术关注
●国际贸易章程与限制	●政府开支	●劳动力与社会流动性	●新型发明与技术发展
●合同执行法、消费者保护法	●失业政策	●生活方式变革	●技术转让率
●雇用法律	●征税	●职业与休闲态度、企业家精神	●技术更新速度与生命周期
●政府组织/态度	●汇率	●教育	●能源利用与成本
●竞争规则	●通货膨胀率	●潮流与风尚	●信息技术变革
●政治稳定性	●商业周期的所处阶段	●健康意识、社会福利及安全感	●互联网变革
●安全规定	●消费者信心	●生活条件	●移动技术变革

内竞争。这5个方面分别对应着5种基本竞争力（如图8-2所示）：供方议价能力、买方议价能力、潜在进入者的威胁、替代品的威胁、同业竞争者的竞争强度。这5种基本竞争力的状况及综合强度，反映出企业在行业内的竞争环境和激烈程度，它们的不同组合、变化，会最终影响行业利润潜力的变化。

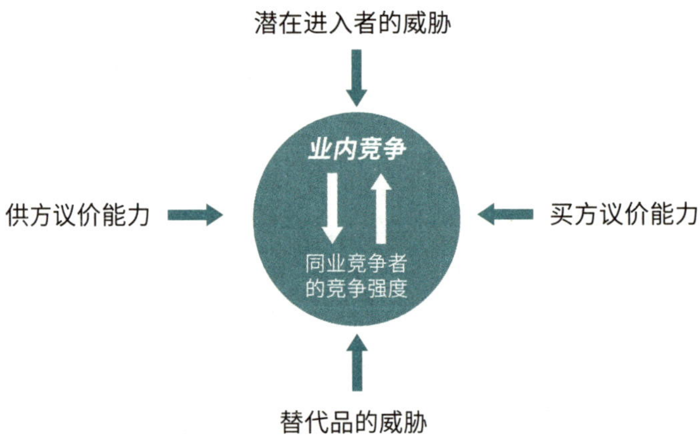

图 8-2　波特五力模型

● **供方议价能力**

供方主要通过提高投入要素价格与降低单位价值质量的能力，影响行业中现有企业的盈利能力与产品竞争力。

● **买方议价能力**

买方主要通过要求提供较高的产品或服务质量的能力，影响行业中现有企业的盈利能力。

● **潜在进入者的威胁**

潜在进入者在给行业带来新生产能力、新资源的同时，也会与行业内现有的企业产生市场份额的竞争，最终导致行业中现有企业盈利水平降低。

● **替代品的威胁**

替代品具有与本行业内现有产品相似的性能，能够满足客户相同的需要。两个处于同行业或不同行业中的企业，可能会因为所生产的产品互为替代品，从而产生竞争行为。

● **同业竞争者的竞争强度**

同一个行业内竞争的目的在于，使自己的企业获得相对于其他竞争对手的优势。而同一个行业内现有企业之间的竞争常常体现在产品、价格、营销模式、宣传手段、售后服务等方面，其竞争强度与许多因素有关。

学习活动

设计我们的商业计划书

● 工具：签字笔、便利贴、工具A14

● 时长：15 min

● 步骤

1. 以学习小组为单位进行讨论（限时10 min）。讨论时，要基于小组创新实践项目设计商业计划书大纲，至少需要列出二级标题。注意，讨论内容需记录在[主体工具包]中的“工具A14：商业计划书大纲”。

2. 组内投票选出所列大纲中认为需要详细介绍的板块，在标题旁边标注★。

3. 讨论结束后，各小组选出一名成员分享讨论过程及成果。

● 小结

小组共同讨论编制商业计划书大纲，要基于自身对创新实践项目的深入理解，确保大纲在编写过程中各个部分之间的一致性和完整性，从而增强商业计划书的可读性和逻辑性。在此过程中，每个成员都应清楚地知道各部分内容与上下文之间的承接关系，有助于后续分工完成商业计划书中不同板块的内容。

8·2 商业计划书的撰写

商业计划书最早只是作为一份吸引投资者投资的保证书，但时至今日，商业计划书对于企业运营的重要性不言而喻。那么，怎样才能写出一份让投资人眼前一亮的商业计划书呢？本节介绍撰写商业计划书时需要注意的四个方面。

一、语言简明扼要

商业计划书的语言一定要简明扼要。例如，项目概述是整个商业计划书的开头，往往这一部分的内容最能抓住投资人的眼球。在写这部分内容时，要尽可能地吸引投资人对于整份商业计划书的兴趣。如果这部分的文字过于冗杂，没有重点，则会让投资人在一开始就失去继续读下去的兴趣。

知识拓展

星网测通——卫星互联网测量的中国力量

“星网测通——卫星互联网测量的中国力量”是第六届中国国际“互联网+”大学生创新创业大赛的一个参赛项目，同时也是这一届的冠军项目。在路演现场，该项目团队以PPT形式呈现的商业计划书简明扼要，令人印象深刻。接下来，我们就来看看这个项目的特色。

以项目概述为例，在描述存在痛点时，“星网测通”项目以一张十分简洁明了的图片，呈现出“卫星微小偏差会导致地面覆盖区域大部分大幅偏离”这一痛点，提出“测不了”“测不快”“测不起”3个问题。但当对这3个问题进行描述时，该项目团队首先将这

3个问题分别用3个字来概括，然后在对应解释这3个问题时，将关键字词用区别于其他文字的字号和颜色凸显出来，让人印象深刻。

用PPT将商业计划书中的关键内容浓缩，考验创业者的归纳和提炼能力，而以PPT的形式展现的商业计划书可以用形象的图片帮助人们理解项目内容。记住，无论是何种形式的商业计划书，都要用简明扼要的语言去吸引投资人的注意。

二、整体逻辑清晰

为了让投资人大致了解创业项目的全貌，在撰写商业计划书的过程中必须要考虑整个商业计划书的完整性与逻辑性。我们在撰写商业计划书时，可以按照"为什么做—做什么事情—怎样做这件事情—为什么是我们去做—做了之后会怎样"的顺序，梳理商业计划书的逻辑，撰写者最好先列出一个大纲后再动笔。

知识拓展

智汇——中国社区治理智慧生态的首创者

"智汇——中国社区治理智慧生态的首创者"是第七届中国国际"互联网+"大学生创新创业大赛"青年红色筑梦之旅"赛道的参赛项目，最终获得了全国金奖。现在我们就来看看，这个项目是怎么做的。

从该项目PPT的汇报顺序来看，"智汇"项目首先展示了项目成果，用亮点数据吸引评委的注意，并讲述由谁来实现，即介绍项目团队。接着，介绍项目背景与痛点，用政策背景与现实社区问题等，体现项目要解决问题的重要性、迫切性。然后，就是怎么实现的问题，即解决方案部分。之后就是描述项目的运行模式，这一部分讲述了项目是如何运行的以及目前的运营成果。最后则是描述教育维度的相关部分。

大部分获得金奖的项目都是在汇报开头先抛出痛点，进而引出自己的项目，但是这个项目选择了先展示项目成果，用亮点数据吸引评委注意。这样的逻辑也是可行的。我们要学习的是如何梳理出属于自己的商业计划书的逻辑，并且让这套逻辑能被评委或投资人理解。

三、明确投资价值

写好商业计划书最关键的一点是指明创业计划的投资价值所在。因此，在商业计划书中一定要体现明确的客户价值、客观的市场规模、足够的创新程度以及项目的可行性和盈利性，这样才能让投资人确信投资这个项目是值得的。而在这个过程中，往往需要进行市场调查，了解市场容量、顾客需求等，要在商业计划书中说明为什么顾客愿意为产品或服务买单。

知识拓展

渔鼎天——高品质野化大黄鱼生态养殖助力产业振兴

作为第七届中国国际“互联网+”大学生创新创业大赛“青年红色筑梦之旅”赛道的全国金奖，“渔鼎天”项目在展示项目价值时更加侧重公益、教育维度。在引领教育方面，“渔鼎天”项目建设了服务乡村振兴产创实践与产学研合作基地，并带领27名同校学生就业创业。此外，该项目团队还与学校联合举办返乡大学生市场营销大赛、短视频直播训练营等活动，带动在校生参与创业209人次。在社会价值方面，形成了一套由产业振兴和生态发展组成的帮扶体系，为周边村落带来了超过1 410万的增收，接力养殖与鲜料回收总帮扶渔民达193户。

“渔鼎天”项目是“青年红色筑梦之旅”赛道中创业组的项目，因此在商业计划书中，需要更多地呈现引领教育的相关内容。而在社会价值方面，该项目也达到了巨大的增收效果，帮扶体系有着十分显著的成效。这说明项目本身的模式是可行的，存在一定的投资价值。

四、避免虚假数据

投资人不喜欢千篇一律的商业计划书，更不喜欢弄虚作假的商业计划书。所以，在撰写商业计划书时，不要在商业计划书中呈现一些与产业标准相去甚远的数据。此外，也不能过分乐观，只专注于产品，觉得产品投放到市场中一定是可行的，于是就捏造一些子虚乌有的数据。夸张的数据不仅难以吸引投资人，反而可能适得其反。

知识拓展

“青”车熟路——ETH后熟技术开创鲜果可控供应新模式助力乡村振兴

“‘青’车熟路——ETH后熟技术开创鲜果可控供应新模式助力乡村振兴”项目参加了第七届中国国际“互联网+”大学生创新创业大赛，获得了“青年红色筑梦之旅”赛道全国银奖。

对于数据真实性的要求，通常体现在项目实施后所得到的成果上。该项目在实施后，累计减少水果损耗约200 t，助力增收农户1 044户，帮助农民销售水果5 190 t，累计帮农民增收2 384.2万元。除这些数据之外，该项目的商业计划书中还列出了各个地区的水果销量、带动农户数、农户年收入等具体数据，十分具有说服力。可以说，这个项目的成果实实在在地体现在了各项数据上。

8·3 汇报的前期准备

无论是参加创新创业比赛的现场路演，还是商业性的对外汇报，创业者都应该对自己的创业项目负责，做好充足的准备。一般来说，在汇报之前，需要做好四项前期准备。

一、了解汇报的观众

在正式汇报前，需要知道：我们的项目将要汇报给谁？我们必须了解可能出现在汇报现场的观众类型，了解不同类型的观众想听什么、喜欢听什么，这样才能区分哪些是需要汇报的重要内容，哪些是没那么重要的内容。汇报现场可能会出现以下五类观众，如表8-2所示。

表 8-2 观众类型及其对汇报的关注重点

观众类型	对汇报的关注重点
投资人	商业模式是什么，投资如何获得回报，是否有市场可行性等
合作伙伴	项目前景如何，创业想法是否一致，合作条件是什么等
比赛评委	展示内容是否完整，产品/服务的先进性如何，汇报现场效果如何等
创业团队	公司前景如何，公司战略是什么，股权架构如何等
应聘的关键员工	公司前景如何，是否会有良好的职业发展，薪酬方案如何等

二、问题预设

在正式汇报前，除了对汇报的观众要有一定的了解，还要对他们可能提出的问题进行准备。在汇报的演讲台下，各种不同背景、不同身份的人坐在一起，可能每个人都有自己的观点，也会有自己的疑问。因此，项目汇报需要“对症下药”，根据不同的观众，预先准备一些应对的措施，提前为汇报中的答辩阶段做好准备。

三、制作汇报PPT

制作汇报PPT在汇报准备工作中尤为关键。PPT的内容既不能过于冗杂，又需要突出商业计划书中的关键部分。同时，PPT的总页数一般控制在20页左右，汇报时长大约为6 min。此外，我们还需要注意PPT中字体和图片的使用：字体宜严肃庄重，字号需适中，不能过大或者过小，图片的应用要切合所讲的内容。

知识拓展

路演PPT的“虎头、猪肚、凤尾”

一个好的路演PPT，需要一步步引导观众，让观众紧紧跟着汇报者的思路。因此，PPT的整体逻辑顺序就显得十分重要。在制作汇报PPT前，项目团队要先厘清逻辑，尽量做到主次分明。像商业计划书一样，制作汇报PPT前可以先列一个大纲，提前设计好“虎头、猪肚、凤尾”。

在开头部分，需要快速吸引所有人的眼球。在这个时候，通常会选择一些可以引起观众共鸣的内容，比如“目前有哪些需要解决的问题”，“我们的项目正是为了解决这些问题”。所谓虎头，最重要的特质是“有趣”，且尽可能吸睛。在以往的各类创新创业赛事中，有些项目团队会在PPT开头放一个精心制作的视频，通过影像更直观地向观众传达当前存在的痛点，从而让大家体会到项目提供的产品或服务确实是有必要的，是能够满足用户需求的，也是具备较强的市场潜力的。

通过“虎头”引导观众慢慢步入汇报的“正轨”后，需要将项目的优势与亮点在PPT中着重突出，因为这些才是真正能说服所有观众的重点，也是PPT的“猪肚”，即内容要充实且“有料”。这个部分可以介绍企业和团队情况，介绍商业模式，分析行业及市场规模，介绍产品或者服务，描述竞争对手、未来战略发展及规划，预测财务。只有突出了这些优势，才会让观众真正对项目感兴趣。此外，在展示这部分内容时，还可以添加更多的动画、视频，让汇报形式更加多元化。这也是吸引观众、打动观众的一种技巧。

在结尾部分，要通过PPT说明这次汇报的目的。在这个部分，可以将项目未来计划的融资及用途以数据等方式展示给观众；也可以分享创业团队的愿景，以此来引起投资人的关注。为了让“凤尾”更能给人留下深刻的印象，还可以在结尾处进行“有情”的处理，即体现项目能够给国家、社会、人民带来怎样的价值，进行情感上的深化。

学习活动

成为路演汇报的“总导演”

- 工具：签字笔、便利贴、工具A15
- 时长：15 min
- 步骤

1. 以学习小组为单位进行讨论（限时10 min）。讨论时，要基于之前设计的商业计划书大纲，设计项目汇报PPT大纲，细化到各个页面的小标题。注意：讨论内容需记录在[主体工具包]中的“工具A15：项目汇报PPT大纲”。

2. 组内讨论分配各个页面的预计汇报时长（总时长为5 min），并填写在对应的表格中。

3. 讨论结束后，各小组选出一名成员分享讨论过程及成果。

- 小结

制作项目汇报PPT需要具备导演思维，提前规划各部分内容及时长安排，有助于在筹备路演时更具方向性。也可以在脑海中形成大致的汇报“影像”，预测汇报效果。

四、汇报前的模拟训练

汇报的目的，就是要让所有观众在很短的时间内快速了解项目的亮点。因此在正式汇报前，提前进行模拟训练是很有必要的。创业团队中的每一名成员都需要提前知晓并做好准备，知道自己在汇报中的每个环节需要做什么、说什么。同时，因为汇报通常会有时间限制，所以汇报者需要提前不断地练习，争取做到严格把控时间。此外，口头汇报更应该体现逻辑性和系统性，这要求汇报者在清楚项目的每个细节的同时，在表述上要厘清先后逻辑。

8·4 现场汇报与答辩指南

商业计划书的现场汇报是项目价值呈现最关键的一环。所以，汇报者应该具备一定的现场演讲能力和感染能力，同时对项目十分熟悉。一般由创业团队的领袖或是十分熟悉该项目各个细节的核心成员来负责演讲和答辩。下面分别介绍现场汇报与现场答辩的技巧。

一、现场汇报技巧

● **注重仪容仪表**

在汇报时，着装体现了项目团队的精气神。有时，一个整洁大方的形象不但会给观众留下好的第一印象，也会让自己在站上汇报的演讲台时信心倍增。

● **注意现场互动**

一个好的汇报者需要调动全场观众。汇报者如果懂得调动观众，观众就会做出反馈，汇报者得到反馈后，演讲效果便容易锦上添花。现场互动可以是与台下观众的交流，可以是对台下观众提问的答疑，甚至是与台下观众直接的眼神交流，这些都算作现场互动。

● **善用肢体语言**

善用肢体语言往往会收获意想不到的效果。汇报者希望观众跟着自己的思路，而有时只需要一个简单的肢体动作就可以吸引观众的注意，让观众“紧跟汇报者的步伐”。

● **注意现场分工**

当汇报是由创业团队内的多名成员完成时，可以由创业团队的领袖或者公司CEO完成80%以上的演讲，其余成员则根据各自的专业领域，讲述相关内容。

二、现场答辩技巧

- **认真倾听问题**

在现场答辩环节可能面临着各种各样的提问。在这个时候，就需要认真倾听提问并正确理解提问。在心中理清思绪后，准确、完整地回答提问。

- **不要发生争执**

在答辩时，尽量不要发生争执。无论是和团队的其他成员，还是和提问者，都不应发生争执。与团队成员发生争执会显得创业团队内略有不和，意见出现分歧；而与提问者发生争执，更易给观众留下不好的印象。

- **准确运用语言**

在回答提问的时候，应该准确运用语言，最好可以避免出现过多专业性的知识，尽量用通俗易懂且表述无误的语言回答提问。

课后作业

▍结合本章学习的内容，你和你的创业团队是否知晓了如何撰写一份商业计划书？撰写一份商业计划书时应该注意哪些要点？

▍回顾本章的学习，作为一名大学生，你心目中的商业计划书是怎样的？你觉得撰写商业计划书是否为各专业学生都必备的一项技能？商业计划书是否可以灵活地运用在生活中的方方面面？

▍结合市场分析的相关知识点，各学习小组课后搜集资料，完成本小组创新实践项目的PEST分析模型和波特五力模型，将成果记录在[附加工具包]中的“工具B7：PEST分析模型”和“工具B8：波特五力模型”。

▍请各学习小组进一步梳理手头上已有的小组创新实践项目材料，除前几章的课后作业中已完成的PPT页面外，还可以进一步补充你们认为值得展示的内容，完成项目汇报的最终版PPT。

▍组内分工，准备创新实践项目的商业计划书和路演内容（每组6 min汇报、14 min答辩，上台人数、表现形式不限），下次上课时提交商业计划书并完成期末汇报。

行动建议

▍2024年中国国际大学生创新大赛总决赛成功举办后，25名参赛学生代表给习近平总书记写信，汇报参赛的心得体会，表达投身创新实践、勇担时代使命的决心。2024年10月16日，习近平总书记给参赛学生代表回信，对他们予以亲切勉励并提出殷切希望：

“你们以大赛为平台，用在课堂和实验室学到的知识解决实际问题，在创新实践中增本领、长才干，在互学互鉴中增进中外青年的友谊，这很有意义。

创新是人类进步的源泉，青年是创新的重要生力军。希望你们弘扬科学精神，积极投身科技创新，为促进中外科技交流、推动科技进步贡献青春力量。全社会都要关心青年的成长和发展，营造良好创新创业氛围，让广大青年在中国式现代化的广阔天地中更好展现才华。”

中国国际大学生创新大赛是中国大学生实现创新梦想的舞台。本章开头介绍的“Ai笑少年——青少年正畸点亮乡村微笑”项目曾获得这项赛事的全国金奖，我们可以向该团队学习大赛经验，聚焦区域性痛点，形成相应的商业计划，利用自身具备的知识和技术，积极投身社会发展事业，肩负时代使命，书写青春华章。

延伸阅读

双创案例

刘沈厅的家庭农场梦

冬日的暖阳照耀在四川省眉山市彭山区公义镇博视家庭农场，刘沈厅正在给草莓种子浇灌肥料。在配料房内把肥料搅拌均匀，利用延伸到每颗种子的浇灌系统，偌大的种植田在1个小时左右就可以完成浇灌。相比传统浇灌，这种浇灌系统更省时省力，而这里只是刘沈厅的其中一个农场基地。

刘沈厅毕业于电子科技大学，是眉山市第一个具有985高校硕士学位的新农人，于2016年回乡创办了家庭农场。刘沈厅说，他回乡创业成功实际上得益于党的好政策。因为在他决定回乡创业时，当时的彭山是全国深化农村土地改革试点区，这让他有信心在广袤的农村也能够做出成绩。但是作为一名“门外汉”，刘沈厅在最开始时还是被现实来了个“下马威”。由于技术匮乏，刘沈厅的创业之路并不如想象中那么顺利。最开始他种植了80亩（1亩≈666.67 m^2）猕猴桃，50亩晚熟柑橘。但因作为底肥的有机肥发酵不充分，结果种植80亩猕猴桃的努力全部付诸东流。在刘沈厅走投无路之时，当地政府主动帮助他贷款了30万元。

刘沈厅说，自从做出了创业的决定，这条创业之路他就会一直走下去，不会因为暂时的挫折而打退堂鼓。为了弥补自身的短板，刘沈厅积极参加各种技术培训，只为掌握晚熟柑橘的种植技术。功夫不负有心人，刘沈厅的努力最终在2020年得到了回报。他的农场售果30多万斤，实现营收150多万元，农场每年为周边农民提供约40个就业岗位，人均每年增收2万元，不少贫困户在他的带动下脱贫致富，他用3年的时间实现了华丽的转变。

除此之外，刘沈厅还带领13名青年大学生，以“沈厅 · 筑梦家庭农场”的创业项目参加了第六届中国国际“互联网+”大学生创新创业大赛“青年红色筑梦之旅”赛道，作为四川省唯一的农业公益性项目，他们最终斩获总决赛银奖。项目联合了11家行业带头人，在共同努力下，打通了行业全产业链，从此为果农搭建起现代农业社会化服务新体系。

在刘沈厅的创业过程中，他整合了当地的政府、果农、客商和人才，同时与他们进行了深入的交流与对接，最终建立了一个零接触式的中转站。项目通过新媒体平台直播带货，创新“青年红色筑梦之旅”赛道精准扶贫模式，1个月内帮助果农销售柑橘超1 500万公斤，增加岗位6万人次，实现销售收入增长5倍，最终让500多个家庭免于返贫。

“作为一个新农人，我将根据乡村振兴的发展要求，带动更多的农民致富增收，为推进农业农村现代化，全面建成社会主义现代化强国、实现第二个百年奋斗目标贡献自己的力量。”这是刘沈厅的未来发展规划。对于未来，他充满信心，他也希望可以带动更多人投入乡村建设，带领更多人一起实现共同富裕。[①]

思考：

1. 你认为刘沈厅的商业规划是什么样的？

2. 你从刘沈厅的创业事例中得到了什么启发？从他的身上看到了哪些精神品质？

双创视野

怎么写商业计划书？——相关图书推荐

不同的创业学者对于如何撰写商业计划书，可能会有不同的看法。我们不应只拘泥于一套固定的模式，而应吸取优秀案例的成功经验，总结出一套适合自己的撰写商业计划书的模式。这里为大家提供了4本撰写商业计划书时可参考的相关图书，以便大家“取百家之长”，完善自己的商业计划书。

1. 查克阿拉基斯，史宾纳利，蒂蒙斯. 我是这样拿到风投的：和创业大师学写商业计划书：原书第2版[M]. 梁超群，杨欣，王立伟，译. 北京：机械工业出版社，2015.

一份好的商业计划书，往往可以把商业金点子转化成第一桶金。作为创业成功的蓝本，这本创业指南书为读者提供了诸多必要工具，教会你如何向投资人呈现你和你的企业价值，如何吸引关键人才，如何创办你的企业，如何打造你的企业。可以说，这是“带你抵达成功商业计划书的核心”。

① 资料来源：农民日报。

2. 胡华成，丁磊. 商业计划书编写实战[M]. 2版. 北京：清华大学出版社，2020.

该书结合众多的实战案例，以及作者的经验和感悟，总结为书中的“108招”。在对商业计划书写作和运营过程中的相关问题进行全盘解答的同时，也会对各招式进行具体解读，从而让读者可以更快地掌握其精华内容，并活学活用、举一反三，为实践活动提供有力的指导。

3. 邓立治. 商业计划书：原理与案例分析[M]. 北京：机械工业出版社，2015.

该书主要讲述了商业计划书创作所需掌握的原理和知识，同时突出了商业计划书撰写过程中的重点，旨在提升学习者学习和创作商业计划书的效率。书中对获得过“挑战杯”中国大学生创业计划竞赛国家级奖项的高水平完整商业计划书进行了案例分析和讲解。此外，书中还介绍了在商业计划书创作过程中需要关注和解决的近百个问题，让读者既能了解商业计划书创作需要回答的核心问题，也有助于读者检查其所创作的商业计划书的完整性。

4. 巴罗. 巧绘蓝图：商业计划书写作秘诀[M]. 卢刚，译. 北京：经济日报出版社，2003.

这是一本十分经典的商业计划书写作指南。该书旨在通过完善商业计划，帮助企业走向成功。商业计划的完善主要包括两方面：一方面是计划的过程，即做计划的方法；另一方面则是最终文件的完善，即如何撰写商业计划书。书中的所有内容，都是一些行之有效并且容易运用的商业常识。理解它们甚至不需要商业计划的背景知识，但如果按照书上写的来做的话，就会完成一次最严格的商业审查。同时，追问自己书中提出的每一个与商业相关的问题，相信通过思考之后，你能够找到所有的答案。

参考资料

[1] 黄明睿，张凤娜.设计思维实战[M].北京：高等教育出版社，2022.

[2] 黄海荣.大学生创新创业教育指导[M].上海：上海交通大学出版社，2016.

[3] 陈工孟.创新思维训练与创造力开发[M].北京：经济管理出版社，2016.

[4] 林健.新工科建设：强势打造“卓越计划”升级版[J].高等工程教育研究，2017（3）：7-14.

[5] 金登.创新之力：将创意变为现实[M].谢绍东，杨田田，译.北京：电子工业出版社，2014.

[6] 德鲁克.创新与企业家精神[M].蔡文燕，译.北京：机械工业出版社，2018.

[7] 季跃东.创新创业思维拓展与技能训练[M].北京：科学出版社，2012.

[8] 缪晨.300个创新小故事[M].北京：学林出版社，2007.

[9] 布鲁纳.布鲁纳教育论著选[M].邵瑞珍，张渭城，等译.北京：人民教育出版社，1989.

[10] 戴尔，葛瑞格森，克里斯坦森.创新者的基因：珍藏版[M].曾佳宁，译.2版.北京：中信出版社，2020.

[11] 董奇.论直觉思维[J].北京师范大学学报，1987（1）：68-74.

[12] 邱江，张庆林.创新思维中原型激活促发顿悟的认知神经机制[J].心理科学进展，2011，19（3）：312-317.

[13] 波诺.严肃的创造力：运用水平思考法获得创意[M].杨新兰，译.北京：新华出版社，2003.

[14] 余凯，贾磊，陈雨强，等.深度学习的昨天、今天和明天[J].计算机研究与发展，2013，50（9）：1799-1804.

[15] 周耀烈.思维创新与创造力开发[M].杭州：浙江大学出版社，2008.

[16] 北京创造学会.创造创新五百问[M].北京：民主与建设出版社，2004.

[17] 徐斌.创新头脑风暴：方法、工具、案例与训练[M].北京：人民邮电出版社，2009.

[18] 德斯勒.人力资源管理：第14版[M].刘昕，译.北京：中国人民大学出版社，2017.

[19] 莱斯.精益创业：新创企业的成长思维[M].吴彤，译.北京：中信出版社，2021.

[20] 陈德明.大学生创业规划[M].广州：广东高等教育出版社，2014.

[21] 多尔夫，拜尔斯.创业的轨迹：从创意到一个企业真正的诞生[M].刘丽君，倪跃峰，译.北京：中国人民大学出版社，2011.

[22] 麦克斯维尔.领导力21法则：追随这些法则，人们就会追随你[M].路本福，译.上海：文汇出版社，2017.

[23] 朱恒源，余佳.创业八讲[M].北京：机械工业出版社，2016.

[24] 斯晓夫，吴晓波，陈凌，等.创业管理：理论与实践[M].杭州：浙江大学出版社，2016.

[25] 李家华.创业基础[M].2版.北京：清华大学出版社，2015.

[26] 斯托茨福斯.提问的威力：教练问题全清单[M].赵学敏，译.北京：华夏出版社，2022.

[27] 布朗，基利.学会提问：原书第10版[M].吴礼敬，译.北京：机械工业出版社，2013.

[28] 陈丽如.互联网+环境下的大学生创新创业发展研究[M].昆明：云南人民出版社，2019.

[29] 黄明睿，朱梦梅，马小龙.创新创业基础与实践[M].北京：科学出版社，2021.

[30] 张凌燕.设计思维[M].北京：人民邮电出版社，2015.

[31] 宁高倩.乡村振兴视角下高校学生创新创业能力提升的路径探究[J].经济师，2023（5）：149-150.

[32] 王东平，闫震，霍晓倩，等.基于竞赛项目的大学生创新创业能力培养践行路径[J].西部素质教育，2023，9（8）：9–12.

[33] 奥斯特瓦德，皮尼厄.商业模式新生代[M].王帅，毛心宇，严威，译.北京：机械工业出版社，2011.

[34] 周祺林.向模式要利润：商业模式颠覆、创新与重构[M].北京：人民邮电出版社，2014.

[35] 奥斯特瓦德，皮尼厄，贝尔纳达，等.价值主张设计[M].余锋，曾建新，李芳芳，译.北京：机械工业出版社，2015.

[36] 哈格丹.持续创新：第一次工业革命至今商业创新简史[M].龙少波，等译.北京：人民邮电出版社，2016.

[37] 杨俊，迟考勋，薛鸿博，等.先前图式、意义建构与商业模式设计[J].管理学报，2016，13（8）：1199–1207.

[38] 贾竣云，陈寒松.VUCA环境下创业企业如何设计商业模式：基于意义建构视角的案例研究[J].管理评论，2022，34（10）：328–340.

[39] 郭天超，陈君.商业模式与战略的关系研究[J].华东经济管理，2012，26（4）：93–96.

[40] JOYCE A，PAQUIN L R. The triple layered business model canvas：a tool to design more sustainable business models[J]. Journal of cleaner production，2016，135：1474–1486.

[41] HØGEVOLD M N，SVENSSON G，PADIN C A. Sustainable business model in services：an assessment and validation[J]. International journal of quality and service sciences，2015，7(1)：17–33.

[42] BOCKEN M N，FIL A，PRABHU J. Scaling up social businesses in developing markets[J]. Journal of cleaner production，2016，139：295–308.

[43] 陈纪旸，刘鲲鹏，马晓红，等.基于商业计划书的投资决策方法研究[J].价值工程，2022，41（35）：140–142.

[44] 孙游阳，马金凤，吴醒，等.基于创新创业大赛对大学生创新实践能力探析[J].科技经济市场，2022（8）：4–6.

[45] 王歆，聂艳萍.基于财务视角的大学生创业商业计划书探究[J].科技创业月刊，2020，33（12）：98–102.

[46] 秦艺芳，邓立治，邓张升.大学生商业计划书演示课程模块设计与关键环节研究[J].大学教育，2018（7）：14–16.

[47] 莫静玲.高校学生商业计划书编写技能培训综述[J].现代经济信息，2017（13）：383–384.

[48] 罗晨，魏巍.提高大学生创业融资能力的关键工具：商业计划书的编写[J].中国高新技术企业，2013（4）：158–160.

工 具 包

主体工具包

工具 A1：创业团队基本信息

<table>
<tr><td colspan="5">组名：</td></tr>
<tr><td colspan="5">Slogan：</td></tr>
<tr><td rowspan="4">成员 1</td><td>姓名</td><td></td><td>班级</td><td></td></tr>
<tr><td>组内职责</td><td></td><td>擅长技能</td><td></td></tr>
<tr><td>联系电话</td><td></td><td>电子邮箱</td><td></td></tr>
<tr><td>简介
（50字左右）</td><td colspan="3"></td></tr>
<tr><td rowspan="4">成员 2</td><td>姓名</td><td></td><td>班级</td><td></td></tr>
<tr><td>组内职责</td><td></td><td>擅长技能</td><td></td></tr>
<tr><td>联系电话</td><td></td><td>电子邮箱</td><td></td></tr>
<tr><td>简介
（50字左右）</td><td colspan="3"></td></tr>
<tr><td rowspan="4">成员 3</td><td>姓名</td><td></td><td>班级</td><td></td></tr>
<tr><td>组内职责</td><td></td><td>擅长技能</td><td></td></tr>
<tr><td>联系电话</td><td></td><td>电子邮箱</td><td></td></tr>
<tr><td>简介
（50字左右）</td><td colspan="3"></td></tr>
<tr><td rowspan="4">成员 4</td><td>姓名</td><td></td><td>班级</td><td></td></tr>
<tr><td>组内职责</td><td></td><td>擅长技能</td><td></td></tr>
<tr><td>联系电话</td><td></td><td>电子邮箱</td><td></td></tr>
<tr><td>简介
（50字左右）</td><td colspan="3"></td></tr>
</table>

续表

<table>
<tr><td rowspan="4">成员 5</td><td>姓名</td><td></td><td>班级</td><td></td></tr>
<tr><td>组内职责</td><td></td><td>擅长技能</td><td></td></tr>
<tr><td>联系电话</td><td></td><td>电子邮箱</td><td></td></tr>
<tr><td>简介
（50 字左右）</td><td colspan="3"></td></tr>
<tr><td rowspan="4">成员 6</td><td>姓名</td><td></td><td>班级</td><td></td></tr>
<tr><td>组内职责</td><td></td><td>擅长技能</td><td></td></tr>
<tr><td>联系电话</td><td></td><td>电子邮箱</td><td></td></tr>
<tr><td>简介
（50 字左右）</td><td colspan="3"></td></tr>
<tr><td rowspan="4">成员 7</td><td>姓名</td><td></td><td>班级</td><td></td></tr>
<tr><td>组内职责</td><td></td><td>擅长技能</td><td></td></tr>
<tr><td>联系电话</td><td></td><td>电子邮箱</td><td></td></tr>
<tr><td>简介
（50 字左右）</td><td colspan="3"></td></tr>
<tr><td rowspan="4">成员 8</td><td>姓名</td><td></td><td>班级</td><td></td></tr>
<tr><td>组内职责</td><td></td><td>擅长技能</td><td></td></tr>
<tr><td>联系电话</td><td></td><td>电子邮箱</td><td></td></tr>
<tr><td>简介
（50 字左右）</td><td colspan="3"></td></tr>
</table>

工具 A2：QFT 问题构想技巧

明确主题	列举问题	优化问题	评选问题

注：相关内容可先记录在便利贴上再贴在对应位置，之后抄录于书上。

工具 A3：5WHY 分析法

【第 1 轮】

提问:______________________________

回答:______________________________

【第 2 轮】

提问:______________________________

回答:______________________________

【第 3 轮】

提问:______________________________

回答:______________________________

【第 4 轮】

提问:______________________________

回答:______________________________

【第 5 轮】

提问:______________________________

回答:______________________________

工具 A4：利益相关者地图

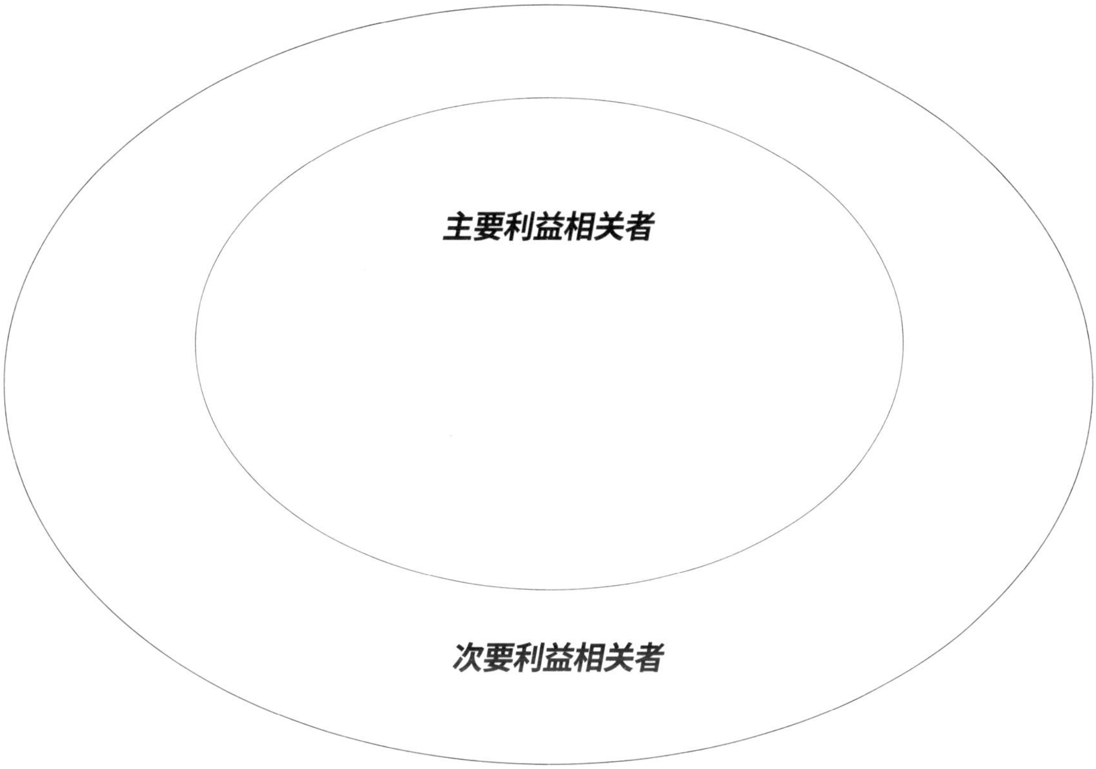

注：相关内容可先记录于便利贴上再贴在对应位置，之后抄录于书上。

工具A5：用户画像

注：在方框中央贴上人物照片或绘制一个虚拟形象；标签可先记录在便利贴上再贴在角色形象周围，之后抄录于书上。

工具 A6：同理心地图

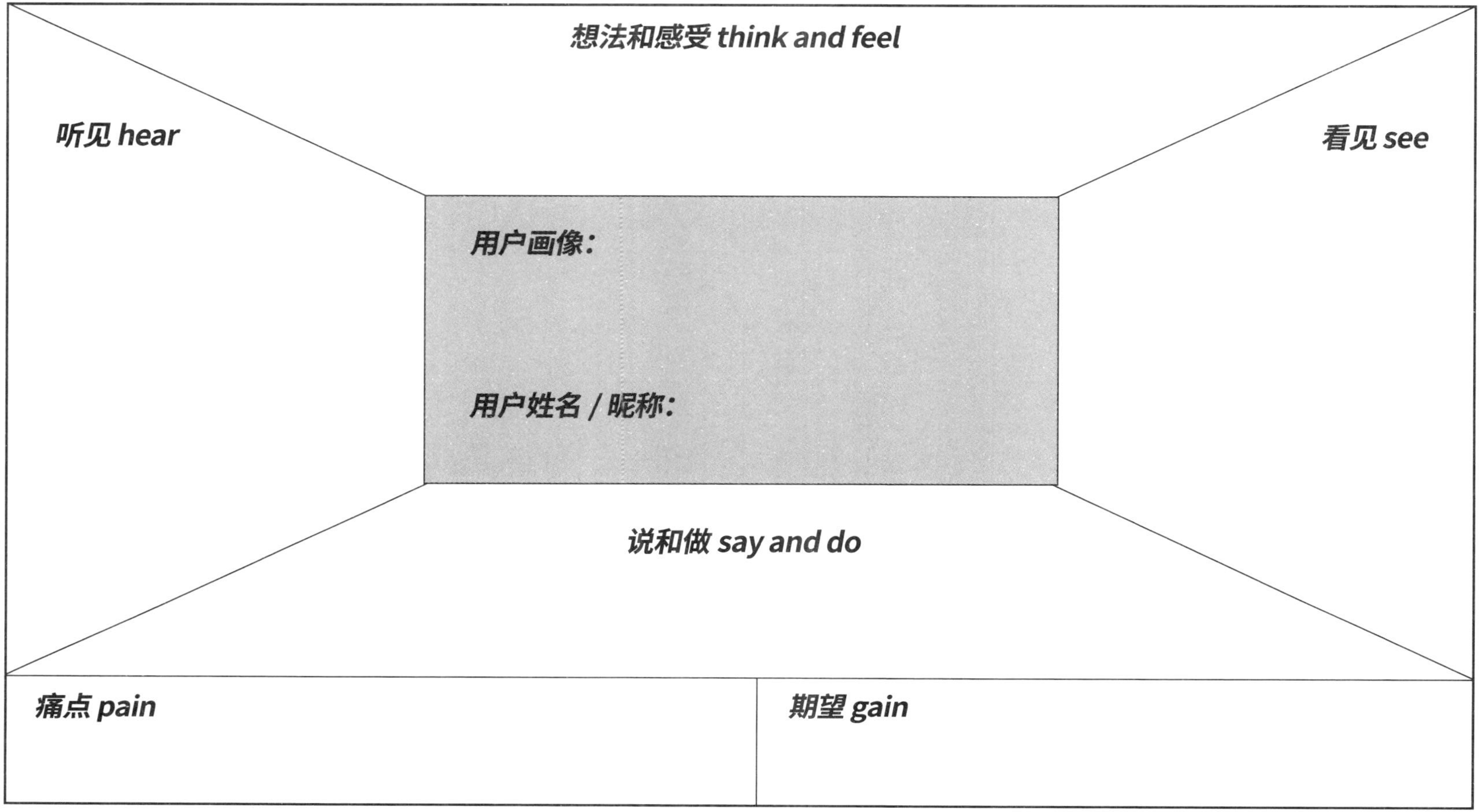

注：在用户画像处贴上人物照片或绘制一个虚拟形象；各板块内容可先记录在便利贴上再贴在对应位置，之后抄录于书上。

工具 A7：HMW 提问法

序号	**所针对的用户**	**HMW 问题**	**投票**

注：根据组内投票情况，在投票栏写上得票数。

优选 HMW：______________________________

工具A8：问题画布

谁的问题 WHO	什么时候发生 WHEN	问题是什么 WHAT	问题的紧迫性 HOW URGENT	问题的本质原因 WHY
	什么地方发生 WHERE		问题重要性 HOW IMPORTANT	
问题情境描述		问题重构	问题分析	

注：相关内容可先记录在便利贴上再贴在对应位置，之后抄录于书上。

工具A9：书面头脑风暴法

与会人员：

1号		2号		3号	
4号		5号		6号	
7号		8号		9号	

会议目标：

主题			
标记	**变量**	**数值**	**单位**
①	每轮限定的时间		min
②	参与讨论的人数		人
③	规定每次提出的创新设想数		个
④	传递轮次		轮

公式：
会议总时长=①×④=____min
产出的创新设想总数=②×③×④=____个（预计）

会议记录：

人员编号	创意方案	投票

续表

人员编号	创意方案	投票

注：会议结束后，组员依次在投票栏画“正”字投票，最后统计并写上得票数。

工具 A10：列举解决方案

基本方案：

创新方案：

注：相关内容可先记录在便利贴上再贴在对应位置，之后抄录于书上。

工具 A11：原型

产品 / 服务简介： ______________________________

____

____

注：先用精简的一段话描述小组创新实践项目所提供的产品或服务，接下来以手绘的方式画出产品或服务原型，并在图像周围用文字对功能及亮点进行注释。

工具 A12：迭代

注：以手绘的方式画出迭代后的产品或服务原型，并在图像周围用文字对调整或优化后的功能及亮点进行注释。

工具 A13：商业模式画布

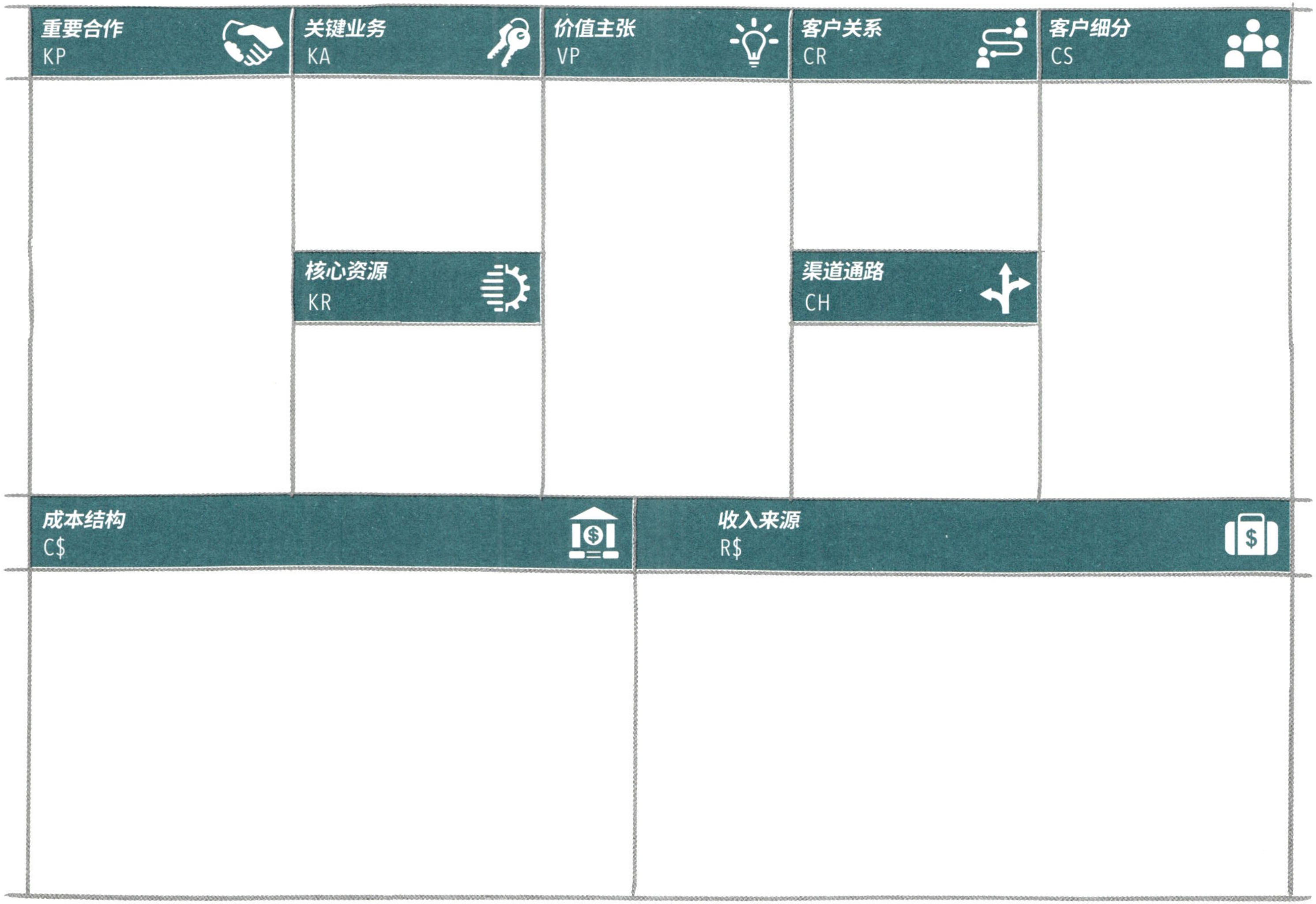

工具 A14：商业计划书大纲

项目名称：
商业计划书大纲：

注：相关内容可先记录在便利贴上再贴在对应位置，之后抄录于书上；大纲至少需要列出二级标题。

工具 A15：项目汇报 PPT 大纲

页码	页面标题	页面内容概述	预计汇报时长
1			
2			
3			
4			
5			
6			
7			
8			
9			
10			
11			
12			

续表

页码	页面标题	页面内容概述	预计汇报时长
13			
14			
15			
16			
17			
18			
19			
20			
21			
22			
23			
24			
25			

注：相关内容可先记录在便利贴上再贴在对应位置，之后抄录于书上；汇报总时长按6 min计算。

附加工具包

工具 B1：列举法

研究对象	

属性列举

优点列举

改进方向

希望点列举

缺点列举

工具 B2：头脑风暴法

<table>
<tr><td>会议时间</td><td></td></tr>
<tr><td>会议地点</td><td></td></tr>
<tr><td>讨论主题</td><td></td></tr>
<tr><td>参会成员</td><td></td></tr>
<tr><td rowspan="5">发言记录
（记录发言者，并对创意方案进行编序）</td><td>第 1 轮：</td></tr>
<tr><td>第 2 轮：</td></tr>
<tr><td>第 3 轮：</td></tr>
<tr><td>第 4 轮：</td></tr>
<tr><td>第 5 轮：</td></tr>
<tr><td>评选方案
（标记序号）</td><td></td></tr>
</table>

工具 B3：六顶思考帽法

<table>
<tr><td>会议时间</td><td colspan="2"></td></tr>
<tr><td>会议地点</td><td colspan="2"></td></tr>
<tr><td>讨论主题</td><td colspan="2"></td></tr>
<tr><td>参会成员</td><td>白色思考帽：
黄色思考帽：
红色思考帽：
主持人：</td><td>绿色思考帽：
黑色思考帽：
蓝色思考帽：
记录员：</td></tr>
<tr><td>发言记录
（记录发言者，并对创意方案进行编序）</td><td colspan="2"></td></tr>
<tr><td>评选方案
（标记序号）</td><td colspan="2"></td></tr>
</table>

工具 B4：检核表法

主题		
方向	提出创意 （每个方向分别进行编序）	评选方案 （标记序号）
能否他用		
能否借用		
能否改变		
能否扩大		
能否缩小		
能否替代		
能否调整		
能否颠倒		
能否组合		

工具 B5：用户旅程地图

研究对象 基本信息	**姓名：　　性别：　　年龄：　　职业：　　兴趣爱好： 关键信息标签：**
阶段	
行为	
触点	
想法	
痛点	
需求	

注：自行根据实际情况划分事件对应的阶段；各板块内容可先记录在便利贴上再贴在对应位置，之后抄录于书上。

工具 B6：个人商业模式画布

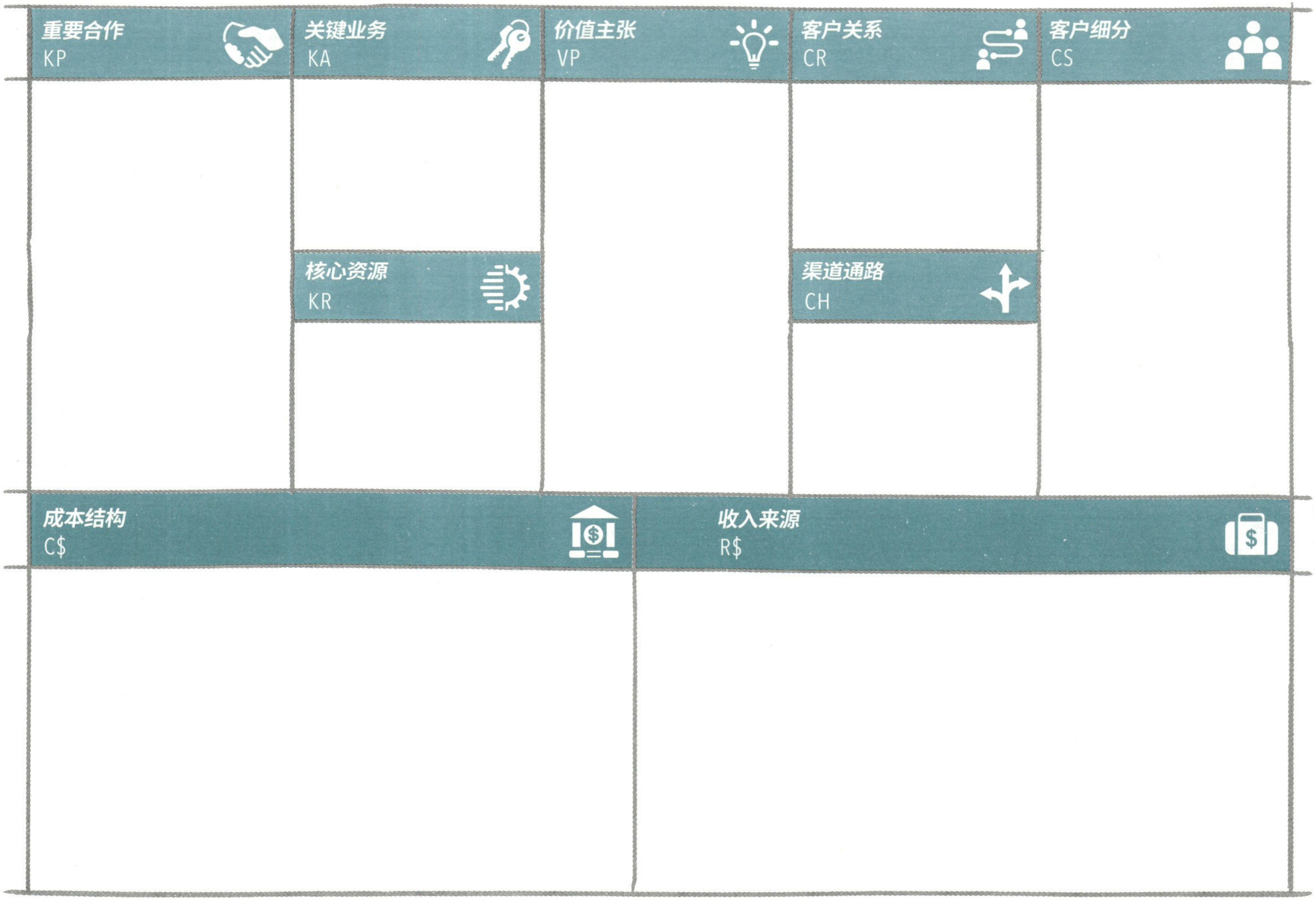

工具 B7：PEST 分析模型

政治因素	
经济因素	
社会因素	
技术因素	

注：相关内容可先记录在便利贴上再贴在对应位置，之后抄录于书上。

工具 B8：波特五力模型

供方议价能力	
买方议价能力	
潜在进入者的威胁	
替代品的威胁	
同业竞争者的竞争强度	

注：相关内容可先记录在便利贴上再贴在对应位置，之后抄录于书上。

关键词检索

关键词	释　义	首次出现页码
创新	人们能够跨越常规思维的边界，以在常规之外甚至与常规相反的方法及视角去思考问题，提出别具一格的解决方案，从而产出有新意、有突破、有价值、有特色的思维成果	7—8
创业	在不确定的环境下，组建一个高效率的团队，为社会提供有价值的产品或服务的过程	10
“四新”建设	新工科建设、新医科建设、新农科建设、新文科建设	12
创新精神	是进行创新活动必须具备的心理特征，包括创新意识、创新兴趣、创新胆量、创新决心，以及相关的思维活动；涵盖批判精神、创造性思维、开拓精神三大要素	14
企业家	愿意把变革视为机遇，并努力开拓的人	15
企业家精神	某些人所具有的绝不被动等待机会，而是根据变化有目的、有组织地寻找机会，系统地分析机会，进而进行系统创新的特殊才能	16
创新思维	又称创造性思维，是指以新颖独特的方法处理事情、解决问题或表达事物的思维过程；具有能动性、独特性、变通性、敏感性	35
发散思维	一种以解决问题为核心，沿着不同角度、不同方向进行思考，以提出多种可能的解决方案为目标的开放性思维方式；具有流畅性、开放性、独特性、多感官性	38
聚合思维	又称收敛思维或集中思维，是一种从已知条件的既定目标中寻求唯一答案的思维方式；具有向心性、连续性、求实性	39
联想思维	由于某种诱因使思路产生由此及彼的连接，是连接先前未连接的想法的思维活动，也是在多个元素之间形成关联或构建模式的思维活动；具有连续性、形象性、概括性	40
直觉思维	不依赖严格的证明，多借助形象的或视觉的手段，以对整个问题情境的总体把握为前提，以直接的、跃进的方式获得问题答案的思维过程；具有直接性、非逻辑性、迅速性	41
灵感思维	在解决问题的思考过程中，经过认真准备和长期孕育，受到认知事件的启发，产生顿悟，使问题忽然得到解决的过程；具有突发性、模糊性、意象性	42
逻辑思维	又称“抽象思维”或“闭上眼睛的思维”，指符合某种人为制订的规则和形式的思维方式；具有规范性、严密性、确定性	44

续表

关键词	释　义	首次出现页码
创造技法	研究人员根据创新思维的发展规律，从创造发明的过程和成果中总结出来的原理、技巧和方法	64
列举法	一种将研究对象的某方面特性一一罗列出来，对其进行分析研究，并提出相应改进方案的创造技法	66
类比创新法	根据两个对象在一系列属性上的相同点或相似点，由其中一个对象具有某种属性推测另一个对象也具有这种属性的思维方法	67
组合创新法	将多个已知元素结合在一起，以创造具有新性能和服务功能的新产品或新服务，从而带来新的价值	68
移植创新法	把某一领域的原理、结构、方法、材料、模式等移植到新的领域中，从而创造新事物的创造技法	69
模仿创新法	人们通过模仿已有的事物而创造出与其相类似的事物的一种创造技法	70—71
逆向转换法	对事物或方法进行方向、过程、功能、原因、结果、优缺点、矛盾双方等方面的逆转，从而产生新事物、新方法或解决新问题的创造技法	72
头脑风暴法	是一种激发思维的方法，目的是通过无限制的自由联想和讨论来产生新的观念和激发创新设想	73
六顶思考帽法	一种使用6顶不同颜色的帽子代表6种不同思维模式的创造技法	75
检核表法	根据需要解决的问题或需要创新的对象，以表格的形式列出9方面有关问题，然后逐一审核讨论，以促进创新活动深入进行的一种创造技法	76
设计思维	以人为本地利用设计师的敏感性和设计方法，在满足技术可实现性和商业可行性的前提下，满足人的需求的设计精神与方法	79
个人能力	个人在特定领域或任务中所具备的知识、技能、经验和素质。一般包括学科能力、沟通能力、领导能力、解决问题能力、自我管理能力和协作能力	95
团队	由两个或者两个以上相互作用、相互依赖的个体，为了特定目标而按照一定规则结合在一起的组织。在商业领域，团队是由员工和管理层组成的一个共同体，其成员有共同的理想目标，愿意共同承担责任，共享荣辱	101
创业团队	在创业过程中，由一群有着共同愿景、共同目标、共担风险、共享回报的人及利益相关者所组成的群体	102

续表

关键词	释　义	首次出现页码
团队文化	团队成员在相互协作的过程中，为实现各自的人生价值，并共同达成团队目标而形成的一种潜在文化	110
问题探索	在创新或解决问题的初始阶段，通过系统性方法，主动发现、识别、界定并理解核心挑战与关键瓶颈的整个过程	124
QFT问题构想技巧	又称问题风暴法，是一种围绕现状提出问题的方式，通过互相提问，不断探寻问题	124
5WHY分析法	充分释放好奇心的诊断方法，通过提出和回答5次或多次为什么，直达问题的根源，帮助团队发现问题的本质	128
利益相关者地图	在组织外部环境中受组织决策和行动影响的任何相关者	129
用户画像	根据用户的基本属性、用户偏好、生活习惯、用户行为等信息抽象出来的标签化用户模型	131
同理心地图	又称共情图，是一种简单易用且非常实用的工具，它以用户为中心进行设计，将同理心的概念通过图文形式进行表达，借由不同的感官系统去了解用户的想法和观点，并基于这些信息对用户的痛点和期望展开分析	134
HMW提问法	使用3个英文单词“How Might We...?”（译为“我们怎样才能……？”）开头的问句进行提问的一种特殊方法	138
可视化	充分发挥人的视觉理解能力，采用图形等视觉元素将数据、信息或概念转化为可视形式的过程	139
问题画布	一种用来呈现问题的通用语言和工具	140
书面头脑风暴法	一种基于头脑风暴法演变而来的创新工具，以小型会议的形式进行，目的是产出尽可能多的创意	142
原型	利用图像、视频、模型等方式呈现的解决方案，其目的是可视化呈现创意想法并验证假设的可行性。简而言之，就是将抽象的想法、需求转化为具象存在的过程	145
用户测试	一种评估产品或服务的方法，它通过邀请真实用户参与，让他们在真实使用情境中观察、操作，反馈和评价产品或服务的可用性、易用性以及主观感受和需求满足情况	161
天使用户	在产品或服务开发初期，为了获得反馈和支持而被邀请参与测试或使用的一小群特定用户	161

续表

关键词	释　义	首次出现页码
用户访谈	访谈者与被访者进行互动，探讨特定主题或问题，以深入挖掘被访者的想法、行为、偏好、感受等信息	162
产品预览	在产品开发过程中，对于即将发布或推出的产品向用户或利益相关方提前展示或演示的过程	163
众筹	通过网络平台，向大众集资来支持项目、产品或活动的一种方式	164
小规模用户测试	在产品开发或改进的早期阶段，为了评估产品的可用性、易用性等用户体验以及发现潜在问题，而在少量用户中进行的测试活动	165
精益创业	先向市场推出一个极简的原型产品，然后在不断地试验和学习中，以最小的成本和有效的方式验证产品是否符合用户需求，灵活调整方向	170
最小化可行产品	即MVP，是指在产品开发过程中，最小化地满足基本功能和特性的产品版本	172
商业模式	一个企业获得利润的途径或方式，也是企业为了满足客户需求所进行的设计和活动	184
商业模式画布	一种用来描述商业模式、可视化商业模式、评估商业模式以及改变商业模式的通用语言	186
二八定律	在任何一组东西中，最重要的部分占比较少，约20%，其余次要的部分却占到了80%	191
创意构思	设计新的商业模式或对现有商业模式创新需要先产生大量商业模式创意，然后从中筛选出最好的创意，这个发散和收敛的过程被称作创意构思	204
商业计划书	企业或项目团队为实现招商融资或其他发展目标，基于前期对项目开展的科学调研、分析和资料搜集整理，按照一定的格式和内容要求所编撰的一份书面材料，计划书中需全面展示项目及企业的当前发展状况、未来发展潜力及投融资等事项	223

郑重声明

高等教育出版社依法对本书享有专有出版权。任何未经许可的复制、销售行为均违反《中华人民共和国著作权法》，其行为人将承担相应的民事责任和行政责任；构成犯罪的，将被依法追究刑事责任。为了维护市场秩序，保护读者的合法权益，避免读者误用盗版书造成不良后果，我社将配合行政执法部门和司法机关对违法犯罪的单位和个人进行严厉打击。社会各界人士如发现上述侵权行为，希望及时举报，我社将奖励举报有功人员。

反盗版举报电话　（010）58581999　58582371

反盗版举报邮箱　dd@hep.com.cn

通信地址　北京市西城区德外大街4号　高等教育出版社知识产权与法律事务部

邮政编码　100120

读者意见反馈

为收集对教材的意见建议，进一步完善教材编写并做好服务工作，读者可将对本教材的意见建议通过如下渠道反馈至我社。

咨询电话　400-810-0598

反馈邮箱　gjdzfwb@pub.hep.cn

通信地址　北京市朝阳区惠新东街4号富盛大厦1座　高等教育出版社总编辑办公室

邮政编码　100029